Grundlagen der Buchführung

Alexander Burger · Sabine Burger-Stieber

Grundlagen der Buchführung

Eine praxisorientierte Einführung mit
Übungsaufgaben und Musterlösungen

3., überarbeitete und aktualisierte Auflage

 Springer Gabler

Alexander Burger
Frankfurt am Main, Deutschland

Sabine Burger-Stieber
Tiefenbach, Östringen, Deutschland

ISBN 978-3-658-46365-6   ISBN 978-3-658-46366-3   (eBook)
https://doi.org/10.1007/978-3-658-46366-3

Die Deutsche Nationalbibliothek verzeichnet diese Publikation in der Deutschen Nationalbibliografie; detaillierte bibliografische Daten sind im Internet über https://portal.dnb.de abrufbar.

Planung/Lektorat: Irene Buttkus
Springer Gabler ist ein Imprint der eingetragenen Gesellschaft Springer Fachmedien Wiesbaden GmbH und ist ein Teil von Springer Nature.
Die Anschrift der Gesellschaft ist: Abraham-Lincoln-Str. 46, 65189 Wiesbaden, Germany

Wenn Sie dieses Produkt entsorgen, geben Sie das Papier bitte zum Recycling.

Vorwort zur 3. Auflage

Rechnungswesen gehört zu den Fächern, deren Grundlagen zwar seit langem sehr stabil sind, bei denen sich aber die rechtlichen Rahmenbedingungen kontinuierlich ändern. Manchmal sind das Kleinigkeiten, mitunter, wie durch das Wachstumschancengesetz von 2024 sind das aber auch umfangreichere Änderungen, die dann auch in Lehrbüchern zu berücksichtigen sind.

Für die Übungsaufgaben hat sich durch die veränderten Rahmenbedingungen nichts geändert, und wir hoffen, dass wir mit unserem Buch auch weiterhin Studierende erfolgreich auf ihre Prüfungen vorbereiten können.

Frankfurt am Main und Tiefenbach   Sabine Burger-Stieber
Östringen, Deutschland   Alexander Burger
im September 2024

Vorwort zur 2. Auflage

Rechnungswesen gehört nur selten zu den Lieblingsfächern von Studierenden der Wirtschaftswissenschaften. Es ist meist eher so ein „da muss man halt durch"-Fach. Oft bemerken die Studierenden erst in den höheren Semestern oder gar erst nach dem Studium im Job oder wenn sie mit einer guten Idee ein eigenes Unternehmen gründen, wie wichtig das Zahlenmaterial zu ihrem Unternehmen ist; sei es, um ein Unternehmen zu beurteilen oder einen Businessplan für eine Neugründung zu verfassen. Wir haben zur ersten Auflage unseres Lehrbuches hinsichtlich der Konzeption mit zahlreichen praktischen Beispielen und an Prüfungen orientierten Übungsaufgaben gutes Feedback bekommen. Wir bekamen auch Hinweise auf einige – trotz allen Korrekturlesens kaum je vollständig vermeidbare –Tippfehler. Wir möchten uns bei allen, die uns hierzu Rückmeldung gegeben haben sehr herzlich bedanken, wir haben alles korrigiert, was Sie und wir hierzu gefunden haben. Das externe Rechnungswesen bzw. die Finanzbuchhaltung unterliegt des Öfteren gesetzlichen Änderungen, die gerade in einem Lehrbuch zu den Grundlagen der Buchführung zu berücksichtigen sind. So haben wir Änderungen bei der Kleinunternehmerregelung sowie bei der Umsatzsteuer mit aufgenommen, das Thema GoBD bekam ein eigenes Unterkapitel, die Geringwertigen Wirtschaftsgüter (GwG) erhielten einen Platz im Themenfeld der planmäßigen Abschreibungen. Ansonsten bleiben wir bei dem auf guten Anklang stoßenden Aufbau und hoffen, dass wir auch weiterhin vielen Studierenden durch die Prüfung helfen können, und vielleicht auch den einen oder die andere für ein detaillierteres Studium des Rechnungswesens interessieren können.

Sabine Burger-Stieber
Alexander Burger

Vorwort zur 1. Auflage

Berufsbilder und Ausbildungsfelder ändern sich. Insbesondere im Hochschulbereich hat es in den vergangenen Jahren eine Unzahl an Möglichkeiten gegeben, sich im betriebswirtschaftlichen Bereich von vornherein auf bestimmte Vertiefungen wie beispielsweise Marketing Management, Tourismuswirtschaft, Gesundheitsökonomie oder vieles andere zu spezialisieren.

Dann treffen diese Studierenden in ihren ersten oder zweiten Semestern auf Dozierende, die ihnen die doppelte Buchführung näherbringen sollen, und stellen dann meist die Frage: „Warum soll ich mich denn damit beschäftigen, ich studiere doch …!?"

Diese Frage sollten Sie als Dozierende in solchen Veranstaltungen immer sofort zurückgeben, und Sie werden staunen, welche Diskussionen sich daran entzünden. Relativ schnell lässt sich dann Einigkeit darüber erzielen, dass man doch wissen müsse, wie es dem Unternehmen geht, wo Problemfelder zu finden sind oder wo Verbesserungspotenzial steckt. Wenn Sie dann aber erklären, dass die Resultate der Buchführung in der Regel Aussagen über ein komplettes abgelaufenes Geschäftsjahr treffen, so dass einzelne Elemente daraus nicht selten 15 Monate alt sind, holt die Realität die Begeisterung der Diskutierenden schnell wieder ein. Selten kommt die Antwort aus den Reihen der Studierenden, welche die stärkste Motivation enthält: „Wenn Sie nicht wenigstens die Grundzüge der Buchführung beherrschen, wird Ihr Buchhalter der Erste sein, der Sie später mal über den Tisch zieht!" Wird das noch mit der Unterschriftsverpflichtung und der damit einhergehenden Haftung der Geschäftsführung für einen Jahresabschluss verknüpft, sorgt das in aller Regel für einen „Aha"-Effekt.

Auszubildenden in kaufmännischen Berufen ist die o. a. Thematik meist einfacher zu vermitteln, da für sie meist Stationen in der Buchhaltung zu ihrer Ausbildung dazugehören. Aber auch dieses Publikum wird nur selten ein großer Fan von Buchhaltungsthemen, zumal das Themenfeld mitunter sogar recht stiefmütterlich in den Ausbildungen behandelt wird.

Einen wesentlichen Grund dafür sehen wir in oft sehr theoretisch gestalteten Lehrbüchern, in denen Beispiele für die praktische Anwendung zu kurz kommen. Daher haben wir uns bemüht, die theoretischen Grundlagen mit Beispielen zu versehen, um die Vorgehensweise zu verdeutlichen.

In der Phase vor den Prüfungen wird an die Dozierenden sowohl von Auszubildenden als auch von Studierenden immer gerne die Bitte nach Übungsaufgaben herangetragen, welche auf die anstehende Klausur oder auch mündliche Prüfung vorbereiten. Auch hier sehen wir bei vielen Lehrbüchern Defizite. Nicht nur darin, dass Übungsaufgaben zum Teil komplett fehlen – oder als Marketinggag in einem separaten Lehrbuch verkauft werden –, sondern dass teilweise Aufgaben gestellt werden, ohne dass für die Lernenden eine nachvollziehbare Musterlösung vorhanden ist. Wir haben das vorliegende Buch daher so gestaltet, dass jedes Kapitel durch Übungsaufgaben beendet wird, denen ausführliche Musterlösungen beigefügt wurden.

Wir machen uns keine Illusionen darüber, durch das vorliegende Buch die Zahl der Fans der doppelten Buchführung wesentlich zu erhöhen. Das ist aber auch nicht unser Ziel. Wir wollen die Grundlagen der Buchführung und des Jahresabschlusses in eingängiger Form vermitteln und die Lernenden auf erfolgreiche Prüfungen vorbereiten. Wir hoffen, das ist uns gelungen.

Sabine Burger-Stieber
Alexander Burger

Inhaltsverzeichnis

Abbildungsverzeichnis

Historie

1

Die Historie der Buchführung in Form einer beleggestützten Dokumentation unternehmerischen Geschehens lässt sich tausende von Jahren bis in die mesopotamischen und ägyptischen Hochkulturen zurückverfolgen.

Unser grundlegendes Interesse daran erwachte wesentlich später, denn erst im 16. Jahrhundert brachte ein Buchhalter des Augsburger Handelshauses Fugger die doppelte Buchführung aus Italien mit und entwickelte sie für „teutsche" Begriffe weiter. Erst im folgenden Jahrhundert wurde in Frankreich eine „Handelsordnung" in Form der „Ordonnance Commerce" kodifiziert. Der Gesetzgeber in Deutschland brauchte fast 200 weitere Jahre, bevor 1861 das Allgemeine Deutsche Handelsgesetzbuch in Kraft trat. Dieser gesetzlichen Grundlage folgten zahlreiche weitere Gesetze und Gesetzesänderungen, die auch in der Gegenwart andauern. Die wichtigsten davon sind in Abb. 1.1 enthalten.

Neben der rechtlichen Kodifizierung von Vorschriften zur Buchführung, Rechnungslegung und Bilanzierung sind auch weiterhin nicht rechtlich kodifizierte Regeln zu beachten, die so genannten Grundsätze ordnungsgemäßer Buchführung (vgl. Abschn. 3.4), die sich im Laufe der Entwicklung des kaufmännischen Wirtschaftens entwickelt und herauskristallisiert haben, und die von akademischer Seite unterschiedlich erfasst und eingeteilt werden, was aber am Tagesgeschäft der Buchhaltung nichts ändert.

© Der/die Herausgeber bzw. der/die Autor(en), exklusiv lizenziert an Springer
Fachmedien Wiesbaden GmbH, ein Teil von Springer Nature 2025
A. Burger und S. Burger-Stieber, *Grundlagen der Buchführung*,
https://doi.org/10.1007/978-3-658-46366-3_1

Historische Meilensteine in der Buchführung und Bilanzierung	
1673	Ordonnance Commerce
1861	Allgemeines Deutsches Handelsgesetzbuch
1874	Gesetz zur Einkommensbesteuerung
1931/37	Aktiengesetz
1965	Reform des Aktiengesetzes
1969	Publizitätsgesetz
1985	Bilanzrichtliniengesetz
1998	Kapitalaufnahmeerleichterungsgesetz
2004	Bilanzrechtsreformgesetz
2009	Bilanzrechtsmodernisierungsgesetz (BilMoG)
2015	Bilanzrichtlinie-Umsetzungsgesetz (BilRUG)
2024	Gesetz zur Stärkung von Wachstumschancen, Investitionen und Innovationen sowie Steuervereinfachung und Steuerfairness (Wachstumschancengesetz)

Abb. 1.1 Übersicht historischer Gesetzesentwicklungen. (in Anlehnung an Coenenberg et al. 2024)

Literatur

Coenenberg AG, Haller A, Mattner G, Schultze W (2024) Einführung in das Rechnungswesen, 9. Aufl. Schäffer-Poeschel, Stuttgart

Weiterführende Literatur

Aktiengesetz (o. J.) https://dejure.org/gesetze/AktG. Zugegriffen: 13. Sept 2024
Bilanzrechtsmodernisierungsgesetz, Bundesgesetzblatt Teil I, 2009, Nr. 27 vom 28. Mai 2009
Bilanzrechtsreformgesetz, Bundesgesetzblatt Teil I, 2004, Nr. 65 vom 9. Dezember 2004
Bilanzrichtlinie-Umsetzungsgesetz, Bundesgesetzblatt Teil I, 2015, Nr. 30 vom 22. Juli 2015
Bilanzrichtliniengesetz, Bundesgesetzblatt Teil I, 1985, Nr. 62 vom 24. Dezember 1985
Döring U, Buchholz R (2021) Buchhaltung und Jahresabschluss, 16. Aufl. ESV, Berlin
Handelsgesetzbuch (o. J.) https://dejure.org/gesetze/HGB. Zugegriffen: 13. Sept 2024
Kapitalaufnahmeerleichterungsgesetz, Bundesgesetzblatt Teil I, 1998, Nr. 22 vom 23. April 1998
Leyerer C (1919) Theorie und Geschichte der Buchhaltung. Trill, Brünn
Publizitätsgesetz (o. J.) http://www.buzer.de/gesetz/3420/index.htm. Zugegriffen: 13. Sept 2024

Pacioli L (1997) Abhandlung über die Buchhaltung 1494, 2. Aufl. Schäffer-Poeschel, Stuttgart

Penndorf B (1913) Geschichte der Buchhaltung in Deutschland. Verlag der Wissenschaften, Leipzig

Rehse E-E (1986) Der Bilanzbuchhalter. Wirtschaftsverlag, Wiesbaden

Reichhardt M (2021) Grundlagen der doppelten Buchführung, 4. Aufl. Springer, Wiesbaden

Schmolke S, Deitermann M, Rückwart W (2024) Industrielles Rechnungswesen IKR, 53. Aufl. Winklers, Braunschweig

Wöhe G, Kußmaul H (2022) Grundzüge der Buchführung und Bilanztechnik, 11. Aufl. Vahlen, München

Einordnung

2

2.1 Grundlagen

Buchführung und Jahresabschluss sind die grundlegenden Bestandteile des so genannten externen Rechnungswesens. Zusammen mit dem internen Rechnungswesen bilden sie das gesamte betriebliche Rechnungswesen. Die Teilbereiche werden auch als Rechnungskreis I und II bezeichnet und unterscheiden sich im Hinblick auf die rechtlichen Grundlagen, die Darstellung und die Adressaten ihrer Resultate (vgl. Abb. 2.1).

Das **interne Rechnungswesen** ist weder rechtlich verpflichtend noch existieren rechtliche Vorschriften zu dessen Ausgestaltung. Üblicherweise werden dabei lediglich Regeln des üblichen kaufmännischen Gebarens wie die Grundsätze ordnungsgemäßer Buchführung (GoB) beachtet. Für das **externe Rechnungswesen** existieren hingegen neben den GoB klare rechtliche Rahmenbedingungen, die im Handelsgesetzbuch und im Steuerrecht festgelegt sind.

Bei den Adressaten wird oft die Unterscheidung zwischen den so genannten Shareholdern, das sind die Eigentümer des Unternehmens (Gesellschafter, Aktionäre) und den Stakeholdern, das sind alle Gruppen, die ein irgendwie geartetes Interesse am Unter-

A. Burger und S. Burger-Stieber, *Grundlagen der Buchführung*, https://doi.org/10.1007/978-3-658-46366-3_2

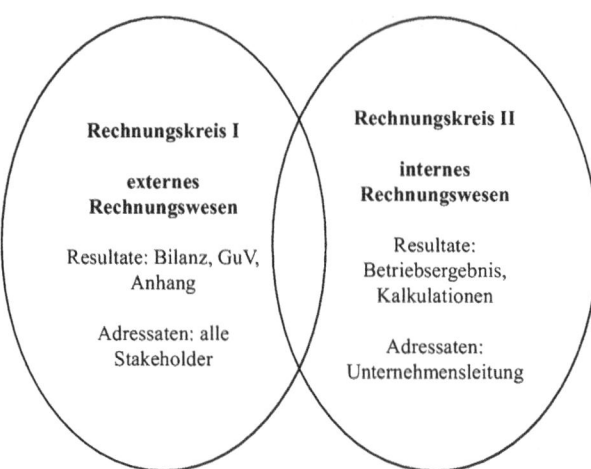

Abb. 2.1 Rechnungskreise

nehmen haben (Kunden, Lieferanten, Mitarbeiter, Staat, etc.), unterschieden. Bitte achten Sie bei dieser Unterscheidung darauf, dass das interne Rechnungswesen zwar die Unternehmensleitung, aber nicht zwangsläufig die Eigentümer adressiert: Wenn Sie Aktien eines großen Unternehmens besitzen, gibt Ihnen das keinen Anspruch auf Einblick in das interne Rechnungswesen, das ist der Unternehmensleitung, sprich: dem Vorstand oder der Geschäftsführung vorbehalten.

2.2   Übungsaufgaben

I. Adressaten
Was unterscheidet Stakeholder von so genannten Shareholdern? Benennen Sie explizite Beispiele für Stakeholder.

Musterlösung

Shareholder sind (Mit-)Eigentümer eines Unternehmens. Das kann im Falle der Einzelgesellschaft der Inhaber-Geschäftsführer sein, bei einer GmbH die Gesellschafter des Unternehmens und bei einer Aktiengesellschaft jeder Aktionär, selbst derjenige, der nur eine einzige Aktie besitzt.

Stakeholder hingegen sind alle natürlichen oder juristischen Personen, die ein irgendwie geartetes Interesse an einem Unternehmen haben. Das beschränkt sich nicht nur auf die Eigentümer, die am Ende eines Geschäftsjahres gerne einen Anteil am Gewinn des Unternehmens haben möchten. Zu ihnen gehört auch der Staat, der Steuern und Abgaben von dem Unternehmen erhält. Mitarbeiter des Unternehmens haben ein Interesse an ihren Arbeitsplätzen und an regelmäßigen Lohn- und Gehaltszahlungen. Kunden des Unternehmens sind an guten und günstigen Produkten interessiert und oft auch daran, dass das Unternehmen dauerhaft existiert, um beispielsweise längerfristige Anschaffungen durch die Möglichkeit von Ersatzteilbeschaffungen und Reparaturen sicherstellen zu können. Denken Sie beispielsweise an den Kauf eines Autos, von dem Sie wahrscheinlich Abstand nehmen würden, wenn Sie befürchten müssten, dass es den Hersteller des Fahrzeugs in wenigen Jahren nicht mehr gibt. Lieferanten eines Unternehmens haben ebenfalls ein großes Interesse an den Unternehmen, die sie beliefern, denn sie stellen ihren Absatzmarkt dar, und das wirtschaftliche Überleben der Lieferanten hängt auch von der Zahlungsfähigkeit ihrer Kunden ab – umso mehr, je mehr sie sich auf bestimmte Kundenwünsche spezialisiert haben. Letztendlich sind auch politische, wirtschaftliche oder gesellschaftliche Interessengruppen potenzielle Stakeholder eines Unternehmens: Parteien werden meist nur dann (wieder)-gewählt, wenn es den Unternehmen so gut geht, dass die breite Bevölkerung zu akzeptablen Konditionen in Lohn und Brot steht, Wirtschaftsverbände brauchen Daten ihrer Mitgliedsunternehmen und auch Greenpeace, Campact oder Attac haben ein – nicht notwendigerweise immer mit der Unternehmensmeinung kongruentes – Interesse an Wirtschaftsunternehmen.

II. Zweck

Weshalb arbeitet das interne Rechnungswesen mit anderen Resultaten als das externe Rechnungswesen?

Musterlösung

Das externe Rechnungswesen arbeitet mit Erträgen und Aufwendungen, deren buchhalterische Erfassung vom Handels- und Steuerrecht bestimmt wird. Dabei werden ggfs. Erträge und Aufwendungen erfasst, welche nicht unbedingt betriebsnotwendig sind oder aus anderen Gründen das Resultat aus unternehmerischer Sicht verzerren.

Daher arbeitet das interne Rechnungswesen mit Leistungen und Kosten, welche mit Erträgen und Aufwendungen übereinstimmen können, aber nicht müssen. Ziel des internen Rechnungswesens ist die Darstellung des tatsächlichen betrieblichen Ergebnisses unter Auslassung betriebs- oder periodenfremder Einflüsse. Dadurch kann es zu Differenzen in der Betrachtung der Resultate des externen und des internen Rechnungswesens kommen.

Weiterführende Literatur

Coenenberg AG, Haller A, Mattner G, Schultze W (2024) Einführung in das Rechnungswesen, 9. Aufl. Schäffer-Poeschel, Stuttgart

Döring U, Buchholz R (2021) Buchhaltung und Jahresabschluss, 16. Aufl. ESV, Berlin

Hahn H, Wilkens K (2014) Buchhaltung und Bilanz, 2. Aufl. de Gruyter, Oldenburg

Handelsgesetzbuch (o. J.) https://dejure.org/gesetze/HGB. Zugegriffen:13. Sept 2024

Littkemann J, Holtrup M, Schulte K (2016) Buchführung, 8. Aufl. BoD

Mindermann T, Brösel G (2020) Buchführung und Jahresabschlusserstellung nach HGB, 7. Aufl. ESV, Berlin

Quick R, Wurl H-J (2023) Doppelte Buchführung, 5. Aufl. Springer, Wiesbaden

Rehse E-E (1986) Der Bilanzbuchhalter. Wirtschaftsverlag, Wiesbaden

Reichhardt M (2021) Grundlagen der doppelten Buchführung, 4. Aufl. Springer, Wiesbaden

Schmolke S, Deitermann M, Rückwart W (2024) Industrielles Rechnungswesen IKR, 53. Aufl. Winklers, Braunschweig

Wöhe G, Kußmaul H (2022) Grundzüge der Buchführung und Bilanztechnik, 11. Aufl. Vahlen, München

Rechtliche Grundlagen

3

Lernziele

- Sie erhalten einen Überblick über die rechtlichen Grundlagen der Buchführung.
- Sie lernen die gesetzlichen Grundlagen der Buchführung von den nicht gesetzlich kodifizierten Grundlagen zu trennen.
- Sie lernen die Grundsätze ordnungsgemäßer Buchführung (GoB) kennen und zu benennen und werden in der Lage sein, zu entscheiden, ob bestimmte Vorgehensweisen bei der Buchführung den GoB entsprechen oder nicht.
- Sie lernen aus den GoB abgeleitete Grundprinzipien der Buchführung kennen und anzuwenden.

Das externe Rechnungswesen basiert auf verschiedenen rechtlichen Grundlagen. Ein Teil davon sind gesetzliche Grundlagen wie das Handelsgesetzbuch (HGB) und das Steuerrecht, insbesondere die Abgabenordnung (AO). Darüber hinaus sind die Grundsätze ordnungsgemäßer Buchführung (GoB) von Bedeutung. Diese sind ein **unbestimmter Rechtsbegriff,** auf den sich der Gesetzgeber zwar im HGB bezieht, für die er aber keine Legaldefinition liefert (vgl. Abb. 3.1).

3.1 Handelsgesetzbuch

Jeder Kaufmann ist verpflichtet, Bücher zu führen und in diesen seine Handelsgeschäfte und die Lage seines Vermögens nach den Grundsätzen ordnungsmäßiger Buchführung ersichtlich zu machen (§ 238 (1) Satz 1 HGB).

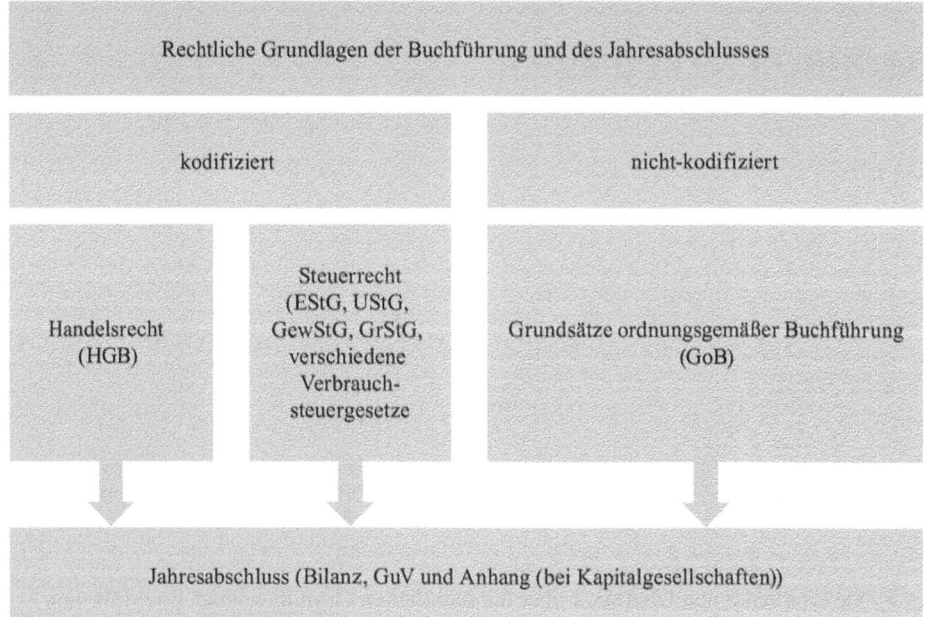

Abb. 3.1 Rechtliche Grundlagen der Buchführung und des Jahresabschlusses

Das Handelsgesetzbuch (HGB) gehört zu den elementaren rechtlichen Grundlagen des kaufmännischen Rechnungswesens. Hier werden grundlegende Regeln festgelegt, die für alle Kaufleute gelten. Von einer Buchführungspflicht sind nur Kaufleute befreit, die nachhaltig unterhalb einer bestimmten Umsatz- und Gewinngrenze wirtschaften (2024: weniger als 800.000 € Umsatzerlöse und weniger als 80.000 € Gewinn an den Abschlussstichtagen zweier aufeinander folgender Geschäftsjahre; § 241 a HGB).

Beginnend mit dem § 238 HGB existieren im deutschen Recht explizite Vorschriften über die Buchführungspflicht, die Notwendigkeit zur Erstellung eines Inventars, die regelmäßige Durchführung einer Inventur, Bilanzierungsgebote, -verbote und -wahlrechte, die Bewertung von Vermögensgegenständen und Schulden, die Gliederung der Bilanz und der Gewinn- und Verlustrechnung(nach verschiedenen Methoden) u. v. m.

Diese Thematik soll an dieser Stelle für uns gegeben sein und wird im Folgenden bei den jeweiligen Unterthemen der Buchführung genauer betrachtet werden.

3.2   Abgabenordnung

Die Abgabenordnung (AO) stellt die rechtliche Grundlage für die Zahlungsbemessungsfunktion des Jahresabschlusses hinsichtlich der an den Fiskus zu leistenden Zahlungen, sprich: Steuern, dar. Hierbei beruft sich der Gesetzgeber auf die Vorschriften des HGB:

Wer nach anderen Gesetzen als den Steuergesetzen Bücher und Aufzeichnungen zu führen hat, die für die Besteuerung von Bedeutung sind, hat die Verpflichtungen, die ihm nach den anderen Gesetzen obliegen, auch für die Besteuerung zu erfüllen (§ 140 AO).

Grundsätzlich gilt die so genannte Maßgeblichkeit der Handelsbilanz für die Steuerbilanz, d. h. Bilanzansätze und Bewertungen, die in der Handelsbilanz verwendet werden, sollen auch in der Steuerbilanz verwendet werden.

Von dem Grundsatz der Maßgeblichkeit gab es schon immer – wie bei jedem Grundsatz – Ausnahmen. So war es beispielsweise vor Inkrafttreten des Bilanzmodernisierungsgesetzes (BilMoG) im Jahre 2009 möglich, für einen derivativen, also einen erworbenen Firmenwert ein Wahlrecht hinsichtlich der Aktivierung und planmäßigen Abschreibung oder einer sofortigen Verbuchung als Aufwand auszuüben, während das Steuerrecht eine Aktivierung und eine planmäßige Abschreibung verpflichtend vorschrieb. Das hat sich erst mit dem BilMoG geändert. Weiterhin gibt es einen wesentlichen Punkt, in dem die Steuerbilanz seit jeher Maßgeblichkeit für die Handelsbilanz besitzt, nämlich die zu zahlenden Ertragsteuern.

Das BilMoG brachte eine „Emanzipation" der Steuer- von der Handelsbilanz mit sich, die sich auch in der Formulierung des Einkommensteuerrechts wiederfindet:

Bei Gewerbetreibenden, die auf Grund gesetzlicher Vorschriften verpflichtet sind, Bücher zu führen und regelmäßig Abschlüsse zu machen, oder die ohne eine solche Verpflichtung Bücher führen und regelmäßig Abschlüsse machen, ist für den Schluss des Wirtschaftsjahres das Betriebsvermögen anzusetzen (§ 4 Absatz 1 Satz 1), das nach den handelsrechtlichen Grundsätzen ordnungsmäßiger Buchführung auszuweisen ist, es sei denn, im Rahmen der Ausübung eines steuerlichen Wahlrechts wird oder wurde ein anderer Ansatz gewählt (§ 5 (1) Satz 1 EStG).

3.3 Sonstige Regelungen

Grundsätzlich sind alle weiteren Steuergesetze, die das Alltagsgeschäft eines Kaufmanns berühren, für die Buchführung von Bedeutung. Das können entsprechende Vorschriften zur Gewerbe- oder zur Grundsteuer sein, die in kommunaler Hand liegen oder auch nationales Recht wie beispielsweise das Umsatzsteuergesetz (UStG). Ist der Kaufmann international tätig, sind gegebenenfalls auch von seinem Heimatland abweichende Gesetzgebungen vor Ort seiner Tätigkeit zu berücksichtigen. Diese Regelungen gelten aber zum einen nicht für alle Kaufleute, sondern eben nur für die, die Gewerbe- oder Grundsteuer zahlen müssen bzw. in letzterem Beispiel solche, die auch außerhalb der nationalen Grenzen ihrer wirtschaftlichen Tätigkeit nachgehen. Vor diesem Hintergrund soll an dieser Stelle der Hinweis auf mögliche weitere gesetzliche Regelungen, welche die Buchführung eines Kaufmanns berühren ausreichen. Eine umfassende Betrachtung alle dieser Regeln wäre in diesem Rahmen ohnehin nicht möglich.

3.4   Grundsätze ordnungsgemäßer Buchführung

Die Grundsätze ordnungsgemäßer Buchführung (GoB) sind Regeln, die sich im Laufe der Jahrhunderte aus dem typischen Geschäftsgebaren eines so genannten „ehrenwerten Kaufmanns" entwickelt haben. Der deutsche Gesetzgeber nimmt im HGB auf die GoB Bezug, definiert sie aber nicht explizit, so dass sie einen unbestimmten Rechtsbegriff darstellen.

Wissenschaftlich gibt es verschiedene Wege, sich den GoB zu nähern. Eine **induktive Ermittlung** der GoB ist dadurch möglich, dass auf die Buchführungs- und Bilanzierungspraxis des „ordentlichen und ehrenwerten Kaufmannes" Bezug genommen und diese als Referenz für das Tagesgeschäft der Buchführung und Bilanzierung gesetzt wird. Voraussetzung dafür ist, dass eine empirisch beobachtbare und gegebenenfalls statistisch aufbereitbare Datenbasis existiert, auf der die GoB fußen können. Die **deduktive Ermittlung** der GoB geht von den mit dem Jahresabschluss verfolgten Zwecken aus und leitet sie daraus ab. Allerdings ergeben sich dabei Probleme aus der Tatsache, dass mit einem Jahresabschluss unterschiedliche Zwecke verfolgt werden, die sich nach den Adressaten des Jahresabschlusses unterscheiden. Darüber hinaus verfolgt der Gesetzgeber durch die Gestaltung der rechtlichen Vorschriften oft normative Ziele, welche mit den anderen Zwecken des Jahresabschlusses kollidieren können (vgl. Abb. 3.2).

Die Kombination der oben dargestellten induktiven mit der deduktiven Vorgehensweise und deren Ergänzung um zusätzliche Aspekte, die weitere Jahresabschlussadressaten zufrieden stellen können, nennt sich **hermeneutische Ermittlung** der GoB. Was nach einem pragmatischen Ansatz oder gar nach „Rosinenpicken" klingt, kann in der Praxis nicht nur die gleichen Probleme wie die Induktion oder die Deduktion der GoB nach sich ziehen, sondern auch Kombinationen davon.

Wie oder woher die GoB abgeleitet werden, spielt für das praktische Tagesgeschäft keine Rolle. Die Literatur unterscheidet obere GoB, welche tendenziell abstrakte Rahmenbedingungen für ein funktionierendes Rechnungswesen bilden sowie daraus abgeleitete untere Grundsätze, die das konkrete Tagesgeschäft berühren.

Die GoB stehen dabei einerseits in einer gewissen Reihenfolge ihrer Wichtigkeit. Dennoch darf nicht übersehen werden, dass typischerweise zwischen mehreren der GoB

Zwecke des Jahresabschlusses		
Abschlusstyp	Steuerbilanz	Handelsbilanz
Zweck	Zahlungsbemessung	Information
Adressaten	Fiskus	Eigentümer	Stakeholder

Abb. 3.2 Zwecke des Jahresabschlusses

Interdependenzen bestehen. Wir werden hierauf in der Folge mit Beispielen eingehen (vgl. Abb. 3.3).

3.4.1 Oberer Grundsatz der Richtigkeit und Willkürfreiheit

Die Forderung nach Richtigkeit und Willkürfreiheit der Buchführung und sonstigen erforderlichen Aufzeichnungen findet sich explizit im HGB wieder:

> Die Eintragungen in Büchern und die sonst erforderlichen Aufzeichnungen müssen vollständig, richtig, zeitgerecht und geordnet vorgenommen werden (§ 239 (2) HGB).

Die Formulierung des Gesetzestextes zeigt dabei sehr deutlich, dass die GoB nicht allein stehen und auch für sich allein keinen Sinn machen. So verweist § 239 (2) HGB auch auf den Grundsatz der Vollständigkeit, denn eine unvollständige Erfassung der Geschäftsvorfälle, der Aktiva und der Passiva würde den kaufmännischen Abschluss gegebenenfalls unrichtig machen, um es vorsichtig zu formulieren. Ebenso findet sich über

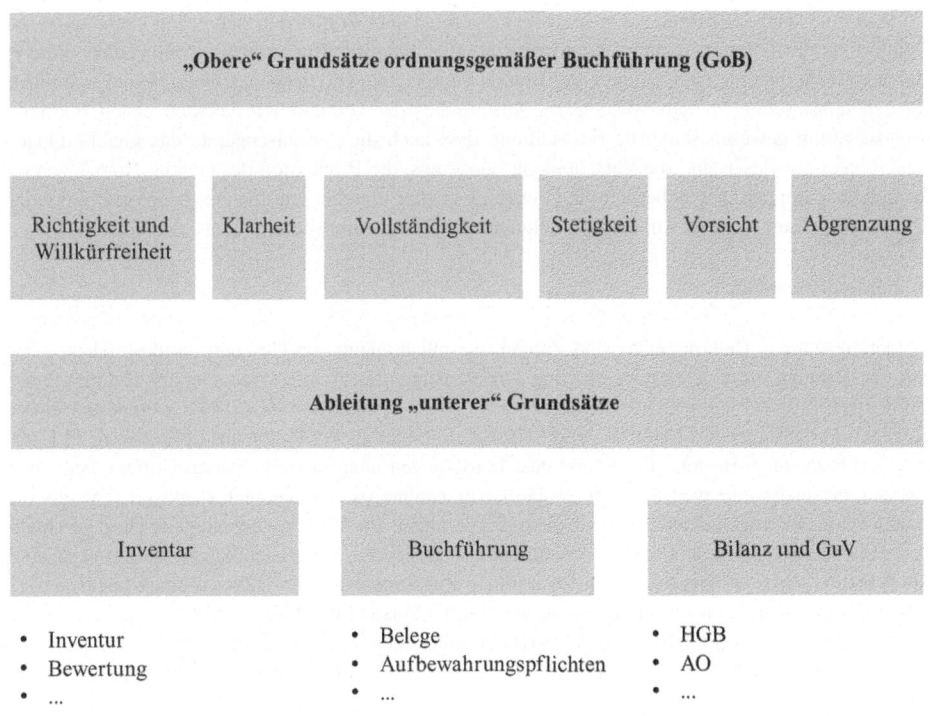

Abb. 3.3 Grundsätze ordnungsgemäßer Buchführung

die Formulierung „zeitgerecht" ein Verweis auf den Grundsatz der Abgrenzung, wonach Geschäftsfälle periodengerecht zuzuordnen sind. Die Forderung nach einer geordneten Vornahme der kaufmännischen Aufzeichnungen ist ein Verweis auf den Grundsatz der Klarheit, nach dem die Buchführung eindeutig und für einen in der Materie geübten Dritten nachvollziehbar sein muss. Das fordert einen hohen Grad an Objektivität der Buchführung, der nicht immer ganz einfach einzuhalten ist, denn mitunter muss sich auch die Buchführung auf Schätzungen verlassen.

Exkurs: Schätzungen in der Buchführung

Führen Geschäftsvorfälle oder schlicht Vermögensänderungen zu Auswirkungen, die nicht exakt beziffert werden können, so muss geschätzt werden. Beispiele hierfür sind:

- Rückstellungen für Garantie– oder Kulanzleistungen

Garantieleistungen sind gesetzlich verpflichtend, Kulanzleistungen gehen über die gesetzliche Garantieverpflichtung hinaus. Welche Aufwendungen in diesem Rahmen auf ein Unternehmen zukommen, ist meist nicht exakt vorhersehbar, sondern muss nach kaufmännischer Vorsicht geschätzt werden. Stehen dem Unternehmen Daten der Vergangenheit hinsichtlich der Verlässlichkeit seiner Produkte zur Verfügung, kann dabei mit Erwartungswerten kalkuliert werden. Ist das nicht der Fall, muss für einen Dritten nachvollziehbar sein, auf welcher Grundlage die Rückstellungen gebildet wurden.

Dass eine solche Schätzung allerdings im Extremfall auch kräftig daneben gehen kann, zeigte im Spätsommer 2016 Samsung mit seinem vermeintlichen Flaggschiffprodukt Samsung Galaxy Note 7, das durch Überhitzung Explosionen und Brände verursachte. Die normalen Garantierückstellungen dürften selbst schon für den Versuch des Austausches der vermeintlich defekten ersten Baureihe viel zu gering gewesen sein. Die Feststellung, dass auch die Austauschgeräte das gleiche Qualitätsproblem aufwiesen und die Entscheidung Samsungs, die Produktion des Galaxy Note 7 vorerst komplett zu stoppen, hat sicherlich die Grenzen jeglicher üblicher kaufmännischer Vorsicht bei der Bildung von Garantie- und Kulanzrückstellungen gesprengt – im wahrsten Sinne des Wortes.

- Forderungsausfälle

Forderungen eines Unternehmens sind Zahlungsverpflichtungen von Geschäftspartnern. Diese können im Rahmen einer Kreditvereinbarung längerfristiger Natur sein oder aber im Rahmen einer Produktlieferung oder einer Dienstleistung kurzfristigen Charakter haben. Dann werden sie in der Regel als Forderungen aus Lieferung und Leistung (mitunter als Forderung aus LuL oder als FLL abgekürzt) bezeichnet. Besteht die Gefahr, dass Forderungen nicht im vereinbarten Umfang beglichen werden, beispielsweise weil der Vertragspartner in Zahlungsschwierigkeiten steckt oder bereits offiziell Insolvenz angemeldet hat, sind diese Forderungen im Wert zu berichtigen. Dies geschieht mit Hilfe einer außerordentlichen Abschreibung, welche den voraussichtlichen Forderungsausfall als Aufwand verbucht. Existiert noch keine finale Zuteilungsquote im Rahmen eines Insolvenzverfahrens, muss auch hier nach Maßgabe kaufmännischer Vorsicht geschätzt werden.

Neben solchen so genannten **Einzelwertberichtigungen** kann ein Unternehmen auch auf Basis seiner Erfahrungen in der Vergangenheit eine so genannte **Pauschalwertberichtigung** in Ansatz bringen.

Beispiel 1 zum Exkurs

Unternehmerin Yana liefert Nagellacke im Wert von 2000 € netto an das Kosmetik-
studio Yannick. Die Lieferung erfolgt auf Ziel mit einem Skonto von 2 % bei einer
Zahlung binnen 14 Tagen, was Yannick in der Vergangenheit auch immer genutzt hat.
Vor dem Hintergrund dieser Erfahrung bucht Jana:

Forderungen aus LuL	2332,40 €	an	Umsatzerlöse	1960,00 €
		an	Umsatzsteuer	372,40 €

Das angebotene Skonto bleibt ungenutzt, so dass Yana nach zwei Wochen ihre Buchung korrigiert. Weitere Informationen zum Kosmetikstudio Yannick liegen ihr noch
nicht vor.

Forderungen aus LuL	47,60 €	an	Umsatzerlöse	40,00 €
		an	Umsatzsteuer	7,60 €

Selbst nach acht Wochen, einer Zahlungserinnerung und einer ersten Mahnung ist bei
Yana keine Zahlung von Yannick eingegangen. Yannick ist nicht erreichbar, und nach
Gesprächen im Umfeld hört sie von einem voraussichtlichen Zahlungsausfall von
60 %. Damit werden für sie folgende Buchungen erforderlich:
  Nebenrechnung:

Bruttobetrag:	$2000 \, € \cdot 1{,}19 = 2380 \, €$
Korrektur des Nettobetrages:	$0{,}6 \cdot 2000 \, € = 1200 \, €$

Zweifelhafte Forderungen	2380 €	an	Forderungen aus LuL	2380 €
Abschreibung Forderungen aus LuL	1200 €			
Umsatzsteuer	228 €	an	Zweifelhafte Forderungen	1428 €

Werden die restlichen 40 % der Forderung noch bezahlt, so ist der Zahlungseingang
gegen die Zweifelhaften Forderungen zu buchen. Ist eine Forderung komplett abzuschreiben, weil ein Totalausfall zu befürchten ist oder dieser bereits eingetreten ist,
so ist die Korrektur des Nettobetrages im obigen Beispiel auf 1,0 zu erhöhen und die
Umsatzsteuer ist ebenfalls komplett zurück zu buchen. ◀

Unternehmerin Yana hat in den vergangenen drei Jahren immer wieder mit Forderungsausfällen ihrer Kunden zu kämpfen. In Zahlen lässt sich das wie folgt ausdrücken:

Ausgefallene Forderungsbeträge der vergangenen drei Jahre (brutto)	8316,54 €
Ausgefallene Forderungsbeträge der vergangenen drei Jahre (netto)	6988,69 €
Kumulierte Umsätze der vergangenen drei Jahre	198.715,68 €

Das Ausfallrisiko ist auf Basis der Nettoforderungen zu kalkulieren und ermittelt sich demnach als:

$$\text{Ausfallrisiko}$$
$$= \frac{(\text{Ausgefallene Forderungsbeträge der vergangenen drei Jahre(netto)})}{(\text{Kumulierte Umsätze der vergangenen drei Jahre})}$$
$$= 6.988,69€/198.715,68€ = 0,035$$

Das heißt das Ausfallrisiko kann im gewählten Beispiel mittels einer Pauschalwertberichtigung von 3,5 % berücksichtigt werden.

▶ **Achtung!** Forderungen, die bereits mit einer Einzelwertberichtigung bewertet wurden, sind aus der Kalkulation der Pauschalwertberichtigung heraus zu rechnen.

3.4.2 Oberer Grundsatz der Klarheit

Der Grundsatz der Klarheit umfasst die eindeutige Nomenklatur und die Verständlichkeit der Buchführung für einen mit der Materie vertrauten Dritten. Die Forderung geht dabei nicht so weit, dass jeder grundsätzlich die komplette Buchführung eines Unternehmens verstehen muss, sondern eben nur mit der Materie vertraute Dritte, wie beispielsweise ein Bilanzbuchhalter, ein Wirtschaftsprüfer oder ähnlich Qualifizierte.

Der Grundsatz der Klarheit findet seine Niederschrift unter anderem in § 239 (1) HGB.

> Bei der Führung der Handelsbücher und bei den sonst erforderlichen Aufzeichnungen hat sich der Kaufmann einer lebenden Sprache zu bedienen (§ 239 (1) HGB).

Eine Buchführung in Latein oder Altgriechisch ist demzufolge nach HGB nicht zulässig. Der Gesetzgeber wird hierzu in der Folge noch deutlicher:

> Der Jahresabschluss ist in deutscher Sprache und in Euro aufzustellen (§ 244 HGB).

Im Detail wird der Grundsatz der Klarheit durch Vorschriften zur Gliederung der Bilanz (§ 266 HGB) und der Gewinn- und Verlustrechnung (GuV; § 275 HGB) ergänzt. Abweichungen vom Gliederungsschema des HGB sind beim Unterschreiten bestimmter Größenkriterien wie Bilanzsumme, Umsatz und Mitarbeiter zulässig. Das macht die Bilanz nicht unrichtig, verletzt allerdings bewusst den Grundsatz der Klarheit.

Zum Grundsatz der Klarheit ist auch die Vorschrift der Einzelbewertung zu rechnen (§ 252 (1) Nr. 3 HGB) wie auch das Saldierungsverbot:

> Posten der Aktivseite dürfen nicht mit Posten der Passivseite, Aufwendungen nicht mit Erträgen, Grundstücksrechte nicht mit Grundstückslasten verrechnet werden (§ 246 (2) Satz 1 HGB).

Ausnahmen vom Saldierungsverbot bestehen beispielsweise, wenn gegenseitig klar definierte gleichartige Leistungen geschuldet werden und die jeweiligen Leistungen gefordert und bewirkt werden können (vgl. § 387 BGB ff.). Ebenso ist es zulässig, in der GuV Bestandserhöhungen mit Bestandsminderungen von fertigen und unfertigen Erzeugnissen zu verrechnen oder Erlösschmälerungen mit Umsatzerlösen zu verrechnen. Ist beispielsweise davon auszugehen, dass ein Kunde ein angebotenes Skonto in Anspruch nimmt, so ist die Verrechnung der Erlösschmälerung direkt vorzunehmen und nur der um das Skonto verminderte Erlös zu buchen. Nimmt der Kunde das Skonto wider Erwarten doch nicht in Anspruch, ist die Buchung im Nachhinein zu korrigieren.

3.4.3 Oberer Grundsatz der Vollständigkeit

Der Grundsatz der Vollständigkeit findet seine Ausführung im bereits unter Abschn. 3.4.1 erwähnten § 239 (2) HGB im Hinblick auf die Buchführung. Daneben ist die Vollständigkeit auch für den Jahresabschluss gesetzlich geregelt:

> Der Jahresabschluss hat sämtliche Vermögensgegenstände, Schulden, Rechnungsabgrenzungsposten sowie Aufwendungen und Erträge zu enthalten, soweit gesetzlich nichts anderes bestimmt ist (§ 246 (1) Satz 1 HGB).

Aus der Forderung nach Vollständigkeit lässt sich – in Kombination mit den Grundsätzen der Richtigkeit und Willkürfreiheit und der Klarheit – die Pflicht zur Durchführung einer Inventur sowie zur darauf basierenden Erstellung eines Inventars ableiten (abgeleiteter unterer Grundsatz, kodifiziert im § 240 HGB f.).

Die Stichtagsbezogenheit des Jahresabschlusses bringt es mit sich, dass Geschäftsvorfälle ins alte Geschäftsjahr fallen, aber erst nach dem Stichtag bekannt werden. Solche Geschäftsvorfälle werden als **werterhellend** klassifiziert und sind bei der Erstellung des Jahresabschlusses zu berücksichtigen. Andere Sachverhalte sind als **wertbegründend** zu qualifizieren und sind dem jeweiligen Geschäftsjahr zuzuordnen.

Beispiel

Unternehmerin Yana hat ein gebrochenes Geschäftsjahr, das am 30. September endet. Am 05. Oktober erfährt sie, dass ein Pediküre-Salon, den sie seit einigen Monaten mit verschiedensten Verbrauchsmaterialien wie Lacken, Feilen, Hobeln etc. beliefert, am 21. September Insolvenz angemeldet hat.

Diese Information geht Yana zwischen dem Bilanzstichtag und der Erstellung des Jahresabschlusses zu und **erhellt** ihren Informationsstand zum Abschlussstichtag 30. September. An diesem Tag war der Pediküre-Salon bereits insolvent, Yana war das aber noch nicht bekannt. Sie muss diese werterhellende Information berücksichtigen, indem sie noch im Jahresabschluss für das vergangene Geschäftsjahr eine Abschreibung auf die Forderungen gegenüber dem Pediküre-Salon vornimmt.

Am 6. Oktober erhält Yana die Information, dass ein zu ihren Kunden zählendes Nagelstudio am 03. Oktober Insolvenz angemeldet hat.

Diese Information geht Yana zwar auch zwischen dem Bilanzstichtag und der Erstellung des Jahresabschlusses zu; allerdings war die Forderung am Bilanzstichtag noch voll werthaltig. Die Information ist daher als wertbegründend einzustufen und erst im Jahresabschluss des neuen Geschäftsjahres zu berücksichtigen. ◄

Hier zeigt sich ein enger Zusammenhang des Grundsatzes der Vollständigkeit mit dem Grundsatz der Abgrenzung, insbesondere der zeitlichen Abgrenzung, also der periodengerechten Zuordnung von Geschäftsvorfällen und deren Auswirkungen.

3.4.4 Oberer Grundsatz der Stetigkeit

Der Grundsatz der Stetigkeit fordert, dass Gliederungsbegriffe, Gliederungsschemata und Bewertungsprinzipien grundsätzlich beizubehalten sind. § 252 HGB regelt dabei klar die Identität zwischen der Schlussbilanz des vergangenen mit der Eröffnungsbilanz des folgenden Geschäftsjahres (**formelle Bilanzkontinuität**) sowie die Kontinuität in den Bewertungsmethoden (**materielle Bilanzkontinuität**). Allerdings gilt auch hier: Keine Regel ohne Ausnahme.

Von den Grundsätzen des Absatzes 1 darf nur in begründeten Ausnahmefällen abgewichen werden (§ 252 (2) HGB).

Verändern sich beispielsweise Geschäftsmodelle eines Unternehmens, so kann es – im Sinne er Richtigkeit und Klarheit – erforderlich sein, Bilanzpositionen oder Bewertungsverfahren anzupassen.

Beispiel

Das österreichische Unternehmen Kretztechnik ging im Jahr 2000 als Spezialist für medizinische 3D-Ultraschallgeräte an die Börse und wurde nur wenige Jahre später von General Electric übernommen. Die Ursprünge des Unternehmens reichen aber in die erste Hälfte des 20. Jahrhunderts zurück. Kretztechnik begann mit der Produktion von Kartoffelkörben und stieg erst mit der Thematik der zerstörungsfreien Materialprüfung in die Ultraschalltechnologie ein. ◄

3.4.5 Oberer Grundsatz der Vorsicht

Der obere Grundsatz der Vorsicht scheint auf den ersten Blick eigentlich ein Widerspruch zu unternehmerischer Aktivität zu sein, denn schließlich bedeutet unternehmerisches Handeln auch das Eingehen von Risiken, und die größten unternehmerischen Legenden basieren oft darauf, dass diese Menschen Risiken eingegangen sind, die anderen zu groß gewesen wären. In der Buchführung und Bilanzierung ist jedoch nicht der Platz für Risiko, sondern für Vorsicht:

Es ist vorsichtig zu bewerten (…) (§ 252 (1) Nr. 4 Satz 1 HGB).

Bilanzpositionen sind nur dann anzusetzen, wenn ihr Charakter klar als Vermögensgegenstand oder Schuld identifiziert werden kann. Die Bewertung sollte in der Form erfolgen, dass mögliche Risiken in größtmöglichem Umfang berücksichtigt werden, während die Chancen nur dann berücksichtigt werden, wenn sie tatsächlich eintreten. Diese Deutung des Grundsatzes der Vorsicht findet auch in den Abgrenzungsgrundsätzen Berücksichtigung, auf die wir im folgenden Punkt noch genauer eingehen. Ziel der vorsichtigen Bilanzierung und Bewertung ist in erster Linie der **Gläubigerschutz** . Werden Vermögensgegenstände zu Werten in der Bilanz erfasst, die niedriger sind als ein möglicherweise erzielbarer Marktwert, so existieren in dem Unternehmen so genannte stille Reserven, die erst bei einer Realisierung, sprich: beim Verkauf des Vermögensgegenstandes in Geld umgesetzt werden.

Beispiel

Ein Unternehmen legt im Laufe des Geschäftsjahres 01 einen Teil seiner finanziellen Mittel im Sinne einer Risikostreuung in einem Aktienfonds an. In Summe geht es dabei um 50.000 €, die auf 500 Anteile des Fonds verteilt sind. Am Ende des Geschäftsjahres 01 ist der Marktwert der Anteile auf 30.000 € gefallen. Obwohl der Verlust nicht durch den Verkauf realisiert wurde, gebietet der oberste Grundsatz der Vorsicht, ihn als eine außerplanmäßige Abschreibung auf den am Bilanzstichtag geltenden Marktwert zu berücksichtigen, der auch als beizulegender Wert oder Teilwert bezeichnet wird. Im HGB finden sich die entsprechenden Vorschriften für das Anlage und das Umlaufvermögen in § 253 (3) HGB und § 253 (4) HGB.

A. o. Abschreibung auf Finanzanlagen	20.000,00 €	an	Finanzanlagen	20.000,00 €

Bis zum Ende des zweiten Geschäftsjahres erholt sich der Wert der Fondsanteile auf 45.000 €. Nun ist im Rahmen der Vorsicht das sogenannte **Wertaufholungsgebot** zu berücksichtigen:

Ein niedrigerer Wertansatz nach Absatz 3 Satz 5 oder 6 und Absatz 4 darf nicht beibehalten werden, wenn die Gründe dafür nicht mehr bestehen (§ 253 (5) HGB).

Damit ist am Ende des Geschäftsjahres 02 zu buchen:

Finanzanlagen	15.000,00 €	an	Erträge aus der Zuschreibung von Finanzanlagen	15.000,00 €

Am Ende des dritten Geschäftsjahres liegt der Marktwert der Fondsanteile sogar bei 70.000 €. Neben den o. a. Prinzip des Wertaufholungsgebotes ist nun zu berücksichtigen, dass für Zuschreibungendie **Anschaffungskosten** oder **Herstellkosten** eines Vermögensgegenstandes eine Obergrenze darstellen. Damit ist am Ende des Geschäftsjahres 03 zu buchen:

Finanzanlagen	5.000,00 €	an	Erträge aus der Zuschreibung von Finanzanlagen	5000,00 €

◄

Das gewählte Beispiel ist eigentlich schon ein Vorgriff auf die Abgrenzungsgrundsätze des Realisations- und des Imparitätsprinzips, zeigt damit aber auch wieder sehr deutlich die hohe Interdependenzen der GoB untereinander.

Einzelne Bilanzpositionen wie **Rückstellungen** sind grundlegender Ausdruck des Vorsichtsgrundsatzes. Das sind die Rückstellungen, welche Verpflichtungen erfassen, die der Höhe und der Fälligkeit nach am Abschlussstichtag noch nicht exakt bestimmbar sind. Die Vorsicht kommt bei der Bildung der Rückstellung nicht nur im Vorsorgegedanken zum Ausdruck, bereits jetzt Aufwendungen für einen späteren Anfall von Auszahlungen zu buchen, sondern auch in der Bewertung, die auf objektive Beurteilungen wie die Bildung von Erwartungswerten zurückgreifen. Sollte das mangels verfügbarer statistischer Daten nicht möglich sein, sind subjektive Bewertungen auf der Basis des Handelns eines „ordentlichen und ehrenwerten Kaufmanns" zulässig (vgl. Abb. 3.4).

Was bei der Betrachtung des Vorsichtprinzips außer Acht gelassen wird, ist der damit verbundene Eigenschutz des Unternehmens, der Unternehmer bzw. der Eigentümer: Werden die Gläubiger durch hohe stille Reserven geschützt, kommt das im Krisenfall auch dem Unternehmen in Form eines Fortbestandes sowie den Unternehmern bzw. Eigentümern in Form einer höheren Sicherheit des eingelegten Kapitals zu Gute.

3.4.6 Abgrenzungsgrundsätze

Die Abgrenzungsgrundsätze dienen einer **periodengerechten Erfolgsermittlung**. In diesem Rahmen sind verschiedene Abgrenzungsgrundsätze zu berücksichtigen.

- Grundsatz der sachlichen Abgrenzung

Der Grundsatz der sachlichen Abgrenzung fordert eine leistungsentsprechende, periodengerechte Gegenüberstellung von Aufwendungen und Erträgen. Fallen Aufwendungen für die Herstellung eines Gutes im Geschäftsjahr 01 an, das Gut selbst wird aber erst im Geschäftsjahr 02 erfolgswirksam verkauft, so sind die Aufwendungen im Sinne der sachlichen Abgrenzung erst im Geschäftsjahr 02 zu berücksichtigen.

- Grundsatz der zeitlichen Abgrenzung

Hierbei geht es vorrangig darum, zeitraumbezogene Aufwendungen, die vom Geschäftsjahr abweichen, zeitlich adäquat zu periodisieren. Das Instrument dafür sind in der Bilanz explizit vorgesehene Rechnungsabgrenzungsposten.

Passivposition	Grundlage	Beispiel
Verbindlichkeiten	stehen am Bilanzstichtag der Höhe und Fälligkeit nach fest	Bankkredit, Verbindlichkeiten aus LuL
Rückstellungen	stehen am Bilanzstichtag nicht völlig, aber ausreichend sicher fest	Garantie- oder Kulanzrückstellungen
Eventualverbindlichkeiten	stehen am Bilanzstichtag mit einer geringen Wahrscheinlichkeit und der Höhe nach nicht sicher fest	Bürgschaften, Haftungszusagen

Abb. 3.4 Verbindlichkeiten, Rückstellungen und Eventualverbindlichkeiten

Beispiel

Bei einem Geschäftsjahr, das mit dem Kalenderjahr identisch ist, zahlt ein Unternehmen die Miete für die Büroräume seiner Verwaltung jeweils Anfang September für die kommenden zwölf Monate (2500 € pro Monat) im Voraus. Das bedeutet, dass vier Monate der Zahlung dem laufenden, acht Monate der Zahlung dem nachfolgenden Geschäftsjahr zuzuordnen sind.

Als Rechnungsabgrenzungsposten sind auf der Aktivseite Ausgaben vor dem Abschlussstichtag auszuweisen, soweit sie Aufwand für eine bestimmte Zeit nach diesem Tag darstellen (§ 250 (1) HGB).

Damit ist am Ende des Geschäftsjahres 01 folgendes zu buchen:

Mietaufwand	10.000,00 €			
Aktiver RAP	20.000,00 €	an	Bank	30.000,00 €

Im Folgejahr ist der aRAP aufzulösen, indem eine entsprechende Buchung vorgenommen wird:

Mietaufwand	20.000,00 €	an	aRAP	20.000,00 €

◄

Weitere Details zu unterschiedlichen Formen der Rechnungsabgrenzung werden wir in Kap. 10 kennen lernen.

- Realisationsprinzip

Im Realisationsprinzip ist festgelegt, wann eine Leistung, die sowohl ein Produkt als auch eine Dienstleistung sein kann, als realisiert gilt, sprich: wann der damit zusammenhängende Ertrag erfasst werden darf. Darüber hinaus legt es auch den Wert fest, mit dem noch nicht realisierte Leistungen in der Bilanz zu erfassen sind.

(…) Gewinne sind nur zu berücksichtigen, wenn sie am Abschlussstichtag realisiert sind (§ 252 (1) Nr. 4 HGB).
    Vermögensgegenstände sind höchstens mit den Anschaffungs- oder Herstellungskosten, vermindert um die Abschreibungen nach den Absätzen 3 bis 5, anzusetzen (§ 253 (1) Satz 1 HGB).

Als konkreter Zeitpunkt für die Realisierung einer Leistung gilt der so genannte Gefahrenübergang, d. h. der Moment, in dem das Risiko einer Zerstörung des Wirtschaftsgutes oder des rechtlichen Begriffes des Untergangs des Wirtschaftsgutes auf den Kunden übergeht. Erst dann darf ein Ertrag gebucht werden. Vor diesem Übergang sind die entsprechenden Leistungen als fertige und unfertige Leistungen in der Bilanz zu erfassen und mit den Anschaffungs- oder Herstellkosten zu bewerten.

- Imparitätsprinzip

Das Imparitätsprinzip postuliert das oben dargestellte Vorsichtsprinzip in doppelter Weise. So fordert es zum einen, dass drohende Verluste sofort zu berücksichtigen sind. Dabei können solche drohenden Verluste entweder über die Bildung entsprechender Rückstellungen berücksichtigt werden oder über die Verbuchung von außerplanmäßigen Abschreibungen auf Vermögensgegenstände, wenn deren beizulegender Zeitwert niedriger ist als der bisherige Bilanzansatz. Zum anderen ist es untersagt, noch nicht realisierte Gewinne zu berücksichtigen (vgl. Abb. 3.5).

3.4.7   GoBD

Seit 2020 existieren neben den altbekannten GoB auch die GoBD (Grundsätze zur ordnungsmäßigen Führung und Aufbewahrung von Büchern, Aufzeichnungen und Unterlagen in elektronischer Form sowie zum Datenzugriff). Der Gesetzgeber hat damit der zunehmenden Digitalisierung der Buchführung Rechnung getragen und vor allem auch die elektronische Archivierung von Unterlagen ermöglicht, was Unternehmen je

Imparitätsprinzip	Ungleichbehandlung drohender Verluste und noch nicht realisierter Gewinne
Drohende Verluste	Gebot der Antizipation
Noch nicht realisierte Gewinne	Verbot der Antizipation

Abb. 3.5 Imparitätsprinzip

nach Größe beträchtliche Lagerkosten ersparen kann. Die GoBD umfassen im Wesentlichen vier Bereiche:

- GoBD-konforme Arbeitsweise
- Einsatz von Software gemäß den GoBD
- Revisionssichere Archivierung
- Vollständige Verfahrensdokumentation

Die GoBD-Konformität fordert, dass alle Geschäftsvorfälle nachvollziehbar, vollständig, richtig, zeitgerecht, geordnet und unverfälscht abgebildet und aufbewahrt werden. Das sind eigentlich bisher schon aus den GoB bekannte Forderungen, die mit den GoBD auf die digitalen Verfahrensweisen in Buchhaltungsabteilungen, bei Steuerberatern und auch bei Finanzämtern adaptiert werden. Wichtig ist, dass die GoBD (wie zuvor auch die GoB) von jedem Unternehmer zu beachten sind, also auch von solchen, die nicht doppelt buchführungspflichtig sind und ihre Gewinnermittlung mittels einer Einnahme-Überschussrechnung (EÜR) vornehmen. Die Belege zu den Geschäftsfällen sind wie bisher auch die papierhaften Belege aufzubewahren.

Für die Unternehmer hat diese Änderung den klaren Vorteil mit sich gebracht, dass Geschäftsunterlagen nicht mehr in zahllosen Aktenordnern Jahrelang im Archiv verwahrt und anschließend vernichtet werden müssen, sondern dass das Ganze sehr platzsparend in digitaler Form erfolgen kann.

3.5   Übungsaufgaben

I. Rechtliche Grundlagen der Buchhaltung
Benennen Sie die wesentlichen rechtlichen Grundlagen der Buchhaltung in Deutschland. Erläutern Sie den Unterschied zwischen kodifizierten und nicht kodifizierten Rechtsgrundlagen.

Musterlösung
Die rechtlichen Grundlagen der Buchhaltung in Deutschland umfassen im Wesentlichen das Handels- und Steuerrecht sowie die Grundsätze ordnungsgemäßer Buchführung (GoB).

Während das Handelsrecht im HGB und das Steuerrecht in der Abgabenordnung wie auch in anderen Gesetzestexten schriftlich niedergelegt (kodifiziert) ist, sind die GoB ein nicht schriftlich fixiertes (nicht kodifiziertes) Gewohnheitsrecht, das sich aus dem üblichen Handeln des „ehrenwerten Kaufmannes" entwickelt haben und auch mit weiteren Veränderungen von Rahmenbedingungen auch weiterhin Veränderungen unterliegen werden.

II. Imparitätsprinzip
Erläutern Sie das Imparitätsprinzip. Inwiefern dient dieses Prinzip dem GoB der Vorsicht und damit dem Gläubigerschutz?

Musterlösung
Das Imparitätsprinzip stellt eigentlich eine Kombination aus dem Vorsichts- in Form des Niederstwertprinzips und dem Realisationsprinzip dar.

Nach dem Imparitätsprinzip sind Erträge erst bei ihrer Realisierung, Aufwendungen aber schon dann zu verbuchen, wenn sie nur drohen. Diese Unterscheidung lässt sich am einfachsten an konkreten Beispielen verdeutlichen:

Nehmen Sie an, Sie haben in Ihrem Unternehmen einen Teil ihrer liquiden Mittel (Bank & Kasse), den sie nach der aktuellen Finanzplanung in absehbarer Zeit nicht benötigen, um betriebliche Ausgaben zu decken. Also suchen Sie nach einer alternativen Anlage für diese Mittel (Annahme: 50.000 €) und entscheiden sich für den Kauf von Aktien eines vor kurzem an die Börse gegangenen Start-Up-Unternehmens, von dessen Geschäftsidee Sie überzeugt sind.

Nach einem Monat kommt das Start-Up mit einer sehr negativen Meldung heraus und der Wert Ihrer Aktien fällt auf 20.000 €. Da sie mit der Aktienanlage keine strategischen Ziele verfolgt haben, hatten Sie die Aktien beim Kauf richtigerweise im Umlaufvermögen Ihres Unternehmens verbucht. Dort gilt das strenge Niederstwertprinzip, das bei Aktien eines börsennotierten Unternehmens sehr einfach anzuwenden ist, da es mindestens börsentäglich einen Kassakurs gibt. Also schreiben Sie Ihr Aktienpaket um 30.000 € auf 20.000 € ab.

▶ **Achtung!** Das Niederstwertprinzip ist bei Aktiva anzuwenden. Betrachten
wir hingegen Passiva, so ist der G rundgedanke umzudrehen und ggfs. von
einem höheren drohenden Rückzahlungsbetrag auszugehen, beispielsweise
bei Fremdwährungsverbindlichkeiten, deren Wert in Euro mit dem jeweiligen
Wechselkurs schwanken kann. Auf der Passivseite sprechen wir vom Höchstwertprinzip.

Zwei weitere Monate später veröffentlicht das Unternehmen eine Ad-hoc-Mitteilung
über eine äußerst vielversprechende Zusammenarbeit mit einem etablierten Unternehmen, und der Wert Ihres Aktienpaketes steigt auf 40.000 €. Damit ist ein Teil des
Grundes für die vorherige außerordentliche Abschreibung nach dem Niederstwertprinzip
entfallen, und Sie müssen 20.000 € auf 40.000 € zuschreiben.

Einen weiteren Monat später kann das Start-Up die Veröffentlichung seiner Quartals-
zahlen mit einer außergewöhnlich vielversprechenden Vertriebsallianz krönen, und
der Wert Ihrer Aktien schnellt auf 75.000 €. Damit ist der ursprüngliche Grund für die
außerordentliche Abschreibung komplett entfallen und Sie müssen weitere 10.000 € auf
50.000 €, die ursprünglichen Anschaffungskosten, zuschreiben.

Eine weitere Zuschreibung über die Anschaffungskosten hinaus ist rechtlich nicht zulässig, sie wäre nach den GoB ein Verstoß gegen das Realisationsprinzip. Das heißt, Sie
dürfen den Erfolg erst dann ausweisen, wenn Sie die Aktien tatsächlich zu einem höheren Wert als den Anschaffungskosten verkaufen und den Gewinn, der bis dahin nur ein
„Buchgewinn" ist, auch tatsächlich realisieren.

Diese unterschiedliche Behandlung von Erträgen und Aufwendungen führt dazu, dass
ein Unternehmen tendenziell zu wenige Erträge verbucht bzw. einen zu geringen Vermögensbestand ausweist und gleichzeitig tendenziell zu hohe Aufwendungen verbucht
bzw. zu hohe Schulden ausweist. Damit steckt in dem Unternehmen tendenziell mehr
Substanz als in den Büchern ausgewiesen und das kommt dem Gläubigerschutz zu Gute.

III. Zwecke des Jahresabschlusses

Erläutern Sie die Zwecke des Jahresabschlusses. Welche Jahresabschlüsse werden dabei
für die Zwecke welcher Adressaten genutzt?

Musterlösung

Der Jahresabschluss verfolgt zum einen das Ziel der Zahlungsbemessung, zum anderen ein Informationsziel. Während das Informationsziel sich an ein sehr breites Publikum, eigentlich an alle Stakeholderrichtet, ist das Ziel der Zahlungsbemessung auf zwei Adressaten beschränkt: den Fiskus und die Eigentümer.

Die Information der Stakeholdergeschieht mit dem handelsrechtlichen Jahresabschluss. Die Zahlungsbemessung für den Fiskus erfolgt auf Basis des steuerrechtlichen Jahresabschlusses (Steuerbemessung auf Basis eines Gewinns vor Steuern). Die Zahlungsbemessung für die Eigentümer erfolgt eigentlich kombiniert mit dem handels- und steuerrechtlichen Jahresabschluss. Für die Eigentümer ist aber im Wesentlichen nur der handelsrechtliche Abschluss von Interesse, der um die im steuerlichen Abschluss festgestellten Steuern ergänzt wird. Aus dem Nachsteuerergebnis können dann Ausschüttungen an die Eigentümer (Einzelunternehmer, GmbH-Gesellschafter, Aktionäre etc.) vorgenommen werden.

IV. Schätzungen

Inwiefern sind Schätzungen in einem Jahresabschlussbzw. in der laufenden Buchhaltung sinnvoll und zulässig? Erklären Sie eine Bilanzposition, bei der dieses Thema von besonderer Relevanz ist.

Musterlösung

Der obere GoB der Richtigkeit und Willkürfreiheit fordert eine vollständige, richtige, zeitgerechte und geordnete Eintragung aller Geschäftsvorfälle. Das scheint auf den ersten Blick der Möglichkeit, mit Schätzungen zu arbeiten zu widersprechen.

Für Vermögenswerte gibt es auch klare Bewertungsvorgaben, die sich an den Anschaffungs- oder Herstellkosten, ggfs. korrigiert um eine planmäßige oder eine außerordentliche Abschreibung, orientiert. Auch auf der Passivseite existiert bei den Verbindlichkeiten eine klare Vorgabe der Bewertung der Positionen mit dem Erfüllungsbetrag. Allerdings ist die Definition einer Verbindlichkeit eine „Verpflichtung, die der Höhe und der Fälligkeit nach feststeht". Dem stehen auf der Passivseite die Rückstellungen an der Seite, deren Definition lautet: „Verpflichtung, die der Höhe und der Fälligkeit nach nicht feststeht, aber ausreichend sicher ist". Die Begrifflichkeit des „ausreichend sicher" ist die Eintrittspforte für Schätzungen in die Buchhaltung.

Es ist allerdings klar zu beachten, dass diese Eintrittspforte kein großes Stadttor, sondern eher eine kleine Klosterpforte ist. Sicherlich hätte jeder Kaufmann zunächst ein Interesse daran, die Rückstellungen möglichst hoch anzusetzen, denn sie werden als steuermindernder Aufwand gebucht, dem aber – zumindest im ersten Schritt – keine Auszahlungen gegenüberstehen.

Liegen die gebuchten Rückstellungenunter dem, was der Kaufmann im Laufe des Geschäftsjahres tatsächlich für den entsprechenden Sachverhalt (beispielsweise Garantierückstellungen) aufbringen muss, sind zusätzliche Aufwendungen zu buchen. Damit hätte der Kaufmann seine Rückstellungen unterschätzt und eine mögliche Steuerersparnis unnötig aufgeschoben.

Entsprechen die Rückstellungen dem, was der Kaufmann im Laufe des Geschäftsjahres tatsächlich für den entsprechenden Sachverhalt aufwenden muss, hat der Kaufmann nach Maßgabe eines „ordentlichen und ehrenwerten Kaufmanns" geschätzt, es ergeben sich keine Korrekturbedarfe bei den Rückstellungen, dem Aufwand oder den Steuern.

Liegen die gebuchten Rückstellungenüber dem, was der Kaufmann im Laufe des Geschäftsjahres tatsächlich für den entsprechenden Sachverhalt aufzuwenden hat, muss er die zu viel gebildeten Rückstellungen erfolgswirksam auflösen: Er hat ja durch die zu hohen Aufwendungen Steuern gestundet, die er nun nachzahlen muss. Seien wir ehrlich: Kein Kaufmann wird es auf Dauer schaffen, mit seinen Schätzungenfür seine Rückstellungen exakt den tatsächlichen Aufwand zu treffen. Das weiß auch das Finanzamt. Allerdings wird das Finanzamt sehr ungehalten, wenn die Abweichungen zwischen den Schätzungen für die Rückstellungen und dem tatsächlichen Aufwand mit schöner Regelmäßigkeit zu Gunsten des steuerpflichtigen Kaufmannes ausfallen und wird ihm dann die Anerkennung der Aufwendungen verweigern.

Insofern sind Schätzungenin der Buchhaltung insbesondere bei den Rückstellungen notwendig. Es ist aber unbedingt auf möglichst genaue Schätzungen zu achten, die dem Handeln eines „ordentlichen und ehrenwerten Kaufmanns" entsprechen.

V. Rechnungsabgrenzung

Welche Bilanzpositionen erfassen Sachverhalte, bei denen Aufwendungen und Erträge einerseits und Auszahlungen und Einzahlungen andererseits in unterschiedlichen Perioden anfallen? Geben Sie für die verschiedenen Möglichkeiten je ein Beispiel an.

Musterlösung

Ausgaben oder Einnahmen, die erst nach dem Bilanzstichtag Aufwand oder Ertrag darstellen, werden in den so genannten transitorischen Rechnungsabgrenzungsposten (RAP) erfasst:

- Auszahlungen, die erst im Folgegeschäftsjahr Aufwand werden, werden als aktiver RAP (aRAP) erfasst, da das Unternehmen einen Anspruch auf Leistung, also einen Vermögenswert hat.
  Beispiel: Vorabzahlung von 12 Monatsmieten für eine Lagerhalle im Juni bei einem Geschäftsjahr, das dem Kalenderjahr entspricht.
- Einzahlungen, die erst im Folgejahr zu Ertrag werden, werden als passiver RAP (pRAP) erfasst, da das Unternehmen dann eine Leistungsverpflichtung hat.
  Beispiel: Vorabzahlung von 12 Monatsmieten eines Kunden für von uns gemietete Büroräume im Januar bei einem Geschäftsjahr, das vom 01.04. bis zum 31.03. läuft.

Aufwendungen oder Erträge, die erst nach dem Bilanzstichtag zu Auszahlungen oder Einzahlungen führen, werden in den so genannten antizipativen RAP erfasst:

- Aufwendungen, die erst im Folgejahr zu Auszahlungen werden, werden als sonstige Verbindlichkeit erfasst. Das Unternehmen hat eine Leistung erhalten, die erst zu einem späteren Zeitpunkt beglichen wird.
  Beispiel: Nachträgliche Zahlung unseres Bauunternehmens von 12 Monatsmieten für einen Bagger im Februar bei einem Baumaschinenverleih bei einem Geschäftsjahr, das vom 01.09. bis zum 31.08. läuft.
- Erträge, die erst im Folgejahr zu Einzahlungen werden, werden als sonstige Forderungenerfasst. Das Unternehmen hat eine Leistung erbracht, wird aber erst zu einem späteren Zeitpunkt dafür bezahlt.
  Beispiel: Nachträgliche Zinszahlungen für ein Gesellschafterdarlehen im Oktober bei einem Geschäftsjahr, das dem Kalenderjahr entspricht.

Weiterführende Literatur

Coenenberg AG, Haller A, Mattner G, Schultze W (2024) Einführung in das Rechnungswesen, 9. Aufl. Schäffer-Poeschel, Stuttgart

Döring U, Buchholz R (2021) Buchhaltung und Jahresabschluss, 16. Aufl. ESV, Berlin

Hahn H, Wilkens K (2014) Buchhaltung und Bilanz, 2. Aufl. de Gruyter, Oldenburg

Handelsgesetzbuch (o. J.) https://dejure.org/gesetze/HGB. Zugegriffen: 13. Sept 2024

Littkemann J, Holtrup M, Schulte K (2016) Buchführung, 8. Aufl. BoD

Mindermann T, Brösel G (2020) Buchführung und Jahresabschlusserstellung nach HGB, 7. Aufl. ESV, Berlin

Quick R, Wurl H-J (2023) Doppelte Buchführung, 5. Aufl. Springer, Wiesbaden

Reichhardt M (2021) Grundlagen der doppelten Buchführung, 4. Aufl. Springer, Wiesbaden

Schmolke S, Deitermann M, Rückwart W (2024) Industrielles Rechnungswesen IKR, 53. Aufl. Winklers, Braunschweig

Wöhe G, Kußmaul H (2022) Grundzüge der Buchführung und Bilanztechnik, 11. Aufl. Vahlen, München

Jahresabschluss

4

Lernziele

Die Thematik des Jahresabschlusses wird üblicherweise in höheren Semestern in entsprechenden Spezialveranstaltungen vertieft. Für eine Einführung in die Buchführung beschränken sich die Lernziele daher auf:

- Sie lernen den Begriff des Jahresabschlusses zu definieren.
- Sie können die Elemente des Jahresabschlusses nach Unternehmensgröße differenzieren.

Ein Jahresabschluss umfasst nach der Definition des Handelsgesetzbuches (HGB) im einfachsten Fall eine Bilanz und eine Gewinn- und Verlustrechnung (GuV).

> Die Bilanz und die Gewinn- und Verlustrechnung bilden den Jahresabschluss (§ 242 (3) HGB).

Für Kapitalgesellschaften sind die Vorschriften des HGB etwas weiter gefasst:

> Die gesetzlichen Vertreter einer Kapitalgesellschaft haben den Jahresabschluss um einen Anhang zu erweitern, der mit der Bilanz und der Gewinn- und Verlustrechnung eine Einheit bildet, sowie einen Lagebericht aufzustellen. Die gesetzlichen Vertreter einer kapitalmarktorientierten Kapitalgesellschaft, die nicht zur Aufstellung eines Konzernabschlusses verpflichtet ist, haben den Jahresabschluss um eine Kapitalflussrechnung und einen Eigenkapitalspiegel zu erweitern, die mit der Bilanz, Gewinn- und Verlustrechnung und dem Anhang eine Einheit bilden; sie können den Jahresabschluss um eine Segmentberichterstattung erweitern (§ 264 (1) Satz 1 f. HGB).

A. Burger und S. Burger-Stieber, *Grundlagen der Buchführung*,
https://doi.org/10.1007/978-3-658-46366-3_4

Das heißt, für Kapitalgesellschaften umfasst der Jahresabschluss auf jeden Fall die Bilanz und eine GuV (wie im einfachsten Fall), ist aber um den Anhang zu ergänzen, welcher je nach Unternehmensgröße eine unterschiedlich Tiefe der Berichterstattung hat.

Für Kleinstkapitalgesellschaften sind Erleichterungen im Hinblick auf die Erstellung eines Anhangs vorgesehen. Pflichtangaben wie beispielsweise über Haftungsverhältnisse (§ 268 (7) HGB) oder Entlohnungen der Geschäftsführungsorgane etc. müssen auch sie machen (§ 285 (9) HGB).

Ob bestimmte Sachverhalte zu bilanzieren sind oder nicht, entscheidet sich nach einem umfassenden Algorithmus, den wir unter Kap. 6 ausführlich vorstellen werden.

Weiterführende Literatur

Coenenberg AG, Haller A, Mattner G, Schultze W (2024) Einführung in das Rechnungswesen, 9. Aufl. Schäffer-Poeschel, Stuttgart

Döring U, Buchholz R (2021) Buchhaltung und Jahresabschluss, 16. Aufl. ESV, Berlin

Handelsgesetzbuch (o. J.) https://dejure.org/gesetze/HGB. Zugegriffen: 13. Sept .2024

Wöhe G, Kußmaul H (2022) Grundzüge der Buchführung und Bilanztechnik, 11. Aufl. Vahlen, München

Inventur, Inventar und Bilanz

5

Lernziele

- Sie lernen, die Begrifflichkeiten Inventur, Inventar und Bilanz sowie deren Zusammenhänge zu verstehen und zu erklären.
- Sie können verschiedene zulässige Vereinfachungen von Inventurmethoden benennen und erklären sowie entscheiden, welche Inventurvereinfachungsmethode ggfs. in Ihrem eigenen Unternehmen am passendsten eingesetzt werden kann.
- Sie lernen Begrifflichkeiten der Bilanz kennen, sowie sie der richtigen Bilanzseite und dort auch dem richtigen Platz in der gesetzlich vorgegebenen Gliederung zuzuweisen.

5.1 Inventur und Inventar

Inventur ist die – zum Teil körperliche – Erfassung aller Vermögensgegenstände, Schulden und des Eigenkapitals eines Unternehmens. Die Vermögensgegenstände können dabei grundsätzlich gezählt, gemessen oder gewogen werden. Anlagevermögen wie Grundstücke, Immobilien oder Produktionsanlagen sind dabei mengenmäßig einfach erfassbar. Das Umlaufvermögen wird, sofern es haptisch, also in körperlich greifbarer Form, vorliegt, beispielsweise in Form von Material, Roh-, Hilfs- und Betriebsstoffen (RHB), ebenfalls durch eine Zählung, Messung oder Wägung erfasst. Finanzielle Vermögensgegenstände können typischerweise durch Bankbelege oder Saldenlisten aus der Debitorenbuchhaltung erfasst werden (vgl. Abb. 5.1).

Vermögensgegenstand	Erfassung	Erstbewertung	Korrekturen	Ursache
Anlagevermögen	Zählung	AK/HK	planmäßige Afa	Abnutzung und Zeitwertverlust
			außerplanmäßige AfA	Naturkatastrophen, technische Defekte, Innovationssprünge, geringerer beizulegender Wert (gemildertes Niederstwertprinzip)
Umlaufvermögen				
Material, RHB	Zählung, Messung, Wägung	AK/HK	außerplanmäßige AfA	geringerer beizulegender Wert (strenges Niederstwertprinzip)
Forderungen	Saldenlisten	Erfüllungsbetrag	außerplanmäßige AfA	wahrscheinlicher Erfüllungsbetrag (strenges Niederstwertprinzip)
Bank	Bankbelege	Erfüllungsbetrag	-	-
Kasse	Zählung	Nominalwert	außerplanmäßige AfA	Schwund

Abb. 5.1 Erfassung und Bewertung von Vermögensgegenständen

Um die mengenmäßig erfassten Vermögensgegenstände in wertmäßige Positionen zu „übersetzen" ist es notwendig, sie zu bewerten. Hierfür gibt es zahlreiche Vorschriften zur Erst- und Folgebewertung. Die Erstbewertung orientiert sich üblicherweise an den **Anschaffungskosten** (AK) oder **Herstellkosten** (HK) des Vermögensgegenstandes. Folgebewertungen berücksichtigen zum einen planmäßige **Abschreibungen** (AfA), welche die Abnutzungoder einen zu erwartenden Zeitwertverlust widerspiegeln. Zum anderen berücksichtigen sie auch außerplanmäßige Abschreibungen, die unerwartete Wertverluste, beispielsweise durch technische Defekte, Innovationssprünge, Marktwertveränderungen oder eine mangelnde Nachhaltigkeit von Forderungen abbilden.

Die Inventurals Erfassung der Vermögensgegenstände und Schulden ist ein Instrument, das aus der Pflicht zur Erstellung eines **Inventars**, das ist eine Liste bzw. eine Übersicht aller Vermögensgegenstände und Schulden, resultiert.

Jeder Kaufmann hat zu Beginn seines Handelsgewerbes seine Grundstücke, seine Forderungen und Schulden, den Betrag seines baren Geldes sowie seine sonstigen Vermögensgegenstände genau zu verzeichnen und dabei den Wert der einzelnen Vermögensgegenstände und Schulden anzugeben (§ 240 (1) HGB).

Die Erstellung eines solchen Inventars, die nach § 240 (2) HGB für jedes Geschäftsjahr verpflichtend ist, bedeutet für den Kaufmann einen teilweise nicht unbeträchtlichen Aufwand. Dem kommt der Gesetzgeber durch Erleichterungen in Form von **Inventurvereinfachungsverfahren** (§ 241 HGB) entgegen (vgl. Abb. 5.2).

Die permanente und die Stichprobeninventur bewahren den Kaufmann allerdings nicht dauerhaft davor, eine körperliche Bestandsaufnahme durchzuführen, denn der

Stichtagsinventur	Ermittlung aller tatsächlichen Bestände am Bilanzstichtag
Inventurvereinfachung	**Beschreibung**
Zeitnahe Inventur	• Zeitraum von zehn Tagen vor oder nach dem Bilanzstichtag • mengen- und wertmäßige Fortschreibung der Verbräuche und Zugänge in dem Zeitraum zwischen Inventur und Bilanzstichtag bzw. Bilanzstichtag und Inventur
Vor- oder nachverlegte Stichtagsinventur	• Zeitraum von drei Monaten vor bis zu zwei Monaten nach dem Bilanzstichtag • wertmäßige, aber nicht mengenmäßige Fortschreibung der Verbräuche
Permanente Inventur	• fortlaufende mengen- und wertmäßige Erfassung von Beständen durch ein geeignetes, zu führendes Verzeichnis (beispielsweise Lagerbestandskartei) • Problem: Schwund, beispielsweise durch Diebstahl, wird nicht erfasst • Einmal im Jahr ist eine „Kontrollinventur" durchzuführen
Stichprobeninventur	• Schätzungen mittels statistischer Verfahren • Für verderbliche oder besonders wertvolle Waren verboten • Finanzamt akzeptiert das Verfahren nur auf Antrag

Abb. 5.2 Inventurvereinfachungsverfahren

Gesetzgeber sieht auch bei Anwendung dieser Inventurvereinfachungsverfahren in der Regel alle drei Jahre eine körperliche Bestandsaufnahme vor:

> Jedoch ist in der Regel alle drei Jahre eine körperliche Bestandsaufnahme durchzuführen (§ 240 (3) Satz 2 HGB).

5.2 Bilanz

Das Inventar eines Unternehmens kann eine sehr umfangreiche Liste sein. Stellen Sie sich beispielsweise einen großen Supermarkt vor, der jedes einzelne seiner Produkte in den Regalen gezählt, die Mengen in die Bestandslisten übertragen und mit den entsprechenden Einkaufspreisen bewertet hat. Das HGB sieht zwar die Möglichkeit einer Zusammenfassung gleichartiger Vermögensgegenstände des Vorratsvermögens sowie anderer gleichartiger annähernd gleichwertiger beweglicher Vermögensgegenstände und Schulden vor; allerdings fehlt im HGB eine explizite Definition der Gleichwertigkeit oder Gleichartigkeit.

Die Bilanz kann daher als eine gesetzlich sanktionierte Verkürzung des Inventars angesehen werden. Das ist eigentlich ein Verstoß gegen mehrere Grundsätze der ordnungsgemäßen Buchführung, wie beispielsweise die Vollständigkeit und damit auch die Klarheit. Allerdings gebietet die Wirtschaftlichkeit, an diesem Punkt auf eine Vollständigkeit zu verzichten, und die Klarheit kann durch eine Zusammenfassung mehrerer Inventarpositionen zu übergeordneten Bilanzposten sogar zunehmen.

Beispiel

Wären Sie selbst nicht abgeschreckt, wenn Ihnen ein Geschäftspartner, dessen Kreditwürdigkeit Sie auf Basis seines Jahresabschlusses prüfen wollen, eine seitenlange Inventarliste vorlegt, statt eine auf einem gesetzlich geregelten Schema basierende Bilanz? ◄

Zum anderen wollen wir natürlich auch wissen, was die Vermögensgegenstände, die wir in der Inventur erfasst, im Inventar aufgelistet und für die Bilanz zusammengefasst haben, wert sind. Daher gehört zu dem Schritt vom Inventar zur Bilanz auch die Bewertung der erfassten Vermögensgegenstände und Schulden dazu. Zur Bewertung kommen wir zu einem späteren Zeitpunkt im Detail.

5.2.1 Bilanzschemata

Eine Bilanz kann in Form eines T-Konto dargestellt werden und enthält im einfachsten Fall das Vermögen, die Schulden und das Eigenkapitaleines Unternehmens (vgl. Abb. 5.3).

Aktiva	**Bilanz**	Passiva
	Eigenkapital	
Vermögen	Schulden	

Abb. 5.3 Einfachste Bilanzstruktur

Das Eigenkapital des Unternehmens, auch Reinvermögen genannt, ergibt sich bei die-ser einfachen Bilanzgliederung aus der simplen Addition von Vermögen und Schulden (wobei letztere mit einem negativen Vorzeichen in die Rechnung eingehen).

▶ **Achtung!** Bitte machen Sie sich klar, dass das Eigenkapitalkein auf der Bank oder in der Kasse verfügbares Geld ist! Das Eigenkapital ist lediglich eine Kapitalquelle, ebenso wie das Fremdkapital, und beides ist in den Vermögens-gegenständen des Unternehmens investiert, d. h. das Kapital ist im Vermögen des Unternehmens gebunden. Nur ein kleiner Bruchteil davon, der tatsächlich auf einem Bankkonto oder in der Kasse liegt, ist auch kurzfristig verfügbar.

Die Aktivseite der Bilanz, die das Vermögen des Unternehmens umfasst, lässt sich auch mit dem Begriff **Mittelverwendung** oder der Frage umschreiben: „Wofür wurden die vorhandenen finanziellen Mittel eingesetzt?" Die Passivseite der Bilanz hingegen gibt Auskunft über die **Mittelherkunft**, d. h. sie beantwortet die Frage: „Woher stammen die finanziellen Mittel, die im Unternehmen eingesetzt werden?"

Verkompliziert man die Gliederung der o. a. Bilanz ein wenig, so lässt sich das Ver-mögen in Anlagevermögen, welches dem Unternehmen langfristig zur Verfügung steht, und Umlaufvermögen, welches eher kurzfristiger Natur ist, aufteilen (vgl. Abb. 5.4).

Innerhalb der Gliederungspunkte der Bilanz ist eine Sortierung nach Fristigkeiten vorzunehmen: Je liquiditätsnäher ein Vermögensgegenstand ist, desto weiter „unten" steht er in der Bilanz auf der Aktivseite.

Aktiva	Bilanz	Passiva
Anlagevermögen	Eigenkapital	
Umlaufvermögen	Schulden	

Abb. 5.4 Einfache Bilanzstruktur

Beispiel

Ein Grundstück ist in der Regel kaum kurzfristig zu verkaufen; allein die gesetzlichen Vorschriften über die notarielle Beurkundung und den Eintrag ins Grundbuch bedingen einen längeren Zeitraum bei einem Verkauf dieses Vermögensgegenstandes. Das Kontokorrentkonto hingegen kann, wie auch der Inhalt der Kasse direkt als Liquidität zur Zahlung von Rechnungen etc. genutzt werden. ◄

Je kurzfristiger eine Mittelherkunft ist, desto weiter „unten" steht sie in der Bilanz auf der Passivseite.

Beispiel

Eine Verbindlichkeit aus Lieferung und Leistung, also eine Verbindlichkeit, die dem Unternehmen beispielsweise aus der Lieferung von Rohstoffen entstanden ist, muss meist in einem sehr übersichtlichen Zeitraum von 14 Tagen bis zu drei Monaten beglichen werden. Es handelt sich also um eine kurzfristige Zahlungsverpflichtung, die auf der Passivseite der Bilanz „unten" steht. Ein zehnjähriger Hypothekenkredit hingegen, der für den Kauf des Bürogebäudes des Unternehmens aufgenommen wurde, ist erst – eine entsprechende Endfälligkeit vorausgesetzt – erst am Ende der Vertragslaufzeit zurück zu zahlen. Der Kredit ist dann eine langfristige Zahlungsverpflichtung, die auf der Passivseite der Bilanz innerhalb der Schulden „weit oben", aber immer noch unterhalb des Eigenkapitals stehen würde. Das Eigenkapital selbst hat keine Laufzeit, steht dem Unternehmen also dauerhaft zur Verfügung, weshalb es nach der Fristigkeitssortierung ganz oben auf der Passivseite der Bilanz steht. ◄

Der Gesetzgeber hat im Hinblick auf die Gliederung einer Bilanz sehr genaue Vorgaben gemacht. Grundlage dafür ist der § 266 HGB (vgl. Abb. 5.5).

Diese Gliederung ist grundsätzlich für alle Kaufleute verpflichtend, die Bücher zu führen haben. Ausnahmen in Form einer Gliederungsvereinfachung erlaubt das HGB für kleine Kapitalgesellschaften und Kleinstkapitalgesellschaften. Kleine

Bilanz

Aktiva

A. Anlagevermögen:
  I. Immaterielle Vermögensgegenstände:
    1. Selbst geschaffene gewerbliche Schutzrechte und ähnliche Rechte und Werte;
    2. entgeltlich erworbene Konzessionen, gewerbliche Schutzrechte und ähnliche Rechte und Werte sowie Lizenzen an solchen Rechten und Werten;
    3. Geschäfts- oder Firmenwert;
    4. geleistete Anzahlungen;
  II. Sachanlagen:
    1. Grundstücke, grundstücksgleiche Rechte und Bauten einschließlich der Bauten auf fremden Grundstücken;
    2. technische Anlagen und Maschinen;
    3. andere Anlagen, Betriebs- und Geschäftsausstattung;
    4. geleistete Anzahlungen und Anlagen im Bau;
  III. Finanzanlagen:
    1. Anteile an verbundenen Unternehmen;
    2. Ausleihungen an verbundene Unternehmen;
    3. Beteiligungen;
    4. Ausleihungen an Unternehmen, mit denen ein Beteiligungsverhältnis besteht;
    5. Wertpapiere des Anlagevermögens;
    6. sonstige Ausleihungen.
B. Umlaufvermögen:
  I. Vorräte:
    1. Roh-, Hilfs- und Betriebsstoffe;
    2. unfertige Erzeugnisse, unfertige Leistungen;
    3. fertige Erzeugnisse und Waren;
    4. geleistete Anzahlungen;
  II. Forderungen und sonstige Vermögensgegenstände:
    1. Forderungen aus Lieferungen und Leistungen;
    2. Forderungen gegen verbundene Unternehmen;
    3. Forderungen gegen Unternehmen, mit denen ein Beteiligungsverhältnis besteht;
    4. sonstige Vermögensgegenstände;
  III. Wertpapiere:
    1. Anteile an verbundenen Unternehmen;
    2. sonstige Wertpapiere;
  IV. Kassenbestand, Bundesbankguthaben, Guthaben bei Kreditinstituten und Schecks.
C. Rechnungsabgrenzungsposten.
D. Aktive latente Steuern.
E. Aktiver Unterschiedsbetrag aus der Vermögensverrechnung.

Passiva

A. Eigenkapital:
  I. Gezeichnetes Kapital;
  II. Kapitalrücklage;
  III. Gewinnrücklagen:
    1. gesetzliche Rücklage;
    2. Rücklage für Anteile an einem herrschenden oder mehrheitlich beteiligten Unternehmen;
    3. satzungsmäßige Rücklagen;
    4. andere Gewinnrücklagen;
  IV. Gewinnvortrag/Verlustvortrag;
  V. Jahresüberschuß/Jahresfehlbetrag.
B. Rückstellungen:
    1. Rückstellungen für Pensionen und ähnliche Verpflichtungen;
    2. Steuerrückstellungen;
    3. sonstige Rückstellungen.
C. Verbindlichkeiten:
    1. Anleihen
      davon konvertibel;
    2. Verbindlichkeiten gegenüber Kreditinstituten;
    3. erhaltene Anzahlungen auf Bestellungen;
    4. Verbindlichkeiten aus Lieferungen und Leistungen;
    5. Verbindlichkeiten aus der Annahme gezogener Wechsel und der Ausstellung eigener Wechsel;
    6. Verbindlichkeiten gegenüber verbundenen Unternehmen;
    7. Verbindlichkeiten gegenüber Unternehmen, mit denen ein Beteiligungsverhältnis besteht;
    8. sonstige Verbindlichkeiten,
      davon aus Steuern,
      davon im Rahmen der sozialen Sicherheit.
D. Rechnungsabgrenzungsposten.
E. Passive latente Steuern.

Abb. 5.5   Bilanzgliederung nach § 266 HGB

Kapitalgesellschaften sind nach § 267 (1) HGB Unternehmen, die zwei der folgenden drei Merkmale unterschreiten (vgl. Abb. 5.6).

Für diese kleinen Kapitalgesellschaften sieht das HGB eine Gliederungsvereinfachung in der Form vor, dass die mit arabischen Ziffern bezeichneten Gliederungspositionen zusammengefasst werden und nur die Gliederungspositionen mit Buchstabenbezeichnung und römischen Ziffern aufzuführen sind (vgl. Abb. 5.7).

Kleinstkapitalgesellschaften sind nach § 267a HGB Unternehmen, die zwei der folgenden drei Merkmale unterschreiten (vgl. Abb. 5.8).

Für diese kleinen Kapitalgesellschaften sieht das HGB nochmals eine Gliederungsvereinfachung in der Form vor, dass nur die Gliederungspositionen mit Buchstabenbezeichnung aufzuführen sind (vgl. Abb. 5.9).

Kleine Kapitalgesellschaft	
Bilanzsumme	≦7.500.000 €
Umsatz der letzten zwölf Monate vor dem Abschlussstichtag	≦15.000.000 €
Mitarbeiter im Jahresdurchschnitt	≦50

Abb. 5.6 Kriterien einer kleinen Kapitalgesellschaft

Aktiva	Bilanz	Passiva

A. Anlagevermögen:
    I. ImmaterielleVermögensgegenstände.
    II. Sachanlagen.
    III. Finanzanlagen.
B. Umlaufvermögen:
    I. Vorräte.
    II. ForderungenundsonstigeVermögensgegenstände.
    III. Wertpapiere.
    IV. Kassenbestand, Bundesbankguthaben, Guthaben bei Kreditinstituten und Schecks.
C. Rechnungsabgrenzungsposten.
D. Aktive latente Steuern.
E. Aktiver Unterschiedsbetrag aus der Vermögensverrechnung.
	A. Eigenkapital:
	    I. Gezeichnetes Kapital;
	    II. Kapitalrücklage;
	    III. Gewinnrücklagen;
	    IV. Gewinnvortrag/Verlustvortrag;
	    V. Jahresüberschuß/Jahresfehlbetrag.
	B. Rückstellungen.
	C. Verbindlichkeiten.
	D. Rechnungsabgrenzungsposten.
	E. Passivelatente Steuern.	

Abb. 5.7 Bilanzgliederung einer kleinen Kapitalgesellschaft

Kleinstkapitalgesellschaft	
Bilanzsumme	≦450.000 €
Umsatz der letzten zwölf Monate vor dem Abschlussstichtag	≦900.000 €
Mitarbeiter im Jahresdurchschnitt	≦10

Abb. 5.8 Kriterien einer Kleinstkapitalgesellschaft nach § 267a HGB

Aktiva	Bilanz	Passiva
A. Anlagevermögen.	A. Eigenkapital.	
B. Umlaufvermögen.	B. Rückstellungen.	
C. Rechnungsabgrenzungsposten.	C. Verbindlichkeiten.	
D. Aktive latente Steuern.	D. Rechnungsabgrenzungsposten.	
E. Aktiver Unterschiedsbetrag aus der Vermögensverrechnung.	E. Passive latente Steuern.	

Abb. 5.9 Bilanzgliederung einer Kleinstkapitalgesellschaft

5.2.2 Bilanzveränderungen

Geschäftliche Vorgänge im Unternehmen wirken sich auf die Bilanz aus. Auch wenn nicht für jeden einzelnen Geschäftsvorfall eine neue Bilanz erstellt wird, sollten Sie bei der Buchung dennoch wissen, welche Auswirkungen die Buchung auf die Bilanz hat. Wir unterscheiden dabei:

- bilanzneutrale Geschäftsvorfälle, bei denen die Bilanzsumme gleich bleibt, weil nur ein so genannter Aktivtausch oder ein Passivtausch vorgenommen wird,
- bilanzverlängernde Geschäftsvorfälle, bei denen die Bilanzsumme steigt und
- bilanzverkürzende Geschäftsvorfälle, bei denen die Bilanzsumme sinkt.

Um diesem theoretischen Hintergrund etwas praktisches Leben einzuhauchen, verwenden wir folgende Ausgangsbilanz als Beispiel.

Beispiel

Aktiva				Bilanz			Passiva
A.		Anlagevermögen:		A.		Eigenkapital:	
	I.	Immaterielle Vermögensgegenstände.	25.000,00 €		I.	Gezeichnetes Kapital;	100.000,00 €
	II.	Sachanlagen.	289.000,00 €		II.	Kapitalrücklage;	100.000,00 €
	III.	Finanzanlagen.	17.000,00 €		V.	Jahresüberschuß/Jahresfehlbetrag.	54.817,00 €
B.		Umlaufvermögen:		B.		Rückstellungen.	42.333,00 €
	I.	Vorräte.	243.000,00 €	C.		Verbindlichkeiten.	354.385,00 €
	II.	Forderungen und sonstige Vermögensgegenstände.	57.500,00 €	D.		Rechnungsabgrenzungsposten.	2.100,00 €
	III.	Wertpapiere.	3.000,00 €				
	IV.	Kassenbestand, Bundesbankguthaben, Guthaben bei Kreditinstituten und Schecks.	18.123,00 €				
C.		Rechnungsabgrenzungsposten.	812,00 €				
D.		Aktive latente Steuern.	200,00 €				
Summe			653.635,00 €				653.635,00 €

Bei einem bilanzneutralen Aktivtausch wird lediglich die Struktur der Bilanz verändert, indem ein Aktivposten zu Gunsten eines anderen Aktivpostens vermindert wird. ◄

Beispiel

Kauf von Vorräten gegen Barzahlung; Nettowert 15.000 €
Buchungssatz

Vorräte	15.000,00 €	an	Bank	15.000,00 €

Die Bilanz ändert sich dadurch wie folgt:

Aktiva		Bilanz				Passiva
A.	Anlagevermögen:		A.	Eigenkapital:		
I.	Immaterielle Vermögensgegenstände.	25.000,00 €	I.	Gezeichnetes Kapital;	100.000,00 €	
II.	Sachanlagen.	289.000,00 €	II.	Kapitalrücklage;	100.000,00 €	
III.	Finanzanlagen.	17.000,00 €	V.	Jahresüberschuß/Jahresfehlbetrag.	54.817,00 €	
B.	Umlaufvermögen:		B.	Rückstellungen.	42.333,00 €	
I.	Vorräte.	258.000,00 €	C.	Verbindlichkeiten.	354.385,00 €	
II.	Forderungen und sonstige Vermögensgegenstände.	57.500,00 €	D.	Rechnungsabgrenzungsposten.	2.100,00 €	
III.	Wertpapiere.	3.000,00 €				
IV.	Kassenbestand, Bundesbankguthaben, Guthaben bei Kreditinstituten und Schecks.	3.123,00 €				
C.	Rechnungsabgrenzungsposten.	812,00 €				
D.	Aktive latente Steuern.	200,00 €				
Summe		653.635,00 €			653.635,00 €	

Die Bilanzsumme verändert sich nicht, lediglich die Bilanzstruktur der Aktivseite hat sich geändert. ◄

Bei einem bilanzneutralen Passivtausch wird lediglich die Struktur der Bilanz verändert, indem ein Passivposten zu Gunsten eines anderen Passivpostens vermindert wird.

Beispiel

Umwandlung einer langfristigen Verbindlichkeit in Höhe von 200.000 € in Eigenkapital, Nennwert 100.000 €

Buchungssatz

Verbindlichkeiten	200.000,00 €	an	Gezeichnetes Kapital	100.000,00 €
			Kapitalrücklage	100.000,00 €

Die Bilanz ändert sich dadurch wie folgt:

Aktiva		Bilanz				Passiva
A.	Anlagevermögen:		A.	Eigenkapital:		
I.	Immaterielle Vermögensgegenstände.	25.000,00 €	I.	Gezeichnetes Kapital;	200.000,00 €	
II.	Sachanlagen.	289.000,00 €	II.	Kapitalrücklage;	200.000,00 €	
III.	Finanzanlagen.	17.000,00 €	V.	Jahresüberschuß/Jahresfehlbetrag.	54.817,00 €	
B.	Umlaufvermögen:		B.	Rückstellungen.	42.333,00 €	
I.	Vorräte.	258.000,00 €	C.	Verbindlichkeiten.	154.385,00 €	
II.	Forderungen und sonstige Vermögensgegenstände.	57.500,00 €	D.	Rechnungsabgrenzungsposten.	2.100,00 €	
III.	Wertpapiere.	3.000,00 €				
IV.	Kassenbestand, Bundesbankguthaben, Guthaben bei Kreditinstituten und Schecks.	3.123,00 €				
C.	Rechnungsabgrenzungsposten.	812,00 €				
D.	Aktive latente Steuern.	200,00 €				
Summe		653.635,00 €			653.635,00 €	

Die Bilanzsumme verändert sich nicht, lediglich die Bilanzstruktur der Passivseite hat sich geändert. ◄

Bei bilanzverlängernden Geschäften ändert sich die Bilanzstruktur auf der Aktiv- und der Passivseite, und die Bilanzsumme steigt.

Beispiel

Kauf einer neuen Telefonanlage für 27.500 € netto auf Ziel (90 Tage)
Buchungssatz

Sachanlagen	27.500,00 €	an	Verbindl. aus LuL	27.500,00 €

Die Bilanz ändert sich dadurch wie folgt:

Aktiva			Bilanz			Passiva
A.	Anlagevermögen:		A.	Eigenkapital:		
I.	Immaterielle Vermögensgegenstände.	25.000,00 €	I.	Gezeichnetes Kapital;	200.000,00 €	
II.	Sachanlagen.	316.500,00 €	II.	Kapitalrücklage;	200.000,00 €	
III.	Finanzanlagen.	17.000,00 €	V.	Jahresüberschuß/Jahresfehlbetrag.	54.817,00 €	
B.	Umlaufvermögen:		B.	Rückstellungen.	42.333,00 €	
I.	Vorräte.	258.000,00 €	C.	Verbindlichkeiten.	181.885,00 €	
II.	Forderungen und sonstige Vermögensgegenstände.	57.500,00 €	D.	Rechnungsabgrenzungsposten.	2.100,00 €	
III.	Wertpapiere.	3.000,00 €				
IV.	Kassenbestand, Bundesbankguthaben, Guthaben bei Kreditinstituten und Schecks.	3.123,00 €				
C.	Rechnungsabgrenzungsposten.	812,00 €				
D.	Aktive latente Steuern.	200,00 €				
Sume		681.135,00 €			681.135,00 €	

Die Struktur der Bilanz ändert sich auf der Aktiv- wie auf der Passivseite, und die Bilanzsumme wird größer. Die Bilanz wird „verlängert". ◄

Bei bilanzverkürzenden Geschäften ändert sich die Bilanzstruktur auf der Aktiv- und der Passivseite, und die Bilanzsumme sinkt.

Beispiel

Bezahlung einer Verbindlichkeit aus LuL (2783,00 €) per Banküberweisung
Buchungssatz

Verbindlichkeiten aus LuL	2783,00 €	an	Bank	2783,00 €

Die Bilanz ändert sich dadurch wie folgt:

Aktiva		Bilanz		Passiva
A.	Anlagevermögen:	A.	Eigenkapital:	
I.	Immaterielle Vermögensgegenstände. 25.000,00 €	I.	Gezeichnetes Kapital;	200.000,00 €
II.	Sachanlagen. 316.500,00 €	II.	Kapitalrücklage;	200.000,00 €
III.	Finanzanlagen. 17.000,00 €	V.	Jahresüberschuß/Jahresfehlbetrag.	54.817,00 €
B.	Umlaufvermögen:	B.	Rückstellungen.	42.333,00 €
I.	Vorräte. 258.000,00 €	C.	Verbindlichkeiten.	179.102,00 €
II.	Forderungen und sonstige Vermögensgegenstände. 57.500,00 €	D.	Rechnungsabgrenzungsposten.	2.100,00 €
III.	Wertpapiere. 3.000,00 €			
IV.	Kassenbestand, Bundesbankguthaben, Guthaben bei Kreditinstituten und Schecks. 340,00 €			
C.	Rechnungsabgrenzungsposten. 812,00 €			
D.	Aktive latente Steuern. 200,00 €			
Sume	678.352,00 €			678.352,00 €

Die Struktur der Bilanz ändert sich auf der Aktiv- wie auf der Passivseite, und die Bilanzsumme wird kleiner. Die Bilanz wird „verkürzt".

◀

5.3   Übungsaufgaben

I. Eigenkapital

Erläutern Sie, wie anhand von Bilanzgrößen das Eigenkapital ermittelt wird und weshalb das Eigenkapital eines Unternehmens kein „Geld" ist, welches dem Unternehmen zur Verfügung steht. Wo und mit welcher Fristigkeit und warum mit dieser Fristigkeit ist das Eigenkapital in einem Unternehmen investiert?

Musterlösung

Eine einfache Ermittlungsmethode des Eigenkapitals baut auf der Gegenüberstellung von Vermögen und Schulden auf. Vermögen ist dabei die Summe aller Aktiva eines Unternehmens, von langfristigem Anlagevermögen bis zu kurzfristigem Umlaufvermögen. Von dieser Summe werden die Schulden eines Unternehmens abgezogen, zu denen kurz- und langfristiges Fremdkapital (Verbindlichkeiten = Verpflichtungen eines Unternehmens, die der Höhe und der Fälligkeit nach feststehen) wie auch Rückstellungen (= Verpflichtungen eines Unternehmens, die der Höhe und Fälligkeit nach nicht feststehen, aber hinreichend wahrscheinlich bestimmbar sind). Damit ergibt sich das Eigenkapitalals eine Residualgröße:

$$\text{Eigenkapital} = \text{Vermögen} - \text{Schulden}$$

Beispiel

Das lässt sich am einfachsten am Beispiel einer Unternehmensübernahme verdeutlichen. Ein etabliertes Automobilunternehmen „Karroli" mit Aktiva von 8,8 Mrd. € und Schulden von 6,6 Mrd. € hat nach obiger Rechnung ein Eigenkapitalvon 2,2 Mrd. €. Nun will Karroli einen neuen kleinen Konkurrenten „Sol 8", die sich erfolgreich auf Brennstoffzellentechnologie bei ihren Fahrzeugen spezialisiert haben, übernehmen. Sol 8 hat ein Vermögen von 1,8 Mrd. € und Schulden von 0,5 Mrd. €. Übernimmt Karroli Sol 8, so erhöht sich das Vermögen um 1,8 Mrd. €, aber auch die Schulden um 0,5 Mrd. €, so dass das bilanzielle Eigenkapital durch diese Übernahme um 1,3 Mrd. € steigen würde.

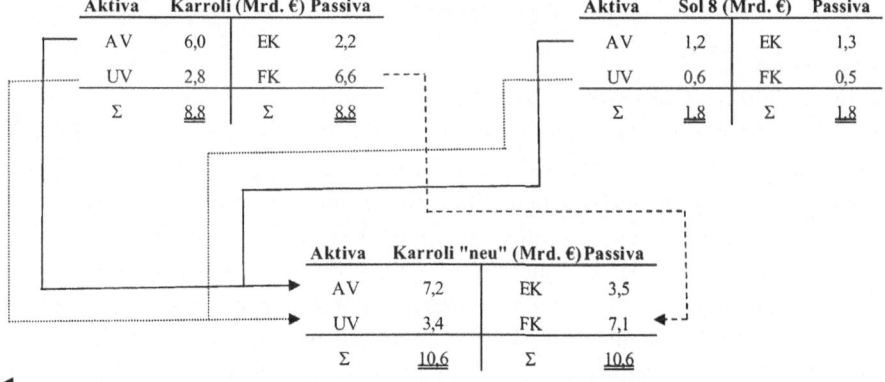

Als Residualgröße ist das Eigenkapitalkein verfügbares Geld in Form von Barmitteln, sondern lediglich eine alternative Finanzierungsquelle für das Betriebsvermögen. Da Eigenkapital im Gegensatz zu Fremdkapital keiner Rückzahlungspflicht unterliegt, steht es dem Unternehmen dauerhaft zur Verfügung und eignet sich daher besonders für die Finanzierung des langfristigen Anlagevermögens.

II. Bilanzsumme und Erfolgswirksamkeit

a Erläutern Sie die folgenden Begrifflichkeiten und ihre Wirkung auf die Bilanzsumme und geben Sie jeweils ein Beispiel dazu an:

1 Bilanzsummenneutraler Geschäftsvorfall

2 Bilanzverlängerung

3 Bilanzverkürzung

b Gehen Sie von dem Geschäftsvorfall aus: Kauf eines Büroschreibtisches (1300 € netto) gegen unmittelbare Banküberweisung aus (von USt. wird in diesem Beispiel abstrahiert). Erläutern Sie, ob und warum dieser Geschäftsvorfall erfolgswirksam ist oder nicht. Ändert sich an Ihrer Einschätzung etwas, wenn der Büroschreibtisch nicht sofort bezahlt, sondern über einen Lieferantenkredit finanziert wird? Erläutern Sie auch hier Ihre Antwort.

c Erläutern Sie, weshalb für den beispielhaften Geschäftsvorfall aus b. eine Erfolgswirksamkeit vorliegt, wenn mit der Abschreibung des Schreibtisches (anzunehmende Nutzungsdauer laut Afa-Tabellen des BMFi: 13 Jahre) begonnen wird. Wie verändert sich der Wert der Bilanzposition des Schreibtisches durch die Abschreibung?

Musterlösung

a Bilanzsummenneutraler Geschäftsvorfall

Hierbei werden nur Bilanzpositionen auf jeweils einer Bilanzseite verschoben. Wir unterscheiden dabei zum einen den Aktivtausch, bei dem ein oder mehrere Aktivkonten erhöht werden oder neu in die Bilanz aufgenommen werden, während ein oder mehrere andere Aktivkonten vermindert werden bzw. aus der Darstellung fallen. Ein Beispiel hierfür wäre der Barkauf eines Laptops, bei dem das Konto BGA um den Wert des gekauften Laptops steigt, während der Wert der Kasse um den gezahlten Kaufpreis sinkt. Die Summe der Aktiva, d. h. die Bilanzsumme bleibt gleich. Zum anderen betrachten wir den Passivtausch, bei dem ein oder mehrere Passivkonten erhöht oder neu in die Bilanz aufgenommen werden, während ein oder mehrere Passivkonten vermindert werden bzw. aus der Darstellung fallen. Ein Beispiel hierfür wäre die Umwandlung eines kurzfristigen Kontokorrentkredites in ein mittelfristiges Fälligkeitendarlehen bei der Unternehmenshausbank. Die Summe der Passiva, d. h. die Bilanzsumme bleibt gleich.

- Bilanzverlängerung

Hierbei werden ein oder mehrere Aktivkonten und ein oder mehrere Passivkonten um den – auf der jeweiligen Bilanzseite – gleichen Betrag erhöht oder es kommen neue Konten hinzu. Die Bilanzsumme steigt damit, weswegen man auch von einer „Aktiv-Passiv-Mehrung" spricht. Ein Beispiel hierfür wäre der Kauf einer CNC-Fräsmaschine für 200.000 € mit einer kombinierten Finanzierung von 30.000 € Lieferantenkredit und 170.000 € Bankkredit.

- Bilanzverkürzung

  Hierbei werden ein oder mehrere Aktivkonten und ein oder mehrere Passivkonten um den – auf der jeweiligen Bilanzseite – gleichen Betrag vermindert oder Konten fallen aus der Darstellung heraus. Die Bilanzsumme sinkt damit, weswegen man auch von einer „Aktiv-Passiv-Minderung" spricht. Ein Beispiel hierfür wäre die Tilgung eines langfristigen Bankkredits in Höhe von 500.000 € zu einem Fünftel, also 100.000 € aus Barmitteln und zu vier Fünfteln, also 400.000 € per Banküberweisung.

b Hierbei wird das Aktivkonto BGA um den Wert des Schreibtisches erhöht, und das Aktivkonto Bank sinkt um den Kaufpreis des Schreibtisches. Es handelt sich um einen Aktivtausch, der das Eigenkapital des Unternehmens nicht berührt und daher nicht erfolgswirksam ist.

Wird der Kauf des Schreibtisches über einen Lieferantenkredit finanziert, so erhöht sich das Aktivkonto BGA um den Wert des Schreibtisches und das Passivkonto Verbindlichkeiten aus Lieferung und Leistung steigt um den Kaufpreis. Beide Bilanzseiten steigen um den gleichen Betrag an, wobei das Eigenkapital wieder nicht berührt wird. Es handelt sich daher um eine erfolgsneutrale Aktiv-Passiv-Mehrung oder Bilanzverlängerung.

c Wird der Schreibtisch nach den steuerlichen Vorgaben abgeschrieben, wird jedes Jahr eine AfA (Absetzung für Abnutzung) als Aufwand gebucht. Dieser Aufwand mindert das Eigenkapital (Passivkonto) und den Buchwert des Schreibtisches (Aktivkonto BGA) um den gleichen Betrag. Damit handelt es sich in diesem Fall um eine erfolgswirksame Aktiv-Passiv-Minderung bzw. Bilanzverkürzung.

▶ **Achtung!** Nicht jede Aktiv-Passiv-Minderung ist erfolgswirksam und nicht jede Aktiv-Passiv-Mehrung ist erfolgsunwirksam. Entscheidend für die Erfolgswirksamkeit (oder deren Fehlen) ist, dass das Passivkonto Eigenkapital durch den Geschäftsvorfall berührt wird (oder eben nicht)!

III. Inventur

Erläutern Sie den Sinn und das Vorgehen bei einer Inventur. Weshalb ist eine Inventur auch in Zeiten digitalisierter Lagerverwaltung nicht komplett abdingbar?

Musterlösung

Eine Inventur ist die zum Teil körperliche Bestandsaufnahme aller Vermögensgegenstände und Schulden eines Unternehmens.

Auf der Aktivseite bedeutet das in aller Regel ein wirkliches Zählen, Messen und Wiegen aller Vermögensgegenstände. Vielleicht hatte Sie selbst schon einmal das Vergnügen, nachdem Ihr örtlicher Supermarkt vermutlich gegen Jahresende Aushilfen zur Inventur gesucht hat, und Sie durften in der Zeit Putzschwämme, Zahnbürsten oder Schokoriegel zählen oder in der Obst- und Gemüseabteilung Ware wiegen.

Auf der Passivseite wird in der Regel nicht gezählt, gemessen oder gewogen, sondern das Fremdkapital wird hauptsächlich anhand der bestehenden Kreditverträge (bei Verbindlichkeiten ggü. Kreditinstituten) oder Lieferantenrechnungen (bei Verbindlichkeiten aus Lieferung und Leistung) erfasst.

Werden die ermittelten Bestände in einer Gesamtliste erfasst, sprechen wir vom Inventar eines Unternehmens.

Die Bestandsaufnahme ist allerdings noch keine Bewertung. Diese erfolgt erst bei der „Übersetzung" des Inventars in die Bilanz. So sind bei Anlagevermögen die Anschaffungs- oder Herstellkostenum die planmäßigen und ggfs. auch um die außerplanmäßigen Abschreibungenzu korrigieren und der Bestand an Vermögensgegenständen mit dem entsprechenden Buchwert in der Bilanz zu erfassen. Beim Umlaufvermögen sind die Anschaffungs- oder Herstellkosten ggfs. um außerplanmäßige Abschreibungen zu korrigieren, um sie in der Bilanz mit ihrem korrekten Zeitwert zu erfassen. Auf der Passivseite sind die Erfüllungsbeträge zum Zeitpunkt der Bilanzerstellung zu ermitteln. Bei einem Kredit bedeutet das, der ursprünglich vereinbarte Rückzahlungsbetrag ist um bereits erfolgte Tilgungen zu korrigieren. Bei Verbindlichkeitenaus Lieferung und Leistung, bei denen Ratenzahlungen vereinbart sind, ist vom ursprünglichen Rechnungsbetrag (ohne USt.) die Summe der bereits bezahlten Teilbeträge abzuziehen.

Die Frage nach dem Warum einer Inventurin einem digitalen Zeitalter scheint auf den ersten Blick berechtigt. Wir kennen alle die Bilder aus volldigitalisierten Hochregallagern, auf die Menschen nur noch von außen zugreifen, und die vollständig digitalisiert, computergesteuert und robotergestützt arbeiten. Da mag man sich denken „Da geht nix ohne eine Eingabe in den Computer und die entsprechende Erfassung eines Zugangs oder Abgangs". Allerdings bleibt auch in diesen hoch technisierten Zentren der menschliche Faktor eine Unsicherheitsgröße. So könnte beispielsweise bei der Lieferung eines flüchtigen Stoffes für eine Produktionsanlage dessen Behältnis unbemerkt nicht richtig geschlossen gewesen sein, was bei einer längeren Lagerung zu einem Materialverlust durch Verdunstung führen kann. Oder aber Menschen haben nach wie vor Zutritt zu den Lagerräumen, beispielsweise zu Wartungszwecken, und beschädigen bei dieser Gelegenheit gelagerte Waren, ohne diese Beschädigung im EDV-System zu vermerken – vielleicht hat die entsprechende Person die Beschädigung ja nicht einmal bemerkt. Ein Schuft, wer Böses dabei denkt. Doch auch das Thema Diebstahl ist für viele Unternehmen nach wie vor ein elementarer Kostenfaktor, insbesondere im Einzelhandel, also beispielsweise dem oben bereits angesprochenen Supermarkt. Vor diesen Hintergründen ist es auch in hoch technisierter und computerisierten Unternehmen sinnvoll, regelmäßig eine Inventur durchzuführen, und der Gesetzgeber fordert das auch nach wie vor (vgl. §§ 240 HGB f.)

IV. Bilanzstrukturveränderungen
Ordnen Sie den folgenden Geschäftsvorfällen der oder den jeweiligen Bilanzstrukturänderungen zu:

a Aktivtausch
b Passivtausch
c Aktiv-Passiv-Mehrung
d Aktiv-Passiv-Minderung

1 Kauf eines Lieferwagens für 19.6355 € inkl. 19 % USt. zu einem Drittel als Anzahlung, zu zwei Dritteln auf Kredit (6 Jahre über die Bank des Automobilherstellers)
2 Barkauf eines Laptops für 1783,81 € inkl. 19 % USt
3 Planmäßige Tilgung und Zinszahlung per Überweisung eines vierjährigen Kredits über 800.000 € mit einem vereinbarten Jahreszins von 3,75 % am Ende des ersten Jahres bei gleich hohen Tilgungsraten über die Laufzeit
4 Eine Aktiengesellschaft emittiert neue genehmigte Aktien
5 Eine Wandelanleihe wird am Ende der Laufzeit komplett in Aktien gewandelt.

Musterlösung

▶ **Achtung!** Ein kleiner Vorgriff auf spätere Kapitel: Die Umsatzsteuer, im volks-
tümlichen Sprachgebrauch auch gerne Mehrwertsteuer genannt, hat in der
Bilanz nichts zu suchen. Wertansätze in der Bilanz erfolgen immer ohne Umsatzsteuer, also „netto". Wir sind zwar als Unternehmer verpflichtet, die Umsatzsteuer unseren Kunden in Rechnung zu stellen und erhalten diese auch
bei der Bezahlung von Rechnungen, können aber die von uns jeweils gezahlte
Umsatzsteuer, wenn wir Rohstoffe, Betriebs- und Geschäftsausstattung u. a.
kaufen, als so genannte Vorsteuer abziehen und müssen ans Finanzamt nur
den Differenzbetrag zwischen der von uns eingezogenen Umsatzsteuer und
der von uns gezahlten Vorsteuer als „Umsatzsteuerzahllast" abführen.

1 Nettopreis des Lieferwagens $= 19.635$ €$/1{,}19 = 16.500$ €
   Durch den Kauf steigt der Bestand auf dem Aktivkonto Fuhrpark um 16.500 €.
   Der Bestand auf dem Aktivkonto Bank nimmt um 5500 € ab. Dieser Teil ist ein Aktivtausch.
   Der Bestand auf dem Passivkonto Verbindlichkeitengegenüber Kreditinstituten steigt
   um 11.000 €. Dieser Teil ist eine Aktiv-Passiv-Mehrung.
2 Nettopreis des Laptops $= 1783{,}81$ €$/1{,}19 = 1499$ €
   Durch den Kauf steigt der Bestand des Aktivkontos Betriebs- und Geschäftsausstattung (BGA) und der Bestand des Aktivkontos Kasse sinkt, jeweils um den gleichen Betrag von 1499 € Damit handelt es sich um einen Aktivtausch.
3 $\text{Jahreszins}_{\text{Jahr 1}} = 800.000$ € $\cdot\ 0{,}0375 = 30.000$ €

$$\text{Tilgung} = 800.000 \text{ €}/4 = 200.000 \text{ €}$$

Der Zinswird als Aufwand verbucht und mindert als solcher das Passivkonto Eigenkapital. Der Bestand des Aktivkontos Bank sinkt um den gleichen Betrag. Damit handelt
es sich um eine Aktiv-Passiv-Minderung.

Die Tilgungsorgt für einen sinkenden Bestand im Passivkonto Verbindlichkeiten ggü. Kreditinstituten und einen ebenfalls sinkenden Bestand im Aktivkonto Bank, Damit handelt es sich auch hier um eine Aktiv-Passiv-Minderung.

▶ **Achtung!** Im Folgejahr ist bereits ein Viertel des Kredites getilgt, was zu sinkenden Zinszahlungen führt:

$$\text{Jahreszins}_{\text{Jahr2}} = 600.000 \text{€} \cdot 0,0375 = 22.500 \text{€}.$$

Die Tilgungbleibt bei 200.000 €, was zu einem Restkreditbetrag im dritten Jahr von 400.000 € und Zinsen von 15.000 € und im vierten Jahr zu einem Restkreditbetrag von 200.000 € und Zinsen von 7500 € führt.

1 Durch die Emission neuer Aktien erhält die Gesellschaft einen Mittelzufluss auf dem Aktivkonto Bank, dem ein höherer Bestand im Passivkonto Eigenkapital gegenübersteht. Es handelt sich damit um eine Aktiv-Passiv-Mehrung.

▶ **Achtung!** Banker werden gegen dieses Beispiel gerne einwenden, dass die Investment-Banker an der Emission neuer Aktien auch verdienen wollen. Das ist dann falsch, wenn die Aktiengesellschaft keine entsprechenden Dienste in Anspruch nimmt, beispielsweise weil es eine kleine Aktiengesellschaft in

Familienbesitz ist, und mit der Kapitalerhöhung nur der Bestand des einen oder anderen Familienmitglieds erhöht wird. Bei großen, breit gestreuten oder internationalen Aktienemissionen ist es durchaus üblich und auch sinnvoll, die Dienste von Investmentbankern in Anspruch zu nehmen. Dann könnte nach dem Bruttoprinzip verfahren werden und zunächst wie o. a. der Bruttozufluss an Mitteln auf den Konten Bank und Eigenkapital gebucht werden. Danach würde man die Rechnung der Investmentbanker per Überweisung bezahlen und als Aufwand erfolgswirksam, also letztendlich gegen das Eigenkapital verbuchen. Aufgrund des engen Sachzusammenhangs zwischen der Aktienemission und der Dienstleistung des Investment Banking wäre eine Verbuchung nach einem Netto-Prinzip denkbar, das widerspräche aber verschiedenen GoBs, insbesondere dem GoB der Vollständigkeit.

1 Wandelanleihensind eine besondere Form von Unternehmensanleihen, die beim Vorliegen bestimmter Voraussetzungen, die bei der Ausgabe festgelegt werden, eine Tilgungin Aktien erfolgen kann.

Erfolgt diese Wandlung, nimmt das Passivkonto konvertible Anleihen ab, während das Konto Eigenkapitalsteigt. Es handelt sich damit um einen Passivtausch.

Abweichungen von dieser Lösung sind in kleinerem Maße denkbar, wenn es durch die Wandelbedingungen bei „ungeraden" Wandlungsverhältnissen – bspw. sieben Aktien für drei Anleihen – zu Ausgleichszahlungen kommt. Leisten die neuen Aktionäre Ausgleichszahlungen, kommt es in der entsprechenden Höhe zu einer Aktiv-Passiv-Mehrung, leistet das Unternehmen Ausgleichszahlungen, kommt es in der entsprechenden Höhe zu einer Aktiv-Passiv-Minderung.

V. Überschussberechnung und Bilanzerstellung

Gegeben seien folgende Bilanzpositionen (Bestandskonten):

Bilanzposition	01.01.2017	31.12.2017
Grundstücke	2.000.000,00 €	2.000.000,00 €
Gebäude	3.200.000,00 €	2.900.000,00 €
Passiver Rechnungsabgrenzungsposten	20.000,00 €	10.000,00 €
Kapitalrücklage	6.000.000,00 €	6.000.000,00 €
Gezeichnetes Kapital	1.200.000,00 €	1.200.000,00 €
Beteiligungen	350.000,00 €	320.000,00 €
Kasse	60.000,00 €	80.000,00 €
Forderungen aus Lieferung und Leistung	720.000,00 €	300.000,00 €
Davon mit einer Restlaufzeit von über einem Jahr	25.000,00 €	15.000,00 €
Verbindlichkeiten aus Lieferung und Leistung	1.040.000,00 €	1.300.000,00 €

Bilanzposition	01.01.2017	31.12.2017
Davon mit einer Restlaufzeit von bis zu einem Jahr	1.040.000,00 €	1.300.000,00 €
Aktiver Rechnungsabgrenzungsposten	15.000,00 €	22.000,00 €
Wertpapiere des Anlagevermögens	200.000,00 €	120.000,00 €
Bankguthaben	430.000,00 €	490.000,00 €
Verbindlichkeiten gegenüber Kreditinstituten	1.350.000,00 €	1.500.000,00 €
Davon mit einer Restlaufzeit von bis zu einem Jahr	160.000,00 €	140.000,00 €
Vorräte	3.280.000,00 €	3.440.000,00 €
Rückstellungen	90.000,00 €	120.000,00 €
Sonstige Wertpapiere	90.000,00 €	–
Verlustvortrag	−50.000,00 €	−30.000,00 €
Betriebs- und Geschäftsausstattung	860.000,00 €	590.000,00 €

Ermitteln Sie den Jahresüberschuss als Saldo zwischen Aktiv- und Passivseite und erstellen die aus den obigen Angaben eine Bilanz nach den formellen Vorgaben für eine kleine Kapitalgesellschaft nach § 267 (1) HGB.

Welche Schlussfolgerungen hinsichtlich der Rechtsform der Gesellschaft können Sie aus der Bilanz ziehen?

Warum sind Rücklagen in der Bilanz gesondert auszuweisen?

Musterlösung

Sie sollten zunächst beachten, dass für die Ermittlung des Jahresüberschusses zum 31.12.2017 als Saldo zwischen Aktiv- und Passivseite für Sie nur die Spalte mit den Jahresendständen der verwendeten Bestandskonten von Interesse sind. Die Angaben für den 01.01.2017 wären für Sie nur von Interesse, wenn Sie eine detaillierte Bilanz erstellen sollten, denn dann müsste aus Gründen der formellen Bilanzkontinuität die Position „Sonstige Wertpapiere" mit einem Nullbestand erscheinen. Bei der Aggregation der

Informationen auf das Maß einer kleinen Kapitalgesellschaft hingegen fällt diese Information weg.

Darüber hinaus sollten Sie beachten, dass die Zeilen, beginnend mit „davon ..." und entsprechenden Informationen zu Restlaufzeiten rein informativen Charakter haben und nicht doppelt gezählt werden dürfen.

Mit diesen Basisinformationen können Sie die einzelnen Bestandskonten als Aktiv- und Passivkonten identifizieren und aus den jeweiligen Summen einen Jahresüberschuss als Saldo ableiten:

Aktiva	
Grundstücke	2.000.000,00 €
Gebäude	2.900.000,00 €
Beteiligungen	320.000,00 €
Kasse	80.000,00 €
Forderungen aus Lieferung und Leistung	300.000,00 €
Aktiver Rechnungsabgrenzungsposten	22.000,00 €
Wertpapiere des Anlagevermögens	120.000,00 €
Bankguthaben	490.000,00 €
Vorräte	3.440.000,00 €
Sonstige Wertpapiere	–
Betriebs- und Geschäftsausstattung	590.000,00 €
Summe Aktiva	10.262.000,00 €
Passiva	
Passiver Rechnungsabgrenzungsposten	10.000,00 €
Kapitalrücklage	6.000.000,00 €
Gezeichnetes Kapital	1.200.000,00 €
Verbindlichkeiten aus Lieferung und Leistung	1.300.000,00 €
Verbindlichkeiten gegenüber Kreditinstituten	1.500.000,00 €
Rückstellungen	120.000,00 €
Verlustvortrag	−30.000,00 €
Summe Passiva	10.100.000,00 €
Jahresüberschuss als Saldo zwischen Aktiva und Passiva	162.000,00 €

Bei der Erstellung der Bilanz für eine kleine Kapitalgesellschaft müssen Sie beachten, dass Sie bestimmte Aktiv- und bestimmte Passivpositionen zusammenfassen können. Bei der Gliederung der Bilanz nach Vorschriften des HGB dürfen Sie bis zur Ebene der römischen Zahlen aggregieren. Unter Berücksichtigung des oben ermittelten Jahresüberschusses ergibt sich damit folgende Bilanz:

Aktiva	31.12.2017	Passiva	
Sachanlagen	5.490.000,00 €	Gezeichnetes Kapital	1.200.000,00 €
Finanzanlagen	440.000,00 €	Kapitalrücklage	6.000.000,00 €
Vorräte	3.440.000,00 €	Verlustvortrag	-30.000,00 €
Forderungen und sonstige Vermögensgegenstände	300.000,00 €	Jahresüberschuss	162.000,00 €
Kassenbestand und Bankguthaben	570.000,00 €	Rückstellungen	120.000,00 €
Aktiver Rechnungsabgrenzungsposten	22.000,00 €	Verbindlichkeiten	2.800.000,00 €
		Passiver Rechnungsabgrenzungsposten	10.000,00 €
Summe Aktiva	10.262.000,00 €	Summe Passiva	10.262.000,00 €

Aus der Kapitalrücklage kann kein finaler Schluss hinsichtlich der Rechtsform gezogen werden, denn diese kann bei einer Aktiengesellschaft aus dem Agio (Ausgabeaufschlag) bei Anteilsausgabe resultieren, bei anderen Kapitalgesellschaften aber auch aus dem Agio bei Wandel- und Optionsanleihen, bei Zuzahlungen von Gesellschaftern für die Gewährung von Vorzügen oder aus jeglichen Zuzahlungen von Gesellschaftern ins Eigenkapital. Die Dimensionen von Gezeichnetem Kapital und Kapitalrücklage im Beispiel scheinen aber am ehesten für eine Aktiengesellschaft zu sprechen.

Rücklagen bilden einen Teil des Eigenkapitals. Während das gezeichnete Kapital eine konstante Größe ist, die bis auf Kapitalerhöhungen und -herabsetzungen keiner Veränderung unterliegt, sind die Rücklagen variabel hinsichtlich der Gewinnverwendung oder anderer Verwendungszwecke. Rücklagen sind haftendes Eigenkapitalund werden im Verlustfall vor dem gezeichneten Eigenkapital zur Abdeckung der Verluste herangezogen.

Weiterführende Literatur

Coenenberg AG, Haller A, Mattner G, Schultze W (2024a) Einführung in das Rechnungswesen, 9. Aufl. Schäffer-Poeschel, Stuttgart

Coenenberg AG, Haller A, Schultze W (2024b) Jahresabschluss und Jahresabschlussanalyse, 27. Aufl. Schäffer-Poeschel, Stuttgart

Döring U, Buchholz R (2021) Buchhaltung und Jahresabschluss, 16. Aufl. ESV, Berlin

Handelsgesetzbuch (o. J.) https://dejure.org/gesetze/HGB. Zugegriffen: 13. Sept 2024

Littkemann J, Holtrup M, Schulte K (2016) Buchführung, 8. Aufl. BoD

Mindermann T, Brösel G (2020) Buchführung und Jahresabschlusserstellung nach HGB, 7. Aufl. ESV, Berlin

Quick R, Wurl H-J (2023) Doppelte Buchführung, 5. Aufl. Springer, Wiesbaden

Reichhardt M (2021) Grundlagen der doppelten Buchführung, 4. Aufl. Springer, Wiesbaden

Schmolke S, Deitermann M, Rückwart W (2024) Industrielles Rechnungswesen IKR, 53. Aufl. Winklers, Braunschweig

Wöhe G, Kußmaul H (2022) Grundzüge der Buchführung und Bilanztechnik, 11. Aufl. Vahlen, München

Bilanzielle Ansätze und Bewertungsgrundlagen

6

Lernziele

- Sie lernen, anhand einer systematischen Kontrolle zu entscheiden, ob ein Vermögensgegenstand oder ein Schuld bilanziert werden kann oder muss oder ob eine Bilanzierung nicht in Frage kommt.
- Sie lernen, Anschaffungs- und Herstellkosten zu berechnen, und kennen deren Variabilität und ihre Bedeutung als Wertmaßstab im Jahresabschluss, sprich: in der GuV und der Bilanz eines Unternehmens.
- Sie können Erfüllungsbeträge definieren und berechnen, sowohl wenn die Höhe und die zeitliche Terminierung einer Schuld feststehen als auch wenn sie nur hinreichend wahrscheinlich sind.
- Sie beherrschen die nach dem HGB statthaften Methoden der Vorratsbewertung.

Ob ein wirtschaftlicher Sachverhalt überhaupt in der Bilanz aufgenommen wird, ist im HGB nur rudimentär geregelt. So sehen die §§ 243 ff. HGB zwar Vorschriften über die Erstellung der Bilanz vor, verweisen dabei aber hauptsächlich auf die GoB, ohne konkrete Vorschriften darüber zu machen, was in die Bilanz aufgenommen werden muss.

In der wissenschaftlichen Literatur wird die Bilanzierungsfähigkeit eines Sachverhaltes daher daran festgemacht, ob er sich eignet

- als Aktivposten in der Bilanz berücksichtigt zu werden (**Aktivierungsfähigkeit**) oder
- als Passivposten in der Bilanz berücksichtigt zu werden (**Passivierungsfähigkeit**).

Diese doch sehr akademisch anmutende Unterscheidung lässt sich durch eine einfachen Prüfalgorithmus konkretisieren (vgl. Abb. 6.1). Uns ist bewusst, dass der

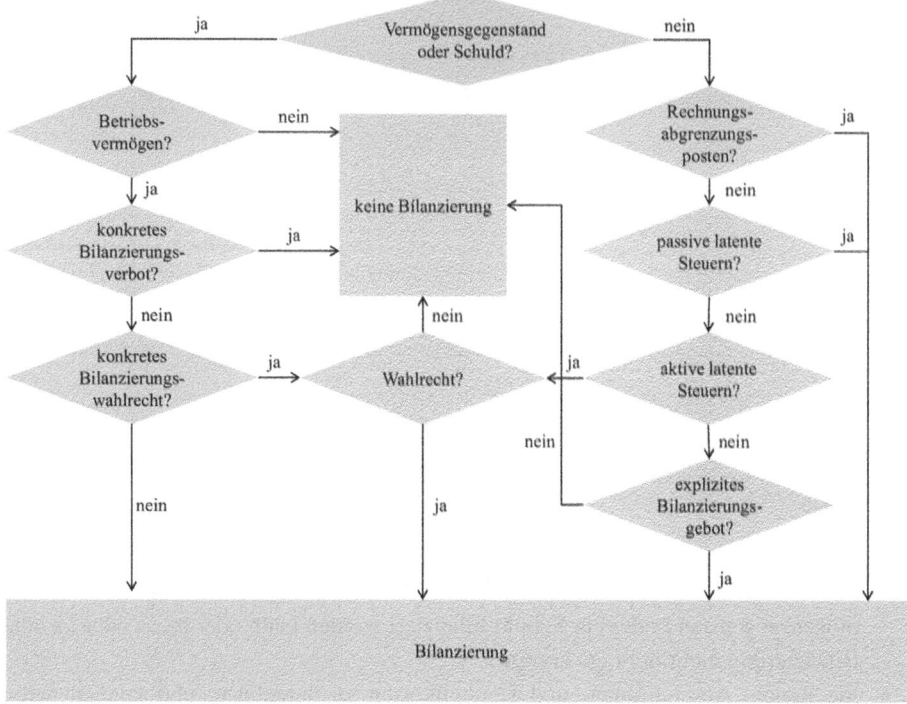

Abb. 6.1 Bilanzierung eines Sachverhaltes oder nicht? (Vgl. Coenenberg et al. 2024a)

Prüfalgorithmus mit etlichen Begrifflichkeiten dem deutlich vorgreift, was wir in der Folge noch genauer ansprechen werden, aber er erscheint uns an dieser Stelle die geeignete Darstellung für die Prüfung der Bilanzierungsfähigkeit eines Sachverhaltes.

Ist die Bilanzierung eines Sachverhaltes entschieden, stellt sich die Frage, wie er bewertet wird. Hierzu kennt das HGB die klare Maßgabe der Einzelbewertung:

> Die Vermögensgegenstände und Schulden sind zum Abschlussstichtag einzeln zu bewerten (§ 252 (1) Nr. 3 HGB).

Ausnahmen davon sind bei so genannten Sicherungsgeschäften zuständig. Sicherungsgeschäfte dienen der Absicherung eines Grundgeschäftes und sind nur als Finanzinstrumente, also nicht als Sachleistungsgeschäfte zulässig.

Beispiel

Rohstoffkauf oder Produktverkauf auf Ziel in Ländern mit anderen als der eigenen Währung. Eine entsprechende Absicherung des Währungsrisikos über ein Optionsgeschäft, ein Forwardgeschäft oder ein Futuregeschäft wäre dann mit dem Grundgeschäft verrechenbar und würde nicht explizit ausgewiesen. ◄

Die Abb. 6.2 zeigt Ihnen Grundsätze der bilanziellen Wertansätze einzelner Bilanzpositionen an und worauf Sie dabei achten müssen.

Die Anschaffungs- oder Herstellkosten sind ein ganz zentrales Element der Buchführung, da sie eine Bewertungsobergrenze in der Bilanz darstellen. Werte oberhalb der Anschaffungs- oder Herstellkosten, die sich bei einem Verkauf eines Vermögensgegenstandes realisieren lassen würden, dürfen bei einem Bilanzansatz nicht berücksichtigt werden, da das ein Verstoß gegen das Realisationsprinzip, gegen das Imparitätsprinzip und gegen den GoB der Vorsicht darstellen würde. Allerdings ist zu berücksichtigen, dass die Anschaffungskosten im handels- und steuerrechtlichen Sinne nicht einfach nur der Preis sind, den wir für den Vermögensgegenstand bezahlt haben, und ebenso wenig sind in den handels- und steuerrechtlichen Herstellkosten alle mit der Herstellung zusammenhängende Kosten enthalten.

Bilanzposten	Wertmaßstab
Vermögensgegenstände des Anlagevermögens	Anschaffungs- oder Herstellkosten, vermindert um plan- und außerplanmäßige Abschreibungen zuzüglich Zuschreibungen, sofern die Gründe für die außerplanmäßigen Abschreibungen entfallen sind
Vermögensgegenstände des Umlaufvermögens	Anschaffungs- oder Herstellkosten, vermindert um außerplanmäßige Abschreibungen, sofern ein Grund dafür vorliegt, zuzüglich Zuschreibungen, sofern die Gründe für die außerplanmäßigen Abschreibungen entfallen sind
Grundkapital	Nennbetrag
Rückstellungen mit Laufzeit bis zu einem Jahr	nach "vernünftiger kaufmännischer Beurteilung" notwendiger Erfüllungsbetrag (Schätzung)
Rückstellungen mit Laufzeit von über einem Jahr	abgezinster nach "vernünftiger kaufmännischer Beurteilung" notwendiger Erfüllungsbetrag (Schätzung)
Verbindlichkeiten	Erfüllungsbetrag zum Bilanzstichtag

Abb. 6.2 Bewertungsansätze in der Bilanz (selektiv)

6.1   Anschaffungskosten

Für die Ermittlung der handels- und steuerrechtlichen Anschaffungskosten gibt es ein klar vorgegebenes Schema.

Die so ermittelten Anschaffungskosten sind die Grundlage des erstmaligen Bilanzansatzes und vor allem auch die Grundlage zur Kalkulation der planmäßigen Abschreibungen über die Nutzungsdauer, die bei späteren Bilanzstichtagen kumuliert in Abzug zu bringen ist (vgl. Abb. 6.3).

Beispiel

Ein Handwerksbetrieb, bei dem das Geschäftsjahr dem Kalenderjahr entspricht, kauft sich Ende Dezember des Jahres t_1 einen Lieferwagen, der in den Katalogen mit 20.000 € gelistet ist. Aufgrund der schlechten Absatzsituation gewährt der Händler einen Rabatt von 10 %. Die Zulassung des Fahrzeugs auf den Handwerksbetrieb übernimmt der Händler für eine Servicepauschale von 120 €. Just zum Jahreswechsel beschließt die Stadtverwaltung die Einführung einer Umweltzone, so dass der Handwerker sich auch noch für 36 € eine grüne Plakette für seinen Lieferwagen besorgen muss. Das Fahrzeug soll nach steuerrechtlichen Vorschriften linear auf sechs Jahre abgeschrieben werden.

Anschaffungspreis	20.000 €
Anschaffungspreisminderungen	2000 €
Anschaffungspreisnebenkosten	120 €
Nachträgliche Anschaffungskosten	36 €
Handels- und steuerrechtliche Anschaffungskosten	18.156 €

Abschreibung

AfA (Absetzung für Abnutzung) = Anschaffungskosten/Nutzungsdauer = 18.156 €/6 = 3026 €

Gründe für außergewöhnliche Abschreibungen sollen während der Nutzungsdauer nicht auftreten. Dann stellen sich die Bilanzansätze des Lieferwagens an den Bilanzstichtagen wie folgt dar:

	Beispiele
Anschaffungspreis	
- Anschaffungspreisminderungen	Rabatte, Skonti, etc.
+ Anschaffungspreisnebenkosten	Transport, Montage
+ nachträgliche Anschaffungskosten	weitere notwendige Softwaremodule, Einrichtung und Wartung
= handels- und steuerrechtliche Anschaffungskosten	

Abb. 6.3 Anschaffungskosten

GJ	AfA	Kumulierte AfA	Bilanzansatz
t_1			18.156 €
t_2	3026 €	3026 €	15.130 €
t_3	3026 €	6052 €	12.104 €
t_4	3026 €	9078 €	9078 €
t_5	3026 €	12.104 €	6052 €
t_6	3026 €	15.130 €	3026 €
t_7	3026 €	18.156 €	0 €

Am Ende von t_7, also nach sechs Jahren Nutzungsdauer, ist der Lieferwagen vollständig abgeschrieben. Er mag dann zwar durchaus noch nutzbar sein und auch bei einem eventuellen Verkauf noch einen mehr oder weniger ansehnlichen Preis erzielen. Für den Bilanzansatz ist das aber nicht relevant, da der jeweilige Bilanzansatz von den um die kumulierten Abschreibungen verminderten Anschaffungskosten ausgeht.

In der Praxis wird ein noch nutzbares Wirtschaftsobjekt, also in unserem Beispiel der Lieferwagen, sofern er nach vollständiger Abschreibung noch nutzbar ist und auch noch genutzt wird, meist mit einem so genannten „Erinnerungswert" von 1 € in der Bilanz belassen. Der Vermögenswert wird dann in den Folgejahren zwar nicht mehr abgeschrieben, steht aber – da noch nutzbar und genutzt – weiterhin als Aktivposten in unserer Buchhaltung bzw. in der Position Fuhrpark der Bilanz.

6.2 Herstellkosten

Während die Anschaffungskosten vor allem für Handelsunternehmen eine besonders hohe Relevanz haben, sind in Produktionsunternehmen auch die so genannten Herstellkosten als Alternative zu den Anschaffungskosten zu berücksichtigen. Hintergrund für diesen Maßstab ist die Tatsache, dass die wenigsten produzierenden Unternehmen unmittelbar alles verkaufen, was sie produzieren. Teile der Produktion werden als fertige oder unfertige Erzeugnisse ins Lager gelegt und dort wieder entnommen, wenn entsprechend hohe Nachfrage nach den Produkten des Unternehmens herrscht, die nicht allein durch die Produktion befriedigt werden kann. Und dann stellt sich die Frage: Zu welchem Wert setze ich meine fertigen und unfertigen Erzeugnisse in der Bilanz an? Auch hierfür gibt es klare gesetzliche Vorgaben, die sich jedoch nach handels- und steuerrechtlichen Vorgaben unterscheiden. Im Handels- wie auch im Steuerrecht sind Material- und Fertigungseinzelkosten, also solche Kosten, die direkt der Produktion des Produktes oder auch der Dienstleistung zurechenbar sind, als Teil der Herstellkosten in Ansatz zu bringen. Gleiches gilt für die Sondereinzelkosten der Fertigung, die beispielsweise für Spezialwerkzeuge oder extra für einen bestimmten Auftrag programmierte Softwaremodule eines IT-Dienstleisters aufgewendet werden müssen. Auch nicht direkt zurechenbare Fertigungs- und Materialgemeinkosten sind in der Kalkulation der Herstellkosten im Handels- und im Steuerrecht verpflichtend. Ebenso stimmen das Handels- und das Steuerrecht darin überein, dass Sondereinzelkosten des Vertriebs (beispielsweise für eine spezielle Marketingkampagne), Vertriebskosten (die fertigen und unfertigen Erzeugnisse sind ja gerade noch nicht verkauft worden) und Forschungskosten nicht Bestandteil der Herstellkosten sein dürfen. Damit haben das Handels- und das Steuerrecht eine gemeinsame Untergrenze für die Kalkulation der Herstellkosten, die aus den Einzel- und Gemeinkosten der Fertigung und des Materials und den Sondereinzelkosten der Fertigung bestehen.

Während das Steuerrecht allgemeine, herstellungsbezogene Verwaltungskosten und herstellungsbezogene Aufwendungen für soziale Einrichtungen als verpflichtenden Bestandteil der Herstellkosten sieht, gewährt das Handelsrecht für diese Elemente ein Wahlrecht.

Für herstellungsbezogene Fremdkapitalkosten besteht in beiden Varianten ein Wahlrecht.

Somit ergibt sich die Kalkulation wie in Abb. 6.4.

In manchen Quellen wird in der Untergrenze ein herstellungsbezogener Anteil der Abschreibungen des Anlagevermögens vermerkt. Dieser kann jedoch auch in den Gemeinkosten erfasst werden.

6.3 Erfüllungsbetrag

Verbindlichkeiten sind mit ihrem Erfüllungsbetrag in der Bilanz anzusetzen. Dabei ist zu unterscheiden, ob es sich um eine Geld- oder eine Sachverbindlichkeit handelt. Bei einer Geldverbindlichkeit ist der Nennbetrag der noch ausstehenden Schuld anzusetzen. Bei einem endfälligen Kredit ist das der finale Tilgungsbetrag. Sind zwischenzeitliche Tilgungen vereinbart, ist die ursprüngliche Kreditsumme jeweils um die bisher angefallenen Zinsen zu berichtigen.

	Materialeinzelkosten
+	Fertigungseinzelkosten
+	Sondereinzelkosten der Fertigung
+	Materialgemeinkosten
+	Fertigungsgemeinkosten
=	Wertuntergrenze der Herstellkosten
+	herstellungsbezogene Verwaltungsgemeinkosten
+	herstellungsbezogene Gemeinkosten für soziale Einrichtungen
+	herstellungsbezogene Fremdkapitalzinsen
=	Wertobergrenze der Herstellkosten

Abb. 6.4 Herstellkosten

Beispiel

Ein Unternehmen hat zum 01.01.t_1 einen endfälligen, fünf Jahre laufenden Kredit in Höhe von 100.000 € von seinem seiner Gesellschafter zu 5 % Zinsen bekommen und zum anderen zeitgleich einen ebenfalls fünf Jahre laufenden Kredit über 1.000.000 € bei der Hausbank zu den gleichen Zinskonditionen abgerufen, der über die Laufzeit in fünf gleichen Jahresraten zu tilgen ist. Daraus ergibt sich folgender Zins- und Tilgungsplan:

Stichtag	Gesellschafterdarlehen Zinszahlung	Bankdarlehen Tilgung	Restbuchwert	Zinszahlung	Tilgung	Restbuchwert
31.12.t_1	5000 €	–	100.000 €	50.000 €	200.000 €	800.000 €
31.12.t_2	5000 €	–	100.000 €	40.000 €	200.000 €	600.000 €
31.12.t_3	5000 €	–	100.000 €	30.000 €	200.000 €	400.000 €
31.12.t_4	5000 €	–	100.000 €	20.000 €	200.000 €	200.000 €
31.12.t_5	5000 €	100.000 €	0 €	10.000 €	200.000 €	0 €

Der am jeweiligen Stichtag errechnete Restbuchwert der Darlehen ist dann der als Erfüllungsbetrag in Ansatz zu bringende Wert für diese Passivpositionen. ◄

Bei Sachverbindlichkeiten ist hingegen der Geldbetrag anzusetzen, der für die Erfüllung voraussichtlich aufzuwenden ist. Das sind dann in der Regel die aktuellen Anschaffungs- oder Herstellkosten für die geschuldete Sache, d. h. für die Produkte oder Dienstleistungen.

6.4   Vorratsbewertung

Vorräte als Teil des Umlaufvermögens (UV) umfassen beispielsweise Roh-, Hilfs- und Betriebsstoffe in einem Produktionsunternehmen. Ebenso sind fertige und unfertige Erzeugnisse unter die Bilanzposition Vorräte zu fassen. Darüber hinaus können auch Handelswaren in einem Handelsunternehmen Vorräte sein.

Setzen wir voraus, dass die Zugänge zu den Vorräten ordnungsgemäß dokumentiert, sprich: verbucht werden, stellen sich bei der Bilanzierung der Vorräte zwei Grundfragen:

- Wie werden die verbrauchten Mengen und damit die Endbestände erfasst?
- Wie werden die verbrauchten Mengen und damit die Endbestände bewertet?

Für die Erfassung der verbrauchten Mengen können wir verschiedene Methoden verwenden, die wir zum Teil schon bei der Inventur angesprochen haben. Elementar sind dabei die Inventurmethode, die Fortschreibungs- oder Skontraktionsmethode und die Rückrechnungsmethode (vgl. Abb. 6.5).

Voraussetzung für die Inventurmethode ist, dass eine Inventur der Vorperiode (Anfangsbestand) und der aktuellen Periode (Endbestand) durchgeführt wurde und die Zugänge ordnungsgemäß verbucht wurden.

Die Skontraktionsmethode erfordert eine stringente Erfassung der Abgänge aus dem Lager per Materialentnahmebeleg. Dieser kann in Papierform oder auch papierlos über entsprechende Softwareunterstützung „geschrieben" werden.

Der Materialbedarf laut Stückliste in der Rückrechnungsmethode ist nichts anderes als eine Bauanleitung oder ein Rezept für die Herstellung des Produktes.

Beispiel

In einem Restaurant werden im November an den Wochenenden spezielle Speisekarten für Gänsespezialitäten geführt. Im Angebot sind Gänsekeule und Gänsebrust, mit denen sich das Restaurant im Kühlhaus im Vorfeld eingedeckt hat, aber auch immer wieder neu versorgen muss. Ganze Gänse werden ebenfalls angeboten, allerdings nur auf Vorbestellung, so dass das Restaurant hierfür keine Lagerhaltung betreibt. Für den November ergeben sich folgende Daten:

		Gänsekeule			Gänsebrust		
		Gästebestellungen	Stück	Stückpreis	Gästebestellungen	Stück	Stückpreis
01.11.	Anfangsbestand		50	6,20 €		50	6,00 €
04.11.	Abgang	18	20		22	25	
05.11.	Abgang	24	25		13	15	
06.11.	Zugang		40	6,30 €		50	6,05 €
11.11.	Abgang	10	10		14	15	
12.11.	Abgang	19	20		18	18	
13.11.	Zugang		50	6,50 €		25	6,60 €
18.11.	Abgang	28	30		29	30	
19.11.	Abgang	27	30		18	20	
20.11.	Zugang		75	7,00 €		90	7,20 €
25.11.	Abgang	29	30		47	50	
26.11.	Abgang	38	40		33	35	
30.11.	Endbestand		3			2	

Die Rückrechnungsmethode ist in diesem Fall sehr einfach, denn für eine Gästebestellung „Gänsekeule" wird eine Gänsekeule benötigt, für eine Gästebestellung „Gänsebrust" eine Gänsebrust. Die Produktionsmenge ist in diesem Fall die Zahl der

Materialverbrauchserfassung per	Vorgehen	Besonderheit
Inventurmethode	Anfangsbestand + Zugänge - Endbestand	regelmäßige Inventur
Fortschreibungs- oder Skontratktionsmethode	Abgänge laut Lagerlisten	korrekte Erfassung der Lagerabgänge
Rückrechnungsmethode	Materialbedarf laut Stückliste • Produktionsmenge	"Rezept" muss vorliegen

Abb. 6.5 Materialverbrauch Mengenerfassung

ausgegebenen Essen, also die Zahl der Bestellungen. Damit ergeben sich die Verbrauchsmengen nach der Rückrechnungsmethode als

Gänsekeule	193
Gänsebrust	194

Nach der Skontraktionsmethode sind die Abgänge zu addieren. Im gegebenen Beispiel sind das:

Gänsekeule	$20 + 25 + 10 + 20 + 30 + 30 + 30 + 40 = 205$
Gänsebrust	$25 + 15 + 15 + 18 + 30 + 20 + 50 + 35 = 208$

Demnach sind bei der Verwendung der Skontraktionsmethode 12 Gänsekeulen und 14 Gänsebrüste mehr verbraucht worden als nach der Rückrechnungsmethode. Da stellt sich natürlich sofort die Frage nach dem Warum. Eine Antwort darauf gibt bereits die Datentabelle mit den Unterschieden zwischen den Gästebestellungen und den Abgangszahlen. So kann in der Küche der Koch entscheiden, dass beispielsweise eine aus dem Kühlhaus entnommene Gänsekeule oder Gänsebrust vielleicht zu klein ist oder einen Kühlschaden aufweist. Möglicherweise haben auch die Gäste nach dem Servieren das Essen reklamiert und es musste neu zu bereitet werden.

In anderen Branchen wäre die Differenz auch damit erklärbar, dass Vorratsbestände separat als Ersatzteile verkauft werden, was nicht in die „rezeptgestützte" Rückrechnung eingeht. Hier könnte man beispielsweise an einen PC-Hersteller denken, der auch einzelne Module für Arbeitsspeicher, Festplatten u. a. verkauft, die üblicherweise in einem PC enthalten sind.

Nach der Inventurmethode ergibt sich folgender Verbrauch:

Gänsekeulen	$50 + 40 + 50 + 75 - 3 = 212$
Gänsebrust	$50 + 50 + 25 + 90 - 2 = 213$

Im Vergleich zur Rückrechnungsmethode ergibt sich eine Differenz von 19 Gänsekeulen und 19 Gänsebrüsten. Die Erklärung dazu ist analog zu der Differenz zwischen der Rückrechnungs- und der Skontraktionsmethode. Vergleicht man aber die

Inventurmethode mit der Skontraktionsmethode, so ergibt sich auch hier eine Differenz von 7 Gänsekeulen und 5 Gänsebrüsten. Diese Differenz lässt sich nicht mehr auf die oben angeführten Gründe zurückführen. Hierbei handelt es sich um Schwund, oft in der Form von Diebstahl. Nur die Inventur bietet die Möglichkeit, diese Differenz zu erfassen. ◄

In Ergänzung dazu können wir auch eine **Inventurdifferenz** berechnen, also den Unterschied zwischen der Menge, die laut Büchern noch im Lager sein müsste und dem tatsächlichen Ist-Bestand laut aktueller Inventur. Hierzu müssen wir zunächst den Buchbestand des Lagers (in unserem Beispiel des Kühlraums) ermitteln:

$$\text{Buchbestand Gänsekeulen} = \text{Anfangsbestand} + \text{Zugänge} - \text{Abgänge}$$
$$= 50 - 20 - 25 + 40 - 10 - 20 + 50 - 30 - 30 + 75 - 30 - 40 = 10$$
$$\text{Buchbestand Gänsebrüste} = \text{Anfangsbestand} + \text{Zugänge} - \text{Abgänge}$$
$$= 50 - 25 - 15 + 50 - 15 - 18 + 25 - 30 - 20 + 90 - 50 - 35 = 7$$

Somit ergeben sich Inventurdifferenzen von:

Inventurdifferenz Gänsekeulen
$$= \text{Endbestand Gänsekeulen} - \text{Buchbestand Gänsekeulen} = 3 - 10 = -7$$
Inventurdifferenz Gänsebräste
$$= \text{Endbestand Gänsebrüste} - \text{Buchbestand Gänsebräste} = 2 - 7 = -5$$

Nachdem wir nun verschiedene Methoden kennen, um die Mengen zu erfassen, stellt sich nun die Frage, wie wir diese Mengen sinnvoll bewerten. Grundsätzlich schreibt das Handelsrecht eine Einzelbewertung vor (§ 252 (1) Satz 3 HGB). Bei der Vorratsbewertung eröffnet der Gesetzgeber aber eine Reihe von **Bewertungsvereinfachungen**, um die Bewertungsthematik auch wirtschaftlich sinnvoll bearbeiten zu können. Diese Bewertungsvereinfachungen umfassen

- Festpreisbewertung (§ 256 Satz 2 HGB mit Verweis auf § 240 (3) HGB),
- Gruppenbewertung, i. e. Durchschnittspreisverfahren (§ 256 Satz 2 HGB mit Verweis auf § 240 (4) HGB) und
- Sammelbewertungen (§ 256 Satz 1 HGB).

Eine **Festpreisbewertung** ist dann möglich, wenn die Vorräte regelmäßig ersetzt werden und für das Unternehmen von nachrangiger Bedeutung sind. Zudem ist mindestens alle drei Jahre eine körperliche Bestandsaufnahme durchzuführen, um eventuelle Inventurdifferenzen aufdecken und beseitigen zu können. Für ein Unternehmen ist das ein sehr einfacher Weg der Materialbewertung, und sie hat den Vorteil einer großen

Planungssicherheit. Sie geht allerdings auch mit dem Risiko einher, dass Preisveränderungen nicht, nicht rechtzeitig oder nicht in angemessenem Maße berücksichtigt werden.

Eine Gruppenbewertung im Vorratsvermögen setzt voraus, dass Vorräte aus gleichartig oder annähernd gleichwertig sind. In der Fachliteratur wird das mit einer Funktionsgleichheit und einer annähernden Preisgleichheit ($\pm$ 20 %) konkretisiert. Bieten die Preisspannen eine weitgehend objektive Voraussetzung für den Einsatz der Gruppenbewertung, so ist das bei der Funktionsgleichheit nicht zwangsläufig gegeben.

> **Beispiel**
>
> In einem Baumarkt werden neben vielen anderen Waren Schrauben und Nägel verkauft. Meist finden wir dann über den entsprechenden Regalen eine Beschilderung „Eisenwaren". Eine solche Zusammenfassung wäre buchhalterisch aber sicher nicht statthaft, denn es gibt in den Materialien für die Schrauben und Nägel höchst unterschiedliche Funktionalitäten für den Einsatz drinnen und draußen. Zudem würde ein Handwerker in aller Regel eine Funktionsgleichheit von Schrauben und Nägeln verneinen, und dass ein Ziernagel, der bei Polsterarbeiten eingesetzt wird, nicht die gleiche Funktionalität haben kann wie ein fast fingerdicker Zimmermannsnagel, der beim Bau eines Dachstuhls eingeschlagen wird, dürfte offensichtlich sein. ◄

Sind eine Funktionsgleichheit und eine annähernde Preisgleichheit gegeben, so eröffnet der Gesetzgeber nach § 240 (4) HGB die Möglichkeit einer Bewertung nach dem gewogenen Durchschnitt. Hierbei ist zwischen dem einfachen und dem gleitend gewogenen Durchschnitt möglich. Beim einfachen gewogenen Durchschnitt wird ein gesamter Mittelwert aus dem bewerteten Anfangsbestand und den bewerteten Zugängen gebildet. Beim gleitend gewogenen Durchschnitt wird nach jedem Zugang ein neuer Durchschnittspreis ermittelt, zu dem auch Abgänge bewertet werden. Wir wollen das an unserem obigen Beispiel verdeutlichen.

Beispiel
Wir gehen wieder von unserer obigen Tabelle für den Monat November aus, wobei wir nun auf die Spalten „Gästebestellungen" verzichten können.

		Gänsekeule		Gänsebrust	
		Stück	Stückpreis	Stück	Stückpreis
01.11.	Anfangsbestand	50	6,20 €	50	6,00 €
04.11.	Abgang	20		25	
05.11.	Abgang	25		15	
06.11.	Zugang	40	6,30 €	50	6,05 €
11.11.	Abgang	10		15	

		Gänsekeule	Gänsebrust		
		Stück	Stückpreis	Stück	Stückpreis
12.11.	Abgang	20		18	
13.11.	Zugang	50	6,50 €	25	6,60 €
18.11.	Abgang	30		30	
19.11.	Abgang	30		20	
20.11.	Zugang	75	7,00 €	90	7,20 €
25.11.	Abgang	30		50	
26.11.	Abgang	40		35	
30.11.	Endbestand	3		2	

Für den einfachen gewogenen Durchschnitt brauchen wir zum einen die Gesamtmengen, die in den Kühlraum gegangen sind, d. h. den Anfangsbestand und die Zugänge:

$\text{Gesamtmenge}_{\text{Gänsekeulen}}$	$= 50 + 40 + 50 + 75 = 215$
$\text{Gesamtmenge}_{\text{Gänsebrüste}}$	$= 50 + 50 + 25 + 90 = 215$

Daneben brauchen wir den Wert des Anfangsbestandes und der jeweiligen Zugänge, d. h. die jeweilige Stückzahl ist mit dem Stückpreis zu multiplizieren:

		Gänse-keule	Gänsebrust				
		Stück	Stückpreis	Wert	Stück	Stückpreis	Wert
01.11.	Anfangs-bestand	50	6,20 €	310,00 €	50	6,00 €	300,00 €
06.11.	Zugang	40	6,30 €	252,00 €	50	6,05 €	302,50 €
13.11.	Zugang	50	6,50 €	325,00 €	25	6,60 €	165,00 €
20.11.	Zugang	75	7,00 €	525,00 €	90	7,20 €	648,00 €
	Summe			1412,00 €			1415,50 €

Dann können wir aus den errechneten Werten und den Mengen den jeweiligen einfachen gewogenen Durchschnittspreis errechnen:

$\text{Durchschnittspreis}_{\text{Gänsekeule}}$	$= 1412,00 \ €/215 \ \text{Stück} = 6,57 \ €/\text{Stück}$
$\text{Durchschnittspreis}_{\text{Gänsebrust}}$	$= 1415,50 \ €/215 \ \text{Stück} = 6,58 \ €/\text{Stück}$

Bewerten wir die Endbestände mit den so ermittelten Durchschnittspreisen, so hat der Lagerendbestand an Gänsekeulen einen Wert von 19,70 € und der Lagerendbestand an Gänsebrüsten einen Wert von 13,17 €.

6.5 Übungsaufgaben

I. Anschaffungskosten

Ein junges Unternehmen zieht in ein neues Gebäude, in dem Platz für die Einrichtung einer Teeküche ist. Die Geschäftsleitung entscheidet sich für ein Angebot einer Küchenzeile eines Küchenstudios mit Kühlschrank, Kochplatte und einer Mikrowelle zum Preis von 3332 € brutto. Das Küchenstudio räumt einen Barzahlungsrabatt von 2 % ein. Lieferung und Aufbau werden mit 300 € inkl. USt. berechnet.

Zudem engagiert die Geschäftsleitung noch einen Maler, der den Raum vorher für 500 € zzgl. MwSt. weiß streicht.

Ermitteln Sie die Anschaffungskosten der neuen Küche.

Musterlösung

	Anschaffungspreis (inkl. USt.)	3.332,00 €
:	1,19	
=	Anschaffungspreis (exkl. USt.)	2.800,00 €
−	Anschaffungspreisminderungen	56,00 €

+	Anschaffungsnebenkosten	252,10 €
+	Nachträgliche Anschaffungskosten	–
=	Handels- und steuerrechtliche Anschaffungskosten	2.996,10 €

Die Dienstleistung des Malers ist für die Nutzung der Teeküche nicht unbedingt notwendig. Sie versetzt sie zwar in einen schöneren Zustand, aber ihre Nutzungsfähigkeit hängt nicht davon ab, ob sie gestrichen ist oder nicht. Daher ist dieser Aufwand nicht aktivierungsfähig, sondern wird direkt erfolgswirksam verbucht:

Erhaltungsaufwand	420,17 €	An	Bank	500,00 €
VSt.	79,83 €			

II. Darlehen

Die Möbelhauskette Samaland plant in einem neuen Gewerbegebiet den Neubau eines großen Verkaufs- und Lagerstandortes. Die gesamten Baukosten belaufen sich nach der Planung auf 3,3 Mio. €, welche durch ein Bankdarlehen finanziert werden sollen. Zur Auswahl stehen ein Fälligkeitendarlehen, und ein Ratendarlehen mit gleichbleibenden Tilgungsraten, in beiden Fällen mit einer Kreditlaufzeit von sechs Jahren. Beide Darlehen werden Samaland von der Hausbank für 4 % Jahreszins angeboten.

Vergleichen Sie die beiden Darlehensformen in Form eines Zins- und Tilgungsplans. Unter welchen Voraussetzungen würden Sie sich als Geschäftsleitung der Samaland für das Fälligkeiten- und wann für das Ratendarlehen entscheiden?

Musterlösung

	Fälligkeitendarlehen			
Jahr	Kredit	Zins	Tilgung	Restkredit
1	3.300.000 €	132.000 €	0 €	3.300.000 €
2	3.300.000 €	132.000 €	0 €	3.300.000 €

	Fälligkeitendarlehen			
Jahr	Kredit	Zins	Tilgung	Restkredit
3	3.300.000 €	132.000 €	0 €	3.300.000 €
4	3.300.000 €	132.000 €	0 €	3.300.000 €
5	3.300.000 €	132.000 €	0 €	3.300.000 €
6	3.300.000 €	132.000 €	3.300.000 €	0 €
	Ratendarlehen			
Jahr	Kredit	Zins	Tilgung	Restkredit
1	3.300.000 €	132.000 €	550.000 €	2.750.000 €
2	2.750.000 €	110.000 €	550.000 €	2.200.000 €
3	2.200.000 €	88.000 €	550.000 €	1.650.000 €
4	1.650.000 €	66.000 €	550.000 €	1.100.000 €
5	1.100.000 €	44.000 €	550.000 €	550.000 €
6	550.000 €	22.000 €	550.000 €	0 €

Das Fälligkeitsdarlehen bietet während der Laufzeit einen klaren Liquiditätsvorteil. Zwar ist die Zinsbelastung außer im ersten Jahr in allen Jahren höher als beim Ratendarlehen, aber in den Jahren 1–5 werden keine Tilgungen geleistet, so dass die entsprechende Liquidität im Unternehmen verbleibt.

Dem steht beim Ratendarlehen eine deutliche Zinsersparnis über die gesamte Kreditlaufzeit gegenüber. Während beim Fälligkeitsdarlehen in Summe 792.000 € an Zinsen gezahlt werden, beläuft sich diese Summe beim Ratendarlehen lediglich auf 462.000 €. Zwar ist beim Ratendarlehen der Liquiditätsabfluss durch die Tilgungsleistungen in den ersten fünf Jahren höher als beim Fälligkeitsdarlehen. Im letzten Jahr schlägt das aber wieder zu einem klaren Vorteil für das Ratendarlehen um.

Ob und welche Entscheidung die Geschäftsleitung der Samaland dann tatsächlich trifft, hängt von den gegebenen Rahmenbedingungen (Liquiditätssituation, voraussichtliche Geschäftsentwicklung, künftige Kapitalflüsse) ab, über die aber keine Informationen vorhanden sind, so dass keine klare Entscheidung getroffen werden kann.

▶ **Achtung!** Ein Vorteil allein bedeutet eben nicht gleich eine Entscheidung
für diese Alternative. In der Aufgabe hat das Ratendarlehen zwar einen Zins-
summenvorteil, aber die höhere Liquiditätsbelastung, das Fälligkeitendarlehen hat zunächst einen Liquiditätsvorteil, es muss aber am Vertragsende
der komplette Kreditbetrag zur Tilgung aufgebracht oder eine Anschluss-
finanzierung gefunden werden.

Lassen Sie sich durch solche Fragestellungen nicht aufs Glatteis führen,
sondern formulieren Sie Ihre Antwort in einer Klausur mit einer neutralen
Gegenüberstellung von Vor- und Nachteilen oder fragen Sie in einer münd-
lichen Prüfung nach weiteren Rahmenbedingungen oder unternehmerischen
Zielen, die erreicht werden sollen.

III. Materialbewertung

Ein Unternehmen stellt die Produkte NEO und RETRO her. Für beide Produkte wird in
der Herstellung ein Zusatzstoff XTRA benötigt. Für den Monat August hat die Material-
abrechnung bezüglich XTRA Daten in der nachfolgenden Tabelle zusammengestellt.

Im August wurden von NEO 46.000 Einheiten und von RETRO 48.000 Einheiten hergestellt. Laut Stücklisten sind in jedem Produkt NEO 0,1 kg XTRA und in jedem Produkt RETRO 0,125 KG XTRA enthalten. XTRA wird mit einem Festpreis von 34,00 €/
kg bewertet.

a Ermitteln Sie den mengen- und wertmäßigen Materialverbrauch im August nach der
   Skontrations- bzw. Fortschreibungsmethode, nach der Inventurmethode und nach der
   Rückrechnungs- bzw. retrograden Methode.
b Ermitteln Sie die Inventurdifferenz.
c Ermitteln Sie den Wert des Endbestandes, wenn das Unternehmen seine Materialbewertung statt mit einem Festpreis anhand der gewogenen bzw. der gleitenden
   Durchschnittsmethode vornimmt.

	Datum	Menge (kg)	Einstandspreis (€/kg)
Anfangsbestand	01.08.	1600	34,00 €
Zugang	02.08.	2280	33,20 €
Abgang	06.08.	3200	
Zugang	09.08.	2400	34,40 €
Abgang	12.08.	2800	
Zugang	15.08.	1920	36,00 €
Abgang	16.08.	1500	
Zugang	20.08.	2800	34,80 €
Zugang	24.08.	600	34,20 €
Abgang	26.08.	3200	
Endbestand	31.08.	850	

Musterlösung

a Verbrauchsermittlung
   Skontraktions- bzw. Fortschreibungsmethode

$$\text{Mengenmäßiger Verbrauch} = \text{Summe aller Abgänge}$$
$$= 3200\,\text{kg} + 2800\,\text{kg} + 1500\,\text{kg} + 3200\,\text{kg} = 10.700\,\text{kg}$$
$$\text{Bewertung bei } 34\text{€/kg} = 10.700\,\text{kg} \cdot 34\text{€/kg} = 363.800\text{€}$$

Inventurmethode

$$\text{Mengenmäßiger Verbrauch} = \text{Anfangsbestand} + \text{Zugänge} - \text{Endbestand}$$
$$= 1600\,\text{kg} + 2280\,\text{kg} + 2400\,\text{kg} + 1920\,\text{kg} + 2800\,\text{kg} + 600\,\text{kg} - 850\,\text{kg} = 10.750\,\text{kg}$$
$$\text{Bewertung bei } 34\text{€/kg} = 10.750\,\text{kg} \cdot 34\text{€/kg} = 365.500\text{€}$$

Rückrechnungs- bzw. retrograde Methode

$$\text{Mengenmäßiger Verbrauch}$$
$$= \text{Materialverbrauch laut Stückliste} \cdot \text{Produktionsmenge}$$
$$= 0,1\,\text{kg} \cdot 46.000 + 0,125\,\text{kg} \cdot 48.000 = 10.600\,\text{kg Bewertung bei } 34\text{€/kg}$$
$$= 10.600\,\text{kg} \cdot 34\text{€/kg} = 360.400\text{€}$$

1 Inventurdifferenz

$$\text{Mengenmäßige Inventurdifferenz} = \text{Endbestand} - \text{Buchbestand}$$
$$= \text{Endbestand} - (\text{Anfangsbestand} + \text{Zugänge} - \text{Abgänge})$$
$$= 850\,\text{kg} - \Big(1600\,\text{kg} + 2280\,\text{kg} + 2400\,\text{kg} + 1920\,\text{kg} + 2800\,\text{kg}$$
$$+ 600\,\text{kg} - 3200\,\text{kg} - 2800\,\text{kg}$$
$$-1500\,\text{kg} - 3200\,\text{kg}\Big) = 850\,\text{kg} - 900\,\text{kg} = -50\,\text{kg Bewertung bei } 34\text{€/kg}$$
$$= -1700\text{€}$$

1   Durchschnittsmethoden

Beim einfachen gewogenen Durchschnitt ermitteln wir die Werte des Anfangsbestandes und der Zugänge, addieren diese auf und dividieren das Ergebnis durch die Summe aus dem Anfangsbestand und der Zugänge.

	Datum	Menge (kg)	Einstandspreis (€/kg)	Wert
Anfangsbestand	01.08.	1600	34,00 €	54.400,00 €
Zugang	02.08.	2280	33,20 €	75.696,00 €
Zugang	09.08.	2400	34,40 €	82.560,00 €
Zugang	15.08.	1920	36,00 €	69.120,00 €
Zugang	20.08.	2800	34,80 €	97.440,00 €
Zugang	24.08.	600	34,20 €	20.520,00 €
Summe		11.600		399.736,00 €

- Gewogener Durchschnitt = 399.736 €/11.600 kg = 34,46 €/kg
- Bewertung des Endbestands von 850 kg bei 34,46 €/kg = 29.291 €
- Bewertung der Inventurdifferenz von −50 kg bei 34,46 €/kg = 1723 €

Beim gleitend gewogenen Durchschnitt ist nach jedem Zugang ein neuer Durchschnitt aus dem Wert und der Menge zu bilden.

	Datum	Menge (kg)	Einstandspreis (€/kg)	Wert
Anfangsbestand	01.08.	1600	34,00 €	54.400,00 €
Zugang	02.08.	2280	33,20 €	75.696,00 €
Neuer Bestand		3880	33,53 €	130.096,00 €
Abgang	06.08.	3200	33,53 €	107.295,67 €
Neuer Bestand		680		22.800,33 €
Zugang	09.08.	2400	34,40 €	82.560,00 €
Neuer Bestand		3080	34,21 €	105.360,33 €
Abgang	12.08.	2800	34,21 €	95.782,12 €
Neuer Bestand		280		9.578,21 €
Zugang	15.08.	1920	36,00 €	69.120,00 €
Neuer Bestand		2200	35,77 €	78.698,21 €
Abgang	16.08.	1500	35,77 €	53.657,87 €
Neuer Bestand		700		25.040,34 €
Zugang	20.08.	2800	34,80 €	97.440,00 €

	Datum	Menge (kg)	Einstandspreis (€/kg)	Wert
Neuer Bestand		3500	34,99 €	122.480,34 €
Zugang	24.08.	600	34,20 €	20.520,00 €
Neuer Bestand		4100	34,88 €	143.000,34 €
Abgang	26.08.	3200	34,88 €	111.610,02 €
Neuer Bestand		900		31.390,32 €
Endbestand	31.08.	850	34,88 €	29.646,41 €
Inventurdifferenz		−50	34,88 €	−1743,91 €

IV. Erfüllungsbetrag

Erläutern Sie den Begriff des Erfüllungsbetrages.

Musterlösung

Erfüllungsbetrag ist eine Begrifflichkeit, die bei Verbindlichkeiten, also auf der Passivseite der Bilanz verwendet wird. Sie gibt die aktuelle Rückzahlungsverpflichtung eines Unternehmens für die jeweilige Verbindlichkeit zum Bilanzstichtag an.

Beispiel

Das Unternehmen Scribble GmbH & Co. KG hat bei seiner Hausbank einen über zehn Jahre laufenden Immobilienkredit über 800.000 € zu einem jährlichen Zinssatz von 2 % als Ratendarlehen mit gleich hohen jährlichen Tilgungsleistungen aufgenommen. Darüber hinaus wurde ein Investitionsdarlehen in Höhe von 75.000 € für die Anschaffung einer neuen Produktionsmaschine mit einer Laufzeit von drei Jahren und einem Zinssatz von 4 % p. a. als Fälligkeitendarlehen vereinbart. ◄

Die jährlich zu zahlenden Zinsen sind erfolgswirksam, werden als Aufwand in der GuV verbucht und mindern das Eigenkapital. Am Bestandskonto „Verbindlichkeiten gegenüber Kreditinstituten" ändern die Zinszahlungen nichts.

Der Immobilienkredit startet mit einem Kreditbetrag von 800.000 €, der zu Beginn der Laufzeit auch dem Erfüllungsbetrag entspricht, zu dem diese Verbindlichkeit zu bilanzieren ist. Nach der ersten Tilgung in Höhe von 800.000 €/10 = 80.000 € sinkt die „Rest-Verbindlichkeit" und damit der noch offene Erfüllungsbetrag auf 720.000 €, nach einer weiteren Tilgung auf 640.000 € etc.

Das Investitionsdarlehen bleibt als Fälligkeitendarlehen über die gesamte Laufzeit unverändert mit der ursprünglichen Kreditsumme als Erfüllungsbetrag in der Bilanz stehen, weil ein Fälligkeitendarlehen erst am Laufzeitende in voller Höhe getilgt wird.

Wird ein Darlehen mit einem Disagio, also einem Auszahlungsabschlag vereinbart, unterscheiden sich die ausgezahlte Kreditsumme und der Erfüllungsbetrag.

Beispiel

Das Unternehmen Scribble GmbH & Co. KG vereinbart mit der Hausbank den o. a. Investitionskredit über 80.000 € mit einem Disagio von 6,25 % und erhält dafür einen günstigeren Zinssatz von 3,5 %. Ausgezahlt werden damit von der Bank an Scribble die benötigten 75.000 €, der Erfüllungsbetrag als zurück zu zahlende Summe beträgt aber 80.000 €. ◄

Literatur

Coenenberg AG, Haller A, Mattner G, Schultze W (2024a) Einführung in das Rechnungswesen, 9. Aufl. Schäffer-Poeschel, Stuttgart

Weiterführende Literatur

Coenenberg AG, Haller A, Schultze W (2024b) Jahresabschluss und Jahresabschlussanalyse, 27. Aufl. Schäffer-Poeschel, Stuttgart
Döring U, Buchholz R (2021) Buchhaltung und Jahresabschluss, 16. Aufl. ESV, Berlin
Handelsgesetzbuch (o. J.) https://dejure.org/gesetze/HGB. Zugegriffen: 13. Sept 2024
Littkemann J, Holtrup M, Schulte K (2016) Buchführung, 8. Aufl. BoD
Matthes S, Nicolini HJ (2016) Prüfungstraining Wirtschaftsfachwirt: Rechnungswesen. Schäffer-Poeschel, Stuttgart
Mindermann T, Brösel G (2020) Buchführung und Jahresabschlusserstellung nach HGB, 7. Aufl. ESV, Berlin
Quick R, Wurl H-J (2023) Doppelte Buchführung, 5. Aufl. Springer, Wiesbaden
Reichhardt M (2021) Grundlagen der doppelten Buchführung, 4. Aufl. Springer, Wiesbaden
Schmolke S, Deitermann M, Rückwart W (2024) Industrielles Rechnungswesen IKR, 53. Aufl. Winklers, Braunschweig
Wöhe G, Kußmaul H (2022) Grundzüge der Buchführung und Bilanztechnik, 11. Aufl. Vahlen, München

Buchführung

7

Lernziele

- Sie können Bestands- und Erfolgskonten identifizieren und unterscheiden und kennen deren Zusammenhänge und ihre Bedeutung für den Jahresabschluss, sprich: für die GuV und die Bilanz.
- Sie können die Organisation einer Buchhaltung nachvollziehen und in einem ersten Schritt eine solche für ein kleineres Unternehmen auch aufbauen.
- Sie kennen die Voraussetzungen und Besonderheiten der Umsatzsteuer in Deutschland sowie im innergemeinschaftlichen Handel der EU und im Handel mit Drittländern.
- Sie können unterschiedlichste Formen von Privateinlagen und Privatentnahmen buchhalterisch behandeln.
- Sie kennen die Grundzüge der Buchführung in den Bereichen der Produktions- und Warenwirtschaft, insbesondere die erfolgswirksame Materialverbuchung, Preiskalkulationen und den buchhalterischen Umgang mit unterschiedlichen Formen von Preisnachlässen, sowie Grundzüge der Personalbuchhaltung.
- Sie können eine Anlagenbuchhaltung mit planmäßigen und außerplanmäßigen Abschreibungen und gegebenenfalls notwendigen Zuschreibungen führen.
- Sie kennen die buchhalterische Handhabung der wichtigsten unternehmerischen Finanzierungsinstrumente.
- Sie können weitere Steuern buchungstechnisch richtig behandeln.

Nun haben wir eine Inventur durchgeführt, daraus ein Inventar erstellt und aus dem Inventar eine Bilanz abgeleitet. „Quid nunc?", pflegte der Römer zu sagen, und

© Der/die Herausgeber bzw. der/die Autor(en), exklusiv lizenziert an Springer
Fachmedien Wiesbaden GmbH, ein Teil von Springer Nature 2025
A. Burger und S. Burger-Stieber, *Grundlagen der Buchführung*,
https://doi.org/10.1007/978-3-658-46366-3_7

auch für uns stellt sich nun die Frage, wie es weiter geht. Wie kriege ich meine laufenden Geschäftsvorfälle des Jahres wieder in den neuen Jahresabschluss? Welche Zwischenschritte brauche ich dafür, insbesondere im Rahmen der im kaufmännischen Geschäftsbetrieb üblichen doppelten Buchführung.

Eine einfache Buchführung, bei der es jeweils nur eine Buchung je Geschäftsvorfall gibt, kommt nur in Frage, wenn eine Befreiung von der Buchführungspflicht in den vom HGB benannten Fällen vorliegt. Dann liegt keine Bilanz vor, und eine Gewinnermittlung erfolgt auf Basis einer einfachen Einnahmen-Überschuss-Rechnung.

Beispiel

(1)	Rechnung für Material per Überweisung bezahlt:	Bank	-13.000 €
(2)	Umsatzerlöse (bar) aus Produktverkäufen:	Kasse	+2500 €
(3)	Umsatzerlöse (unbar) aus Produktverkäufen	Bank	+12.000 €
(4)	Umsatzerlöse (bar) aus Dienstleistungen:	Kasse	+1200 €
(5)	Umsatzerlöse (unbar) aus Dienstleistungen:	Bank	+7500 €
(6)	Geld bei der Bank abheben:	Bank	-2000 €

Bei der Einnahme-Überschussrechnung ist darauf zu achten, dass nur die Geschäftsvorfälle berücksichtigt werden, die Einnahmen oder Ausgaben sind. (6) stellt keinen einnahme- oder ausgabenwirksamen Geschäftsvorfall dar, es wird lediglich der Verwahrort des Geldes des Unternehmens verändert.

Die Einnahme-Überschuss-Rechnung stellt sich dann wie folgt dar:

+	(2)	2.500 €
+	(3)	12.000 €
+	(4)	1.200 €
−	(5)	7.500 €
	(1)	13.000 €
=	Überschuss	10.200 €

◄

Unser Standardfall im weiteren Verlauf dieser Einführung wird jedoch ein buchführungspflichtiger Kaufmann sein, der nach HGB eine Inventur durchführt, daraus ein Inventar und in der Folge eine Bilanz ableitet und dann mit Hilfe der doppelten Buchführung die Geschäftsvorfälle eines Geschäftsjahres abzubilden hat. Das erfolgt dann nicht direkt in der Bilanz, sondern mittels so genannter Konten, die mindestens für jede Bilanzposition, in vielen Fällen sogar mit zahlreichen Unterkonten existieren.

7.1 Kontenarten

Ein buchhalterisches Konto ist eine Verrechnungseinheit, in der Mehrungen und Minderungen des jeweiligen Sachverhaltes abgebildet werden, den das Konto widerspiegelt. Sie stellen Vereinfachungen der Bilanz in dem Sinne dar, dass es zu aufwändig wäre, nach jedem betrieblichen Geschäftsvorfall eine neue Bilanz zu erstellen. Daher verwendet man quasi „Unterbilanzen" in Form von Konten. Die althergebrachte Darstellung eines Kontos erfolgt in Form eines „T", weshalb die Konten in der Buchführung auch T-Konten genannt werden. Im Gegensatz zur Bilanz, deren Seiten mit „Aktiva" und „Passiva" bezeichnet wurden, ist die generelle Übereinkunft der Seitenbezeichnungen von Buchhaltungskosten „Soll" für die linke Seite des T-Kontos und „Haben" für die rechte Seite des T-Kontos. Soll und Haben sind dabei reine Nomenklaturen und gehen dabei mit keinerlei Wertung einher.

Da die von uns benötigten Konten zur Abbildung des laufenden Geschäftsbetriebes aus der Bilanz abzuleiten sind, müssen wir zunächst auf dem gleichen Buchungsweg (von „links" an „rechts") ein Eröffnungsbilanzkonto definieren, das de facto nichts anderes als ein Spiegelbild der Bilanz ist (vgl. Abb. 7.1).

▶ **Achtung!** Das Eröffnungsbilanzkonto wird nicht wirklich aus der Bilanz heraus gebucht, sondern stellt wie erwähnt lediglich das Spiegelbild der Bilanz dar. Aus dem Eröffnungsbilanzkonto heraus kann dann die Eröffnung der einzelnen Konten gebucht werden.

Aus dem Eröffnungsbilanzkonto heraus können wir dann nach dem Standardmuster heraus buchen und mit der jeweils ersten Buchung das jeweilige Konto eröffnen.

Beispiel

Aktiva	Eröffnungsbilanz		Passiva
Fuhrpark	30.000,00 €	Eigenkapital	33.500,00 €
Bank	5.000,00 €	Verbindlichkeiten aus LuL	2.000,00 €
Kasse	500,00 €		
Summe	35.500,00 €		35.500,00 €

Soll	Eröffnungsbilanzkonto		Haben
Eigenkapital	33.500,00 €	Fuhrpark	30.000,00 €
Verbindlichkeiten aus LuL	2.000,00 €	Bank	5.000,00 €
		Kasse	500,00 €

Soll	Fuhrpark	Haben
30.000,00 €		

Soll	Bank	Haben
5.000,00 €		

Soll	Kasse	Haben
500,00 €		

Soll	Eigenkapital	Haben
		33.500,00 €

Soll	Verbindlichkeiten aus LuL	Haben
		2.000,00 €

Abb. 7.1 Beispiel für die Konteneröffnung

▶   **Achtung!** „Soll" an „Haben"!

Das bedeutet, dass die Buchungssätze für die Konteneröffnungen beispielsweise wie folgt lauten:

Fuhrpark	30.000,00 €	an	Eröffnungsbilanzkonto	30.000,00 €
Bank	5.000,00 €	an	Eröffnungsbilanzkonto	5.000,00 €
Kasse	500,00 €	an	Eröffnungsbilanzkonto	500,00 €
Eröffnungsbilanzkonto	33.500,00 €	an	Eigenkapital	33.500,00 €
Eröffnungsbilanzkonto	2.000,00 €	an	Verbindlichkeiten aus LuL	2.000,00 €

Spätestens hier sollte die obige Anmerkung verständlich werden, dass die Begrifflich-keiten „Soll" und „Haben" keinerlei Wertung implizieren, sondern lediglich eine an-dere Nomenklatur für die linke und rechte Kontoseite sind. Die Vermögensgegenstände wie Fuhrpark, Bank und Kasse landen auf der linken, der Soll-Seite, während das Eigenkapital auf der rechten, der Haben-Seite des jeweiligen Kontos landet. Hätte sich die Nomenklatur der Kontoseiten erst in den letzten 30 Jahren entwickelt, könnten sie genauso „Maus" und „blauer Elefant" oder „Digimon" und „Pokemon" heißen, eine Wertung käme auch diesen Bezeichnungen nicht zu.

▶   **Achtung!** Die Begrifflichkeiten Soll und Haben werden von Ungeübten – ge-rade im Zusammenhang mit Konten – gerne in den Zusammenhang gesetzt „mit meinem Konto im Soll sein, sprich: in den Miesen bzw. in den roten Zah-len stecken" oder „mit dem Konto im Haben sein, sprich: Geld auf der hohen Kante zu haben bzw. in den schwarzen Zahlen zu sein". Das entspricht nicht den Soll- und Haben-Begrifflichkeiten aus der Buchhaltung. Diese sind wert-frei. Soll und Haben sind in diesen beiden Bedeutungshintergründen lediglich Homonyme, d. h. Worte mit einer Doppelbedeutung, so wie „Absatz" einen Textabsatz wie auch einen Schuhabsatz oder einen Treppenabsatz bedeuten kann oder wie Dietrich ein männlicher Vorname, aber auch ein universeller Nachschlüssel sein kann.

Danach kann dann eine Buchung der Geschäftsvorfälle der laufenden Periode auf den entsprechenden Konten erfolgen. Werden dabei Konten angesprochen, die als Ver-mögensgegenstand oder Schuld in die Bilanz eingehen, spricht man von so genannten Bestandskonten. Konten, auf denen Erträge und Aufwendungen eines Geschäftsjahres verbucht werden, nennt man hingegen Erfolgskonten. Bestandskonten werden am Ge-schäftsjahresende direkt in das Schlussbilanzkonto abgeschlossen, Erfolgskonten wer-den in das Gewinn- und Verlustkonto (GuV-Konto oder GuV) abgeschlossen, welches wiederum ins Eigenkapitalkonto abgeschlossen wird. Das Eigenkapital selbst wird dann wieder als Bestandskonto ins Schlussbilanzkonto abgeschlossen. Die Schlussbilanz steht eigentlich außerhalb des Kontensystems und wird aus dem erneut aus einer Inventur ab-geleiteten Inventar gebildet. Ein Vergleich des Schlussbilanzkontos mit dem Inventar

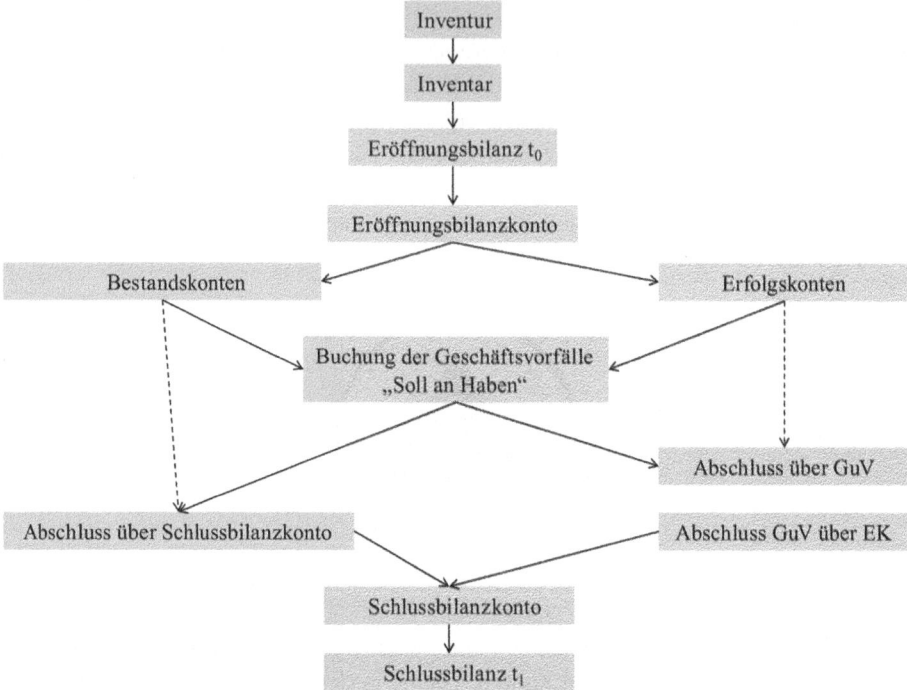

Abb. 7.2 Von der Inventur zur Schlussbilanz

kann Differenzen zu Tage fördern, die beispielsweise auf Schwund verschiedenster Ursachen beruhen. Diese Differenzen zwischen buchhalterischen Soll-Beständen und den über das Inventar ermittelten Ist-Beständen sind vor dem Abschluss der Bestandskonten zu berücksichtigen (vgl. Abb. 7.2).

▶ **Achtung!** Die Schlussbilanz des Geschäftsjahres t_1 bildet dann die Eröffnungsbilanz des Jahres t_2. Die Gliederung und die Wertansätze sind vor dem Hintergrund des GoB der Stetigkeit (formelle und materielle Stetigkeit) identisch, sofern nicht wichtige Gründe für eine Änderung sprechen.

7.1.1 Bestandskonten

Aus den einzelnen Bilanzpositionen im Anlagevermögen und Umlaufvermögen sowie aus den Passivpositionen werden aus dem Eröffnungsbilanzkonto heraus so genannte Bestandkonten eröffnet. Diese können nach Aktiv- bzw. Vermögenskonten und Passiv- bzw. Kapitalkonten unterschieden werden.

Veränderungen ergeben sich bei Aktivkonten durch Abgänge, die auf der rechten Seite, also im Haben, gebucht werden, und Zugänge, die auf der linken Seite, also im Soll gebucht werden. Bei Passivkonten ergeben sich Änderungen durch Abgänge, die auf der linken Seite, also im Soll gebucht werden, und Zugänge, die auf der rechten Seite, also im Haben, gebucht werden.

Beispiel

Das Aktivkonto Bank wurde aus der Eröffnungsbilanz heraus mit einem Bestand von 12.354,78 € eröffnet. Im Laufe der Geschäftsperiode zahlt ein Kunde seine fällige Forderung in Höhe von 32.817,22 € per Überweisung, wir bezahlen eine Lieferantenrechnung in Höhe von 22.780,03 €, das Finanzamt leistet eine Steuerrückerstattung in Höhe von 17,12 €, und wir überweisen eine Betriebshaftpflichtversicherungsprämie in Höhe von 187,50 €.

Buchungssätze

Bank	12.354,78 €	an	Eröffnungsbilanzkonto	12.354,78 €
Bank	32.817,22 €	an	Forderungen aus LuL	32.817,22 €
Verbindl. aus LuL	22.780,03 €	an	Bank	22.780,03 €
Bank	17,12 €	an	Betriebssteuern	17,12 €
Versicherungsaufwand	187,50 €	an	Bank	187,50 €

Kontobetrachtung

Soll		Bank	Haben
Anfangsbestand	12.354,78 €	Verbindlichkeiten aus LuL	22.780,03 €
Forderungen aus LuL	32.817,22 €	Versicherungsaufwand	187,50 €
Betriebssteuern	17,12 €	Abschlusssaldo	22.221,59 €
	45.189,12 €		45.189,12 €

Das Passivkonto Eigenkapital wurde mit einem Anfangsbestand von 32.817,54 € aus der Eröffnungsbilanz heraus eröffnet. Im Laufe der Geschäftsperiode leistet der Inhaber eine Einlage von 3000 € (bar) und entnimmt 2000 € (per Überweisung) für private Zwecke. Die GuV der Geschäftsperiode schließt mit einem Überschuss von 13.714,86 € ab.

Buchungssätze

Eröffnungsbilanzkonto	32.817,54 €	an	Eigenkapital	32.817,54 €
Kasse	3.000,00 €	an	Privateinlage	3.000,00 €
Privatentnahme	2.000,00 €	an	Bank	2.000,00 €
Privateinlage	3.000,00 €	an	Privatkonto	3.000,00 €
Privatkonto	2.000,00 €	an	Privatentnahme	2.000,00 €
Privatkonto	1.000,00 €	an	Eigenkapital	1.000,00 €
GuV	13.714,86 €	an	Eigenkapital	13.714,86 €

Kontobetrachtung

Soll	Privateinlage		Haben			Soll	Privatentnahme		Haben
Abschlusssaldo	3.000,00 €	Kasse	3.000,00 €			Bank	2.000,00 €	Abschlusssaldo	2.000,00 €

Soll	Privatkonto		Haben
Entnahme	2.000,00 €	Einlage	3.000,00 €
Abschlusssaldo	1.000,00 €		
	3.000,00 €		3.000,00 €

Soll	Eigenkapital		Haben
Abschlusssaldo	47.532,40 €	Anfangsbestand	32.817,54 €
		Privatkonto	1.000,00 €
		GuV	13.714,86 €
	47.532,40 €		47.532,40 €

Für Bestandskonten gilt damit die einfache Beziehung:

$$\text{Anfangsbestand} + \text{Zugänge} = \text{Abgänge} + \text{Endbestand}$$

In der Regel wird der Endbestand eines Aktivkontos auf der Habenseite stehen und so mit „Schlussbilanzkonto an Aktivkonto" ins Schlussbilanzkonto gebucht werden. Ebenso wird der Endbestand eines Passivkontos typischerweise im Soll stehen und kann entsprechend mit „Passivkonto an Schlussbilanzkonto" gebucht werden. Ausnahmen von diesen Regeln sind aber durchaus denkbar. Am einfachsten lässt sich das am Konto „Bank" demonstrieren. Das dahinter stehende Konto könnte evtl. durch höhere Auszahlungen als den Anfangsbestand zuzüglich Zugängen überzogen werden, so dass ein Endbestand auf der Sollseite des Kontos erfasst würde und damit auf dem Schlussbilanzkonto im Haben landet.

Beispiel

Das Konto Bank wurde aus dem Eröffnungsbilanzkonto heraus mit einem Bestand von 17.000,00 € eröffnet. Im Laufe der Geschäftsperiode wird eine Forderung in

Höhe von 2500,00 unbar beglichen, eine Steuernachzahlung an das Finanzamt in Höhe von 15.378,12 € wird per Überweisung bezahlt, und Verbindlichkeiten aus LuL in Höhe von 6800 € werden ebenfalls per Banküberweisung glatt gestellt.

Buchungssätze

Bank	17.000,00 €	an	Eröffnungsbilanzkonto	17.000,00 €
Bank	2.500,00 €	an	Forderungen aus LuL	2.500 €
Betriebssteuern	15.378,12 €	an	Bank	15.378,12 €
Verbindl. aus LuL	6.800,00 €	an	Bank	6.800,00 €

Kontobetrachtung

Soll		Bank	Haben	
Anfangsbestand	17.000,00 €	Betriebssteuern		15.378,12 €
Ford. aus LuL	2.500,00 €	Verb. aus LuL		6.800,00 €
Abschlusssaldo	2.678,12 €			
	22.178,12 €			22.178,12 €

◄

7.1.2 Erfolgskonten

Erfolgskonten stellen dar, wie sich durch bestimmte Geschäftsvorfälle das Eigenkapital eines Unternehmens verändert. Würde man die einzelnen Geschäftsvorfälle aber immer direkt im Eigenkapital buchen, ginge schnell die Übersicht verloren, und es wäre nur mit einer genauen Analyse feststellbar, ob beispielsweise eine Eigenkapitalmehrung durch einen betrieblichen Erfolg oder nur durch die Einlage des Eigentümers entstanden ist. Das wäre ein Verstoß gegen den GoB der Klarheit. Deshalb wird dem Eigenkapitalkonto das Privatkonto (sofern wir eine Personengesellschaft betrachten) und das GuV-Konto vorgeschaltet, auf dem alle Erträge und Aufwendungen verbucht werden.

Allerdings bestünde bei einem „Sammel-GuV-Konto", auf das alle Erträge und Aufwendungen gebucht werden, die gleiche Gefahr, die Übersicht zu verlieren, wie bei einer Buchung aller geschäftlichen Vorfälle auf dem Eigenkapitalkonto. Daher werden typischerweise für die verschiedenen Ertrags- und Aufwandsarten eines Unternehmens separate Erfolgskonten eröffnet, auf denen die jeweils passenden Buchungen vorgenommen werden.

Beispiel

Für die Aufwandsart Löhne wird ein Konto eröffnet, das typischerweise zwölfmal im Geschäftsjahr mit den entsprechenden Zahlungen an die Mitarbeiter belastet wird. Sind eventuell Vorschüsse zu leisten oder Sonderzahlungen fällig, ist der Aufwand auch hierin zu buchen. Der Abschlusssaldo wird dann in das GuV-Konto abgeschlossen.

Buchungssätze

Löhne (Januar)	6.000,00 €	an	Bank	6.000,00 €
Löhne (Februar)	6.000,00 €	an	Bank	6.000,00 €
Löhne (März)	6.000,00 €	an	Bank	6.000,00 €
....				
Löhne (November)	6.000,00 €	an	Bank	6.000,00 €
Löhne (Dezember)	12.000,00 €	an	Bank	12.000,00 €
GuV	78.000,00 €	an	Löhne	78.000,00 €

Kontobetrachtung

Soll		**Löhne**		Haben
Januar	6.000,00 €	Abschlusssaldo	78.000,00 €	
Februar	6.000,00 €	(an GuV)		
März	6.000,00 €			
April	6.000,00 €			
Mai	6.000,00 €			
Juni	6.000,00 €			
Juli	6.000,00 €			
August	6.000,00 €			
September	6.000,00 €			
Oktober	6.000,00 €			
November	6.000,00 €			
Dezember	12.000,00 €			
	__78.000,00 €__		__78.000,00 €__	

Typische Erträge eines Unternehmens sind Umsätze. Diese können jedoch aus unterschiedlichen Quellen stammen, beispielsweise Handels- oder Dienstleistungsumsätze. Darüber hinaus können auch so genannte sonstige betriebliche Erträge, die beispielsweise aus der Auflösung einer Rückstellung oder dem unerwartet günstigen Verkauf eines bereits abgeschriebenen Vermögensgegenstandes resultieren. Ein Beispiel dafür wäre ein Schreinereibetrieb, der 12.000,00 € Umsatz (bar) aus dem Weiterverkauf von Holz, das für 5000,00 € am Lager lag, generiert hat. 32.817,60 € (unbar) kommen als Umsatz aus Dienstleistungen für seine Arbeit beim Kunden dazu. Die im Vorjahr gebildeten Garantierückstellungen in Höhe von 2000,00 € erwiesen sich als zu hoch, tatsächlich lag der Aufwand nur bei 1535,00 €. Eine längst abgeschriebene Bandsäge konnte an einen Sammler für 500,00 € verkauft werden.

Buchungssätze

Kasse	12.000,00 €	an	Produktumsatz	12.000,00 €
Produktumsatz	12.000,00 €	an	GuV	12.000,00 €
Rohstoffaufwand	5.000,00 €	an	Rohstoffe	5.000,00 €
GuV	5.000,00 €	an	Rohstoffaufwand	5.000,00 €
Bank	32.817,60 €	an	Dienstleistungsumsatz	32.817,60 €
Dienstleistungsumsatz	32.817,60 €	an	GuV	32.817,60 €
Garantierückstellungen	465,00 €	an	sonst. betrieblicher Ertrag	465,00 €
sonst. betrieblicher Ertrag	465,00 €	an	GuV	465,00 €
Wertberichtigung Anlagen	500,00 €	an	sonst. betrieblicher Ertrag	500,00 €
Sonst. betrieblicher Ertrag	500,00 €	an	GuV	500,00 €

Kontobetrachtung

Soll	**Produktumsatz**		Haben
Abschlusssaldo	12.000,00 €	Kasse	12.000,00 €

Soll	**Dienstleistungsumsatz**		Haben
Abschlusssaldo	32.817,60 €	Bank	32.817,60 €

Soll	**sonst. betrieblicher Ertrag**		Haben
Abschlusssaldo	965,00 €	Garantierückst.	465,00 €
		Wertberichtigung	500,00 €

Soll	**GuV**		Haben
Rohstoffaufwand	5.000,00 €	Produktumsatz	12.000,00 €
Abschlussaldo	40.782,60 €	Dienstleistungsumsatz	32.817,60 €
		sonst. betrieblicher Ertrag	965,00 €
	45.782,60 €		45.782,60 €

◀

7.2 Organisation

Jeder Kaufmann ist verpflichtet, Bücher zu führen und in diesen seine Handelsgeschäfte und die Lage seines Vermögens nach den Grundsätzen ordnungsmäßiger Buchführung ersichtlich zu machen. Die Buchführung muss so beschaffen sein, dass sie einem sachverständigen Dritten innerhalb angemessener Zeit einen Überblick über die Geschäftsvorfälle und über

die Lage des Unternehmens vermitteln kann. Die Geschäftsvorfälle müssen sich in ihrer
Entstehung und Abwicklung verfolgen lassen (§ 238 (1) HGB).

Diese Vorschrift ist so allgemein gehalten, dass eine konkrete Organisation der Buchhaltung nicht direkt vorgeschrieben ist. Daher wird für die Organisation typischerweise
wieder auf unsere bewährten GoB Bezug genommen. Was macht also der ordentliche
und ehrenwerte Kaufmann, um einem sachverständigen Dritten innerhalb angemessener
Zeit einen Überblick über die Geschäftsvorfälle und die Lage des Unternehmens zu er-
möglichen? Er zeichnet sämtliche Geschäftsvorfälle in chronologischer Reihenfolge auf.

> Die Eintragungen in Büchern und die sonst erforderlichen Aufzeichnungen müssen voll-
> ständig, richtig, zeitgerecht und geordnet vorgenommen werden (§ 239 (2) HGB).

Diese komplette Aufzeichnung wird im so genannten Grundbuch vorgenommen. Das
Grundbuch wurde zu Zeiten, als die Buchführung tatsächlich noch haptisch in Büchern
vorgenommen wurde, auch als Journal oder Tagebuch bezeichnet. Für jeden Geschäftsvorfall, der im Grundbuch erfasst wird, sind mindestens aufzuzeichnen:

- Datum
- Belegnummer (erfordert eine Durchnummerierung der Belege)
- angesprochenes Sollkonto/angesprochene Sollkonten
- angesprochenes Habenkonto/angesprochene Habenkonten
- Buchungsbeträge
- Buchungstext (also beispielsweise „Sollkonto X € an Habenkonto X €")

Daraus ergibt sich ein typischer Aufbau eines Grundbuchblattes wie in Abb. 7.3.

Heutzutage bucht natürlich kein Mensch mehr händisch in einem Buch mit Füllfederhalter oder Kugelschreiber, sondern die Buchung erfolgt unter Zuhilfenahme von EDV-
Programmen. Die entsprechende Eingabemaske für die Buchungen enthält aber grundsätzlich die gleichen Felder wie sie im ursprünglichen haptischen Hauptbuch enthalten
waren. Der Eintrag des Datums oder der Journalnummer wird dann typischerweise automatisiert eingespielt, die anderen Felder sind nach wie vor zu füllen. Dabei sind einige
Punkte zu beachten:

- Keine Buchung ohne Beleg.

Datum	Journalnummer	Sollkonto	Habenkonto	Buchungstext	Belegdatum	Belegnummer

Abb. 7.3 Aufbau eines Grundbuchblattes

Dieser Grundsatz ist elementar und ergibt sich aus den Vorschriften des HGB:

Die Geschäftsvorfälle müssen sich in ihrer Entstehung und Abwicklung verfolgen lassen (§ 238 (1) Satz 3 HGB).

Die Rechtsgrundlage lässt aber breiten Spielraum dafür, welche Belege verwendet werden können. Die gängigste Unterscheidung ist dabei die in Eigenbelege und Fremdbelege. Fremdbelege, die in unserer Buchhaltung Grundlage für die Erfassung von Geschäftsvorfällen sein können, sind Eingangsrechnungen, Lieferantengutschriften, Quittungen, Kontoauszüge oder andere Bankbelege, erhaltene Geschäftsbriefe oder auch Steuerbescheide. Eigenbelege hingegen sind Ausgangsrechnungen, Lohn- und Gehaltslisten, versendete Geschäftsbriefe, Spesenabrechnungen, Entnahmebelege oder gegebenenfalls auch Ersatzbelege, wenn beispielsweise ein Fremdbeleg verloren gegangen ist oder versehentlich im Reißwolf gelandet ist und vom ursprünglichen Rechnungssteller kein Ersatz beschafft werden kann, beispielsweise weil das Unternehmen mittlerweile nicht mehr existiert.

Exkurs: Belegorganisation
Das HGB fordert neben der Buchführung auch die Aufbewahrung relevanter Unterlagen, insbesondere der Buchungsbelege:

Jeder Kaufmann ist verpflichtet, die folgenden Unterlagen geordnet aufzubewahren: (…) Belege für Buchungen in den von ihm nach § 238 Abs. 1 zu führenden Büchern (Buchungsbelege) (§ 257 (1) Nr. 4 HGB).

Wesentliche Anforderungen an eine ordnungsgemäße Aufbewahrung der Belege, die dann auch einem sachverständigen Dritten in angemessener Zeit erlauben, einen Überblick über die Geschäftsvorfälle und die Lage des Unternehmens zu erhalten (§ 238 (1) Satz 2 HGB) sind:

• Der Beleg muss den Buchungsbetrag und gegebenenfalls eine Mengenangabe enthalten.
• Das Datum muss auf dem Beleg vermerkt sein.
• Gegebenenfalls ist eine erläuternde Dokumentation mit abzulegen.
• Der Beleg muss die Unterschrift eines Zeichnungsberechtigten tragen.

Derart vorbereitete Belege sind dann zehn Jahre lang aufzubewahren (§ 257 (4) HGB), wobei die Aufbewahrungsfrist mit dem Schluss des Kalenderjahres beginnt, in dem der Buchungsbeleg entstanden ist (§ 257 (5) HGB). Durch die GoBD, über die wir schon gesprochen haben, ist es nicht mehr notwendig, die Unterlagen im Original aufzubewahren, sondern die Kaufleute können diese Unterlagen auch in digitaler Form, die den GoBD entspricht, archivieren.

Beispiel

Der Kauf eines Druckers wird am 02.01.t_1 getätigt. Somit beginnt die Aufbewahrungsfrist für den Beleg am 31.12.t_1 und läuft zehn Jahre, also bis zum 31.12.t_{11}, so dass in diesem Extremfall der Beleg de facto sogar fast elf Jahre aufbewahrt werden muss. ◄

• Journaldatum bzw. das Buchungsdatum und das Belegdatum müssen nicht übereinstimmen.

Werden beispielsweise Rechnungen versendet – gleichgültig ob wir als Unternehmen eine Rechnung von einem Lieferanten bekommen oder ob wir als Unternehmen eine Rechnung für unsere Kunden stellen – vergehen möglicherweise mehrere Tage Postlaufzeit, bis die Rechnung vom Absender zum Adressaten gelangt, und je nach Unternehmensgröße können zwischen dem Rechnungseingang durch Weiterleitungen, Rechnungsprüfungen etc. bis zur Verbuchung in der Buchhaltung auch noch mal einige Zeit vergehen. Damit die einzelnen Geschäftsvorfälle trotz dieser möglichen Unterschiede zwischen dem Buchungsdatum und dem Belegdatum nachvollzogen werden können, werden beide Daten erfasst.

- Die Belegnummer und die Journalnummer müssen nicht übereinstimmen. Die Journalnummern gehören zu den Buchungen, die Belegnummer zu den Belegen.

Ein Beleg kann für mehrere Buchungen verantwortlich sein.

Beispiel

Eine Rechnung für die Lieferung von Rohstoffen im Wert von 30.000,00 € auf Ziel trifft zusammen mit der Lieferung am $02.02.t_1$ im Unternehmen ein. Das führt zu der Buchung im Grundbuch:

Rohstoffe	30.000,00 €	an	Verbindlichkeiten aus LuL	30.000,00 €

Dabei wird als Belegdatum der $02.02.t_1$ vermerkt, die Buchung selbst erfolgt wahrscheinlich erst einige Tage später. Der Beleg wird entsprechend den vorher schon eingegangenen Fremd- und selbst erstellten Eigenbelegen durchnummeriert, die Nummerierung des Buchungsvorgangs im Journal erfolgt entsprechend der fortlaufenden Nummerierung.

Die Zahlungszielvereinbarung sieht ein Skonto, also einen Preisnachlass von 2 % bei einer Zahlung innerhalb von 14 Tagen vor. Da unsere Buchhaltung im Sinne einer Liquiditätssteuerung unseres Unternehmens gerne die Zahlungsziele ausnutzt, wird die Rechnung am $16.02.t_1$ per Banküberweisung bezahlt. Das führt zu der Buchung im Grundbuch:

Verbindl. aus LuL	30.000,00 €	an	Bank	29.800,00 €
			erhaltene Skonti	200,00 €

Der angesprochene Beleg ist dann wieder die obige Rechnung, die Journalnummer ist eine neue, die durch zwischenzeitlich aufgezeichnete Geschäftsvorfälle schon weiter gezählt wurde. ◀

Neben dem Grundbuch gehört zu einer typischen kaufmännischen Buchführung auch noch das Hauptbuch, das Sachkonten enthält und in dem jede Buchung aus dem Grundbuch auf dem entsprechenden Konto des Hauptbuches zu erfassen ist. Zu diesen Sachkonten zählen die Bestands, die Erfolgs- und die Privatkonten. Auf Basis des Hauptbuches werden dann die GuV und die Bilanz eines Unternehmens erstellt.

Darüber hinaus kann ein Unternehmen bei entsprechendem Bedarf auch so genannte Nebenbücher führen. Diese basieren auf dem Hauptbuch und enthalten Detailinformationen zu den Sachkonten des Hauptbuches. So kann beispielsweise ein Debitorenbuch, das alle Geschäftsvorfälle mit den Kunden eines Unternehmens erfasst, eine quantitative Basis für das Customer-Relationship-Management sein. Mit einer EDV-technischen Anbindung der Buchhaltung an eine entsprechende CRM-Software lässt sich hier viel laufender Informationsaufwand einsparen. Ebenso kann ein Kreditorenbuch Informationen zu den Lieferanten eines Unternehmens liefern. Weitere Nebenbücher können ein Warenbuch sein, das sich bei einem Handelsunternehmen anbietet oder ein Materialbuch, was vor allem bei Produktionsunternehmen Sinn macht. In beiden Fällen könnte auch eine separate Lagerbuchhaltung die Abstimmung der Soll-Bestände im Schlussbilanzkonto mit den Ist-Beständen aus dem Inventar erleichtern; zudem ist eine funktionierende Lagerbuchhaltung Voraussetzung für die permanente Inventur, die wir als Inventurvereinfachungsverfahren bereits kennen gelernt haben. Auch für Löhne und Gehälter können Nebenbücher geführt werden, und auch ein Anlagenbuch kann einen informationellen Mehrwert für die Unternehmensleitung bereitstellen, beispielsweise zu den gewählten Abschreibungsverfahren für das Anlagevermögen. Nebenbücher müssen nicht, können aber je nach Bedarf im Unternehmen geführt werden, je nachdem, welche Informationen die Buchführung bereitstellen soll. Wenn Nebenbücher geführt werden, sind sie mit der gleichen Sorgfalt zu führen wie das Grundbuch und das Hauptbuch.

Neben den genannten Büchern sind Kontenrahmen und Kontenpläne Rahmenbedingungen für die Organisation der Buchführung. Kontenrahmen sind allgemeine Ordnungsschemata für die Konten von Unternehmen. Diese können allgemeingültig sein wie beispielsweise der Gemeinschaftskontenrahmen GKR oder der Industriekontenrahmen IKR. Darüber hinaus existieren aber auch spezifisch auf bestimmte Branchen zugeschnittene Kontenrahmen, die von dem spezialisierten IT-Dienstleister DATEV bereitgestellt werden. Typischerweise werden im Kontenrahmen vierstellige Ziffern für die Identifizierung von Konten genutzt:

- Die erste Ziffer gibt die Kontenklasse an. Das ist ein Überbegriff wie beispielsweise Anlage- und Kapitalkonten.
- Die zweite Ziffer gibt die Kontengruppe an. Hier werden dann beispielsweise Bestandskonten in Anlage- und Umlaufvermögen, Eigenkapital, Rückstellungen und Verbindlichkeiten aufgeteilt.
- Die dritte Ziffer gibt die Kontenart an. Hier kann ein Eigenkapitalkonto in Erfolgs- und Privatkonten aufgeteilt werden.

• Die vierte Ziffer gibt die Kontenunterart an. Dabei können beispielsweise die Erfolgskonten in Ertrags- und Aufwandskonten aufgeteilt werden.

Die Nummerierung ist nicht in jedem Kontenrahmen gleich, sondern unterscheidet sich
zwischen dem GKR, dem IKR und den von DATEV bereitgestellten Kontenrahmen.
Daher macht es aus unserer Sicht auch keinen Sinn, als Neuling in der Thematik der
Buchführung Kontennummern auswendig zu lernen, solange nicht klar ist, auf welchem
Kontenrahmen die Buchführung Ihres Unternehmens aufbaut. Wichtiger erscheint uns,
dass Sie wissen, welche Konten bei welchen Buchungen angesprochen werden. Welche
Nummer diese Konten dann in der Buchführung Ihres Unternehmens hat, geht Ihnen
ohnehin erst dann in Fleisch und Blut über, wenn Sie täglich damit arbeiten.

Für die Kontenrahmen werden zwei grundsätzliche Ordnungsprinzipien unterschieden, das Abschluss- und das Prozessgliederungsprinzip. Das Abschlussprinzip ordnet den Kontenrahmen nach dem Ziel der Abschlusserstellung, d. h. die Kontenklassen
orientieren sich an der Gliederung des Jahresabschlusses, sprich: der Bilanz und der
GuV. Der IKR ist nach dem Abschlussprinzip gegliedert.

Das Prozessgliederungsprinzip hingegen ordnet den Kontenrahmen nach den Be-
triebsabläufen (beispielsweise: Einkauf – Produktion – Verkauf – After Sales). Der GKR
ist nach dem Prozessgliederungsprinzip geordnet (vgl. Abb. 7.4).

Neben den branchen- und berufsspezifischen Kontenrahmen von DATEV gibt es
auch vom Handelsverband Deutschland e. V. (HDE) einen Einzelhandelskontenrahmen
(EKR), der ebenfalls dem Abschlussprinzip folgt.

Die Allgemeingültigkeit der Kontenrahmen bringt es mit sich, dass für das einzelne
Unternehmen vom Kontenrahmen vordefinierte Konten ungenutzt bleiben können, während sich – gerade durch innovative Neugründungen – für andere Unternehmen vielleicht
die Notwendigkeit ergibt, andere Konten zu eröffnen und zu führen. Beide Themen werden vom so genannten Kontenplan des jeweiligen Unternehmens aufgegriffen. Kontenpläne sind Anpassungen der Kontenrahmen auf die betrieblichen Besonderheiten eines
Unternehmens. Ein Handwerker, der nur einen Gesellen und einen Azubi beschäftigt
und Löhne bezahlt, braucht keine Gehaltskonten. Wenn er keine Werksküche hat, macht

Gemeinschaftskontenrahmen

0	1	2	3	4	5	6	7	8	9
Anlagevermögen und langfristiges Kapital	Finanz- und Umlaufvermögen sowie kurzfristige Verbindlichkeiten	Neutrale Aufwendungen und Erträge	Stoffe und Bestände	Kostenarten	Kostenstellen		Kostenträger, Bestände an fertigen & unfertigen Erzeugnissen	Kostenträger und Erträge	Abschluss

Industriekontenrahmen

0	1	2	3	4	5	6	7	8	9
Bestandskonten					Erfolgskonten			Ergebnisrechnung	Kosten- und Leistungsrechnung
Aktivkonten			Passivkonten		Erträge		Aufwandskonten		

Abb. 7.4 GKR & IKR

es auch keinen Sinn, das Konto 6670 „Aufwendungen für Werksküche und Sozialein-richtungen" mit durch die Buchhaltung zu schleppen. Die IT-Unterstützung hat in dieser Hinsicht in der Buchführung vieles vereinfacht, denn selbst ein Konto, das aktuell nicht gebraucht wird, kann dann in der Software inaktiv mitgeführt werden und ist dann sofort verfügbar, wenn es sich der Handwerker doch eines Tages anders überlegen sollte.

7.3 Umsatzsteuer

7.3.1 Umsatzsteuer, Vorsteuer, Mehrwertsteuer

Die Umsatzsteuer (USt.) zahlt jeder von Ihnen, auch wenn es Ihnen vielleicht nicht bewusst ist. Nehmen Sie sich einfach mal den Kundenbeleg Ihres letzten Einkaufs im Supermarkt zur Hand. Meist finden Sie direkt hinter dem Betrag des jeweiligen Produk-tes, das Sie gekauft haben, ein „A" oder ein „B", und unter der Zahlungsinformation, d. h. ob Sie bar bezahlt haben oder vielleicht mit der EC- oder einer Kreditkarte finden Sie eine tabellarische Übersicht über die enthaltene Mehrwertsteuer (MwSt.), nämlich 7 % für Waren, die mit einem „B" versehen sind und 19 % für Waren, die mit einem „A" versehen sind. Nun mag die Frage aufkommen, was denn eigentlich die auf so einem Einkaufsbeleg vermerkte MwSt. mit der USt. zu tun hat. Die Antwort ist ganz einfach, denn Umsatz- und Mehrwertsteuer sind zwei Begriffe mit gleicher Bedeutung. Die For-mulierung MwSt. hat allerdings den Vorteil, dass sie in ihrem Begriff den Steuergegen-stand enthält, nämlich den auf der jeweiligen Produktionsstufe geschaffenen Mehrwert.

Für Unternehmen ist die USt. ein so genannter durchlaufender Posten, d. h. es ist eine Steuer, die nicht das Unternehmen belastet, sondern vom Endverbraucher zu tragen sind. Für das Unternehmen selbst ist die USt. erfolgsneutral. Die Unternehmen erheben quasi nur die USt., wenn sie Umsatzerlöse generieren:

$$\text{Bruttobetrag} = \text{Nettobetrag} \cdot (1 + \text{USt-Satz}) \Rightarrow \text{USt.} = \text{Nettobetrag} \cdot \text{USt.-Satz}$$

Die USt. wird dem Kunden auf der Ausgangsrechnung in Rechnung gestellt (wie auf dem oben erwähnten Einkaufsbeleg im Supermarkt) und muss ans Finanzamt abgeführt werden.

Exkurs: Steuerbare Umsätze
§ 1 UStG schreibt vor, dass

- Lieferungen und Leistungen,
- die ein Unternehmer
- im Inland
- gegen Entgelt
- im Rahmen seines Unternehmens

ausübt, steuerbar sind, also der Umsatzsteuer unterliegen. Nur wenn alle Punkte zutreffen, ist auf den jeweiligen Umsatz Umsatzsteuer zu berechnen.

§ 4 UStG enthält eine abschließende Liste von Lieferungen und Leistungen, die von der USt. befreit sind (nicht steuerbare Umsätze). Fallen Umsätze nicht unter die Sonderregelung des § 4 UStG, sind sie steuerbar.

Gleichzeitig können sie aber die Umsatzsteuer auf bezogene Produkte und Dienstleistungen als Vorsteuer (VSt.) von der Umsatzsteuer auf ihre Produkte und Dienstleistungen abziehen. Die Vorsteuer ist ein Erstattungsanspruch gegenüber dem Finanzamt. Schematisch lässt sich das wie in Abb. 7.5 darstellen.

In buchhalterischer Terminologie richten wir zunächst für die Vorsteuer und die USt. zwei getrennte Konten ein. Das VSt.-Konto ist dabei ein Bestandskonto, in das USt.-Forderungen des Unternehmens gegen das Finanzamt verbucht werden, das USt.-Konto ist ein Bestandskonto, in das USt.-Verbindlichkeiten gegenüber dem Finanzamt verbucht werden. Diese beiden Konten werden gegenüber dem Finanzamt verrechnet, so dass nur der Nettobetrag zwischen USt. und VSt., die so genannte Zahllast tatsächlich zu zahlen ist.

Das wollen wir an einem Beispiel verdeutlichen.

Beispiel

Wir verfolgen den Weg einer alten Buche, die in einem Wirtschaftsforst nach 200 Jahren Wachstum gefällt wird, an ein Sägewerk verkauft wird, von dort als Schnittholz an einen Möbelhersteller weiterverkauft wird, der mehrere Wohnzimmerschränke daraus herstellt, diese an ein Möbelhaus verkauft, wo sie schließlich von Privatkunden, den Endabnehmern, gekauft werden.

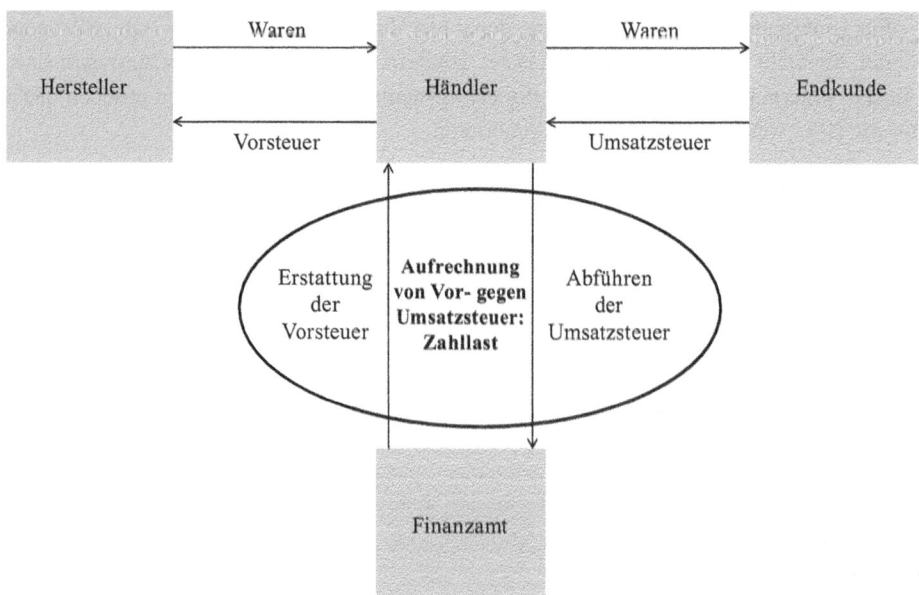

Abb. 7.5 Systematik der Umsatzsteuer

Unter-nehmen	Ausgangs-rechnung					
Produkt	Nettobetrag	Ust.	Brutto-betrag	VSt.	Zahllast	
Forstwirt-schaft	Buche	20.000,00 €	3.800,00 €	23.800,00 €	0,00 €	3.800,00 €
Sägewerk	Schnittholz	25.000,00 €	4.750,00 €	29.750,00 €	3.800,00 €	950,00 €
Möbel-hersteller	Schränke	50.000,00 €	9.500,00 €	59.500,00 €	4.750,00 €	4.750,00 €
Möbelhaus	Schränke	100.000,00 €	19.000,00 €	119.000,00 €	9.500,00 €	9.500,00 €
Privatkunde					19.000,00 €	

Auf jeder Produktions- bzw. Handelsstufe kann von den Unternehmen die VSt., die sie für ihre Vorprodukte zahlen mussten, von der von ihnen zu erhebenden USt. auf ihre Produkte abziehen. Nur die Differenz ist als Zahllast dem Finanzamt abzuführen. Jedes Unternehmen muss also nur den tatsächlich in seiner Einflusssphäre geschaffenen Mehrwert versteuern. Erst beim Privatkunden ist dann die Situation erreicht, dass er nicht mehr vorsteuerabzugsberechtigt ist. Er trägt letztendlich die vollen 19.000 € USt., was der Summe der einzelnen Zahllasten auf den einzelnen Produktionsstufen entspricht. ◄

Umsätze, auf die USt. fällig wird, sind Umsätze aus Lieferung und Leistung im Inland gegen Entgelt, Einfuhren und innergemeinschaftlicher Erwerb (§ 1 (1) UStG). Letzteres bezieht sich auf Käufe von Unternehmen aus dem EU-Ausland. Die USt. in Deutschland kennen einen gespaltenen Steuersatz. Der Regelsatz liegt bei 19 %, der ermäßigte Steuersatz bei 7 % (§ 12 UStG). Die Zuordnung von bestimmten Produkten und Dienstleistungen zum Regel- oder zum ermäßigten Satz hat in der Vergangenheit immer wieder für Diskussionen gesorgt. Die letzte große Diskussion spielte sich im Vorfeld der Bundestagswahl 2009 ab, als die F.D.P. für eine Zuordnung von Hotelübernachtungen zum ermäßigten USt.-Satz sorgte. Nach wie vor enthält das Umsatzsteuerrecht in diesem Punkt zahlreiche Merkwürdigkeiten. So wird die außer Haus gelieferte Pizza mit 7 % Ust. belastet, die im Restaurant verzehrte gleiche Pizza aber mit 19 % USt. Deswegen werden Sie beispielsweise auch in mehr oder weniger berühmten Fastfood-Ketten an der Kasse immer gefragt: „Zum hier essen oder zum Mitnehmen?", denn in ersterem Fall muss das Unternehmen 19 % Ust. buchen, im zweiten Fall nur 7 %. Und wenn der Gastwirt keine Unterscheidung zwischen In- und Outhouse-Preisen macht, geht die höhere Ust. zu Lasten seines Gewinns. Hundekekse werden mit 7 % belastet, Kinderkekse mit 19 %. Joghurt, Milchshakes und Quark, die weniger als ein Viertel Fruchtgehalt haben, werden mit 7 % USt. belegt, bei mehr als einem Viertel Fruchtgehalt fallen 19 % USt. an. Damit wird verständlich, warum so viele Joghurts oder Quarks genau unter dieser magischen Grenze von einem Viertel Fruchtgehalt bleiben: Überschreiten sie die Grenze nur wenig, fallen sofort 19 % statt 7 % USt. an. Kann dieser höhere Steuersatz nicht auf die Kunden überwälzt werden, weil sie sonst lieber auf ein Produkt mit leicht unterhalb der Grenze liegendem Fruchtgehalt wechseln würden, ginge der höhere USt.-Satz zu Lasten des Gewinns des Produzenten. Das scheint im Widerspruch zu der oben geäußerten These zu stehen, dass die USt. erfolgsneutral ist. Allerdings ist in diesen Fällen zu berücksichtigen, dass quasi zwei Produkte miteinander verglichen werden, die – inkl. USt. – eine unterschiedliche hohe Kostenbasis haben, aber eben in der Preiskalkulation nicht differenzierbar sind.

Für unsere Buchführung brauchen wir natürlich Buchungssätze, die sich aber nach der Identifizierung des VSt.-Kontos als aktivem Bestands- und dem USt.-Konto als passivem Bestandskonto leicht ableiten lassen. Hierzu einige Beispiele.

Beispiel

Wir kaufen als Sägewerk die im obigen Beispiel genannte Buche aus dem Wirtschaftsforst und erhalten eine Rechnung mit einem Zahlungsziel von 30 Tagen.
Buchungssatz

| Rohstoffe | 20.000,00 € | an | Verbindlichkeiten aus LuL | 23.800,00 € |
| VSt. | 3.800,00 € | | | |

Wir verkaufen als Sägewerk das Schnittholz aus der oben genannten Buche an einen Möbelhersteller und erhalten 25 % des Kaufpreises in bar, für den Rest wird ein Zahlungsziel von 90 Tagen eingeräumt.
Buchungssatz

| Forderungen aus LuL | 22.312,50 € | an | Umsatzerlöse | 25.000,00 € |
| Kasse | 7.437,50 € | | Ust. | 4.750,00 € |

Wir kaufen als Möbelhaus die vom Möbelhersteller gefertigten Schränke (es seien fünf Stück) zum Stückpreis von 10.000,00 €. Der Hersteller räumt uns einen Barzahlungsrabatt von 3 % ein, den wir nutzen.
Buchungssatz

| Wareneingang | 48.500,00 € | an | Kasse | 57.715,00 € |
| Vst. | 9.215,00 € | | | |

◄

Der grundlegende Zeitraum für die Veranlagung zur Umsatzsteuer ist das Kalenderjahr. Allerdings möchte das Finanzamt üblicherweise nicht erst nach einem Jahr Geld sehen. Das hat den Hintergrund, dass die Zahlung von USt. für die Unternehmen die Regel ist und nur in Ausnahmefällen, beispielsweise wenn saisonal bedingt das Lager besonders aufgefüllt wird, die VSt. die USt. übersteigt und es tatsächlich zu einem Erstattungsanspruch gegenüber dem Finanzamt kommt.

Daher schreibt der Gesetzgeber vor, dass die Voranmeldung im Normalfall vierteljährlich erfolgen muss. Betrug die Zahllast eines Unternehmens im Vorjahr mehr als 7.500 €, muss die Voranmeldung monatlich abgegeben werden. Stichtag für die Voranmeldung ist der 10. Tag nach Ablauf des Voranmeldezeitraums, d. h. bei monatlicher Anmeldung der 10. des Folgemonats, bei vierteljährlicher Anmeldung der 10. des auf das Quartal folgenden Monats. Betrug die Zahllast im Vorjahr maximal 2.000 € (seit Inkrafttreten des Wachstumschancengesetzes), so kann das Finanzamt von einer Voranmeldung absehen, was üblicherweise aber nur auf Antrag des Steuerschuldners, also des Unternehmens geschieht. Für den Staat hat die Umsatzsteuer einen erheblichen Anteil am gesamten Steueraufkommen, wie Abb. 7.6 zeigt.

Bei der so genannten Kleinunternehmerregelung im Hinblickauf die Umsatzsteuer hat sich seit 2020 etwas getan. War es bisher so, dass im abgelaufenen Geschäftsjahr maximal 17.500 € Umsatz erwirtschaftet werden durften und der Umsatz im laufenden Geschäftsjahr voraussichtlich 50.000 € nicht überschreiten durfte, um die Kleinunternehmerregelung in Anspruch zunehmen, so dürfen seit 2025 auch Unternehmer, die im vergangenen Geschäftsjahr bis zu 25.000 € Umsatz gemacht haben, diese Regelung in Anspruchnehmen. Die Regelung, dass im laufenden Jahr voraussichtlich weniger als 50.000 € Umsatz erreicht werden dürfen, wurde 2025 abgeschafft und durch die Regelung ersetzt, dass die Kleinunternehmerregelung bestehen bleibt, bis er im laufenden Jahr 100.000 € Umsatz überschreitet. Ein Unternehmer, der sich dafür entscheidet, muss seinen Kunden keine Umsatzsteuer in Rechnung stellen, auch wenn die Leistung eigentlich umsatzsteuerpflichtig wäre. Für den Unternehmer hat das den Vorteil,dass er eine Leistung günstiger anbieten kann als ein Wettbewerber, der Umsatzsteuer auf seine Leistungen erheben muss. Im Gegenzug darf ein solcher Unternehmer aber auch keine gezahlte Umsatzsteuer als Vorsteuer in Abzugbringen. Das kann natürlich bei einem Gründer, der hohe Anfangsinvestitionenaufbringen muss durchaus von Nachteil sein. Ein Unternehmer, der eigentlich für die Kleinunternehmerregelung in Frage käme, aber das entsprechende Unternehmenswachstum klar und solide plant, kann sich auch zu einem Zeitpunkt für die Teilnahme am Umsatzsteuerverfahren aussprechen, bleibt dann aber – auch bei anders als geplant laufender geschäftlicher Entwicklung – für mindestens fünf Jahre an diese Entscheidung gebunden.

7.3.2 Innergemeinschaftlicher Handel, Import und Export

Der innergemeinschaftliche Handel in der Europäischen Union (EU) wird auch vom Umsatzsteuerrecht berührt. Innerhalb der EU fallen zwar keine Zölle mehr an, aber die Nationalstaaten wollen natürlich nicht auf die nicht unerheblichen Steuereinnahmen aus der USt. verzichten, so dass sich die Frage stellt: Wer zahlt was und wo?

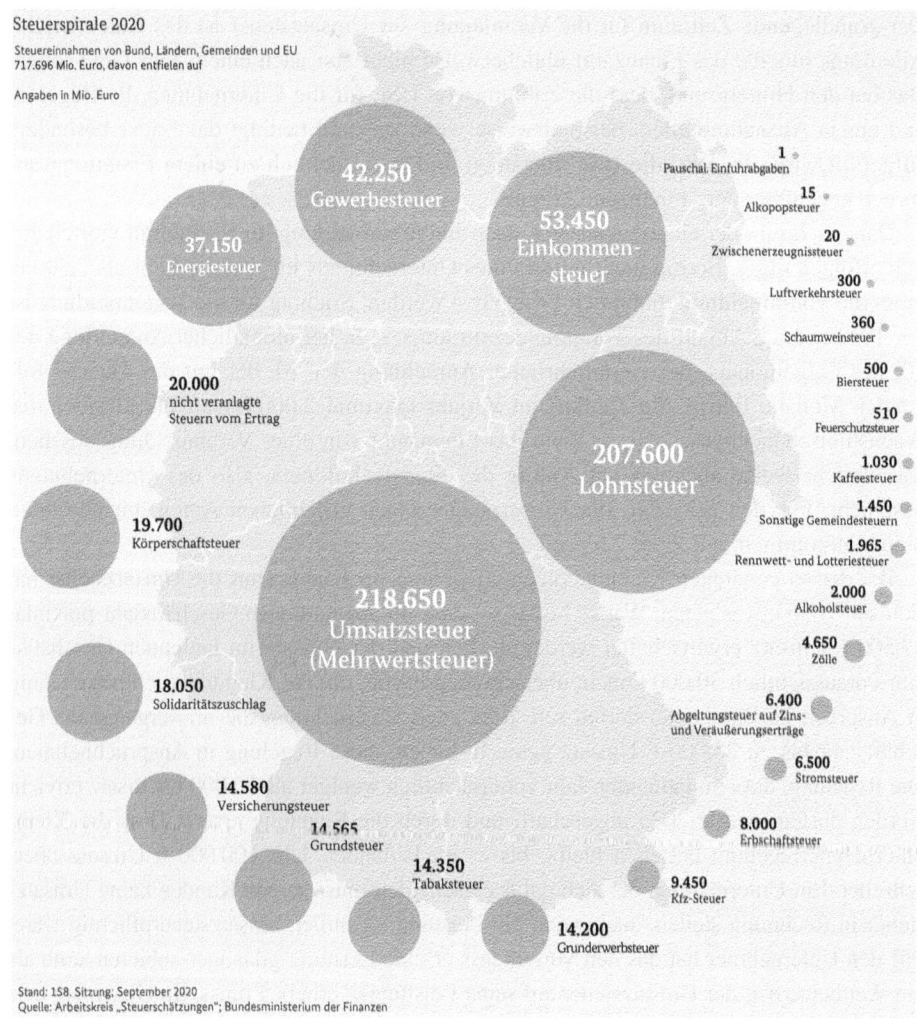

Steuerspirale 2020

Steuereinnahmen von Bund, Ländern, Gemeinden und EU
717.696 Mio. Euro, davon entfielen auf

Angaben in Mio. Euro

42.250
Gewerbesteuer

37.150
Energiesteuer

53.450
Einkommen-
steuer

1
Pauschal. Einfuhrabgaben

15
Alkopopsteuer

20
Zwischenerzeugnissteuer

300
Luftverkehrsteuer

360
Schaumweinsteuer

20.000
nicht veranlagte
Steuern vom Ertrag

207.600
Lohnsteuer

500
Biersteuer

510
Feuerschutzsteuer

1.030
Kaffeesteuer

19.700
Körperschaftsteuer

1.450
Sonstige Gemeindesteuern

1.965
Rennwett- und Lotteriesteuer

218.650
Umsatzsteuer
(Mehrwertsteuer)

2.000
Alkoholsteuer

4.650
Zölle

18.050
Solidaritätszuschlag

6.400
Abgeltungsteuer auf Zins-
und Veräußerungserträge

6.500
Stromsteuer

14.580
Versicherungsteuer

14.565
Grundsteuer

14.350
Tabaksteuer

8.000
Erbschaftsteuer

9.450
Kfz-Steuer

14.200
Grunderwerbsteuer

Stand: 158. Sitzung; September 2020
Quelle: Arbeitskreis „Steuerschätzungen"; Bundesministerium der Finanzen

Abb. 7.6 Steuerspirale 2020

Dabei werden zwei grundsätzliche Prinzipien unterschieden, die je nach den be-
teiligten Akteuren unterschieden werden.

Kauft eine Privatperson etwas im europäischen Ausland, so gilt das so genannte **Ursprungslandprinzip**, d. h. die Umsatzsteuer wird in dem Land und von dem Unternehmen erhoben, welches das Produkt oder der Dienstleistung verkauft.

Beispiel

Sie kaufen für den privaten Gebrauch über eine Online-Handelsplattform eine Umhängetasche aus Leder bei einem portugiesischen Handwerker für 150,00 € brutto. In

diesem Fall ist für Sie als privater Endverbraucher die portugiesische USt. in diesem Preis enthalten. Portugal kennt einen normalen USt.-Satz von 23 %, einen Zwischensteuersatz von 13 % und einen ermäßigten Steuersatz von 6 %. Für die Umhängetasche wäre der normale Steuersatz von 23 % fällig.

Nettopreis	121,95 €
portugiesische USt.	28,05 €
Bruttopreis	150,00 €

Hätte der Handwerker aber seinen Sitz auf der Atlantikinsel Madeira, müssten Sie hingegen nur 16 % portugiesische USt. bezahlen. Madeira und die Azoren gehören zwar zum Staatgebiet Portugals, haben aber einen normalen USt.-Satz von 16 %, einen Zwischensteuersatz von 9 % und einen ermäßigten USt.-Satz von 4 %.

Nettopreis (Madeira)	129,31 €
madeirensische USt.	20,69 €
Bruttopreis	150,00 €

Das heißt bei gleichem Bruttopreis würde der madeirensische Handwerker mehr an der Tasche verdienen als sein Kollege auf dem Festland.

Der Geschäftsführer eines deutschen Elektrogroßhandels gibt bei einer Lampenmanufaktur in Amsterdam einen Kronleuchter für sein Wohnzimmer (Nettopreis 2.850,00 €) in seiner Privatwohnung in Auftrag. Seine Funktion als Geschäftsführer ist dabei zunächst genauso irrelevant wie das Unternehmen, für das er arbeitet, denn auch in diesem Fall gilt das Ursprungslandprinzip. Damit muss der Geschäftsführer in den Niederlanden 21 % USt. bezahlen.

Nettopreis	2.850,00 €
niederländische USt.	5.98,50 €
Bruttopreis	3.448,50 €

◄

Zwischen Unternehmen hingegen wird die USt. nach einem anderen, nämlich dem **Bestimmungslandprinzip**, gehandhabt. Diesem Prinzip liegt zum einen zu Grunde, dass das liefernde Unternehmen völlig aus der Thematik der Umsatzsteuer raus ist. Es verbucht lediglich die Lieferung als Nettoumsatz bei sich. Das empfangende Unternehmen hingegen ist verpflichtet, USt. in der in seinem Land üblichen Höhe zu verbuchen. Eine effektive Zahlung findet allerdings beim innereuropäischen Handel nicht statt, denn das empfangende Unternehmen darf die zu zahlende USt. sofort als VSt. geltend machen, so dass die USt. für das empfangende Unternehmen – wie wir es oben bereits angesprochen haben – auch in diesem Fall ein durchlaufender Posten ist, der das Unternehmensergebnis nicht beeinflusst.

Beispiel

Ein spanisches Unternehmen kauft bei einem deutschen Spezialmaschinenhersteller eine Produktionsmaschine im Wert von 32.800 € netto auf Ziel mit einem Skonto von 2 % bei Zahlung innerhalb von 14 Tagen.
   Bei dem Lieferanten lautet die Buchung zunächst:

Forderung aus LuL	32.800,00 €	an	Umsatzerlöse	32.800,00 €

Wird das Skonto in Anspruch genommen, bucht der Lieferant beim Zahlungseingang

Bank	32.144,00 €			
gewährte Skonti	6.56,00 €	an	Umsatzerlöse	32.800,00 €

Der Empfänger in Spanien hingegen muss die ortsübliche USt. in Höhe von 21 % des Nettowarenwertes bei der Buchung berücksichtigen, kann aber die USt. auch gleich als VSt. verbuchen. Das heißt bei Lieferung bucht das spanische Unternehmen

innergem. Erwerb	32.800,00 €	an	Verbindlichkeiten aus LuL	02.800,00 €
Vst. i. E.	6.888,00 €	an	USt. i. E.	6.888,00 €
BGA	32.800,00 €	an	innergem. Erwerb	32.800,00 €

Die Buchung über das Konto „innergemeinschaftlicher Erwerb" dient den GoB der Vollständigkeit, der Richtigkeit und der Klarheit. Würde die Buchung ohne diesen „Umweg" direkt auf das Konto BGA erfolgen, so wäre der Geschäftsvorfall auch für einen sachverständigen Dritten nicht mehr ohne weiteres nachvollziehbar, was aber nach § 238 (1) Satz 2 HGB erforderlich ist.
   Bei der Bezahlung ist zu beachten, dass durch die Inanspruchnahme des Skontos auch die USt.-Buchung zu korrigieren ist:

Verbindlichkeiten aus LuL	32.800,00 €	an	Bank	32.144,00 €
			erhaltene Skonti	656,00 €
USt. i. E.	137,76 €	an	VSt.	137,76 €

◄

7.3.3 Handel mit Drittländern

Als Drittländer werden solche Länder bezeichnet, die nicht Mitglied der EU sind und für die entsprechend nicht die unter Abschn. 7.3.2 dargestellten Regeln gelten.

- Bei Exporten in Drittländern ist der Exporteur so gestellt wie bei einem Export in ein anderes Land der EU: Er ist von der USt. befreit.
- Bei Importen aus Drittländern in die EU ist neben eventuellen Zöllen die Einfuhrumsatzsteuer (EUSt.) zu entrichten, quasi das Äquivalent der USt. im internationalen Handel.

Beispiel

Ein italienischer Großhändler kauft in China Plastikhaushaltswaren im Gesamtwert von 275.000 CNY (chinesische Yuan bzw. Renminbi) FOB Hong Kong. Für den Transport im Schiffscontainer fallen Frachtkosten in Höhe von 2500 USD an. Die Abholung erfolgt in Rotterdam am Hafen durch den italienischen Großhändler mit eigenem Lkw. Der Devisenkassamittelkurs bei Lieferung für den Renminbi liegt bei 7,4900 CNY/EUR, der Devisenkassamittelkurs des USD liegt bei 1,1055 USD/EUR. An Zoll fallen in Rotterdam 17 % an, die EUSt. schlägt für den italienischen Großhändler mit 22 % zu Buche.

Damit ist vor der Verbuchung zuerst eine Umrechnung in Euro vorzunehmen:

Waren:	275.000 CNY : 7,49 CNY/EUR	=	36.715,62 €
Fracht:	2500 USD : 1,1055 USD/EUR	=	2.261,42 €

◀

▶ **Achtung!** Wenn Sie sich bei der Umrechnung nicht auf Anhieb sicher sind, ob multipliziert oder dividiert wird, sehen Sie sich die Einheiten genau an. Im obigen Beispiel bedeutet das, der Warenwert liegt in CNY vor, der Wechselkurs als so genannte Mengennotierung in CNY/EUR. Damit sich bei der mathematischen Verknüpfung die Einheit CNY heraus kürzt und am Ende Euro stehen bleiben, muss durch den Wechselkurs als Mengennotierung dividiert werden. Läge der Wechselkurs als Preisnotierung vor (0,1335 €/CNY), wäre der Warenwert hingegen mit dem Wechselkurs zu multiplizieren.

Beispiel

Die Summe aus dem Warenwert und den Frachtkosten ist dann unsere Bemessungsgrundlage für den Zoll:

Warenwert	*36.715,62 €*
+ Frachtkosten	*2.261,42 €*
= Bemessungsgrundlage Zoll	*38.977,04 €*
+ Zoll (17 % auf die Bemessungsgrundlage)	*6.626,10 €*
= Bemessungsgrundlage EUSt.	*45.603,14 €*

Auf die Bemessungsgrundlage EUSt. ist nun die EUSt. des italienischen Großhändlers mit 22 % zu berechnen:

EUSt.:	Bemessungsgrundlage EUSt. · 0,22	=	10.032,69 €

Die Summe aus Zoll und EUSt. wird auch Zollverbindlichkeiten genannt. Die Rechnung bezahlt der italienische Großhändler per Überweisungen, für die seine Bank aufgrund der Währungsumrechnungen Gebühren in Höhe von 160 € für die Renminbi- und 20 € für die USD-Überweisung in Rechnung stellt.

Damit ergibt sich für den Großhändler folgender Buchungskomplex:

Gütereinfuhr	36.715,62 €			
Bezugskosten	2.261,42 €	an	Verbindlichkeiten aus LuL	38.977,04 €
Gütereinfuhr	2.261,42 €	an	Bezugskosten	2.261,42 €
Waren	38.977,04 €	an	Gütereinfuhr	38.977,04 €
Bezugskosten (Zoll)	6.626,10 €			
EUSt.	10.032,69 €	an	Zollverbindlichkeiten	16.658,79 €
Gütereinfuhr	6.626,10 €	an	Bezugskosten	6.626,10 €
Verbindl. aus LuL	38.977,04 €			
Zollverbindlichkeiten	16.658,79 €			
Kosten des Geldverkehrs	180,00 €	an	Bank	55.815,83 €

◀

▶   **Achtung!** Sollte sich der Wechselkurs oder die Wechselkurse bei einem solchen Geschäft zwischen der Verbuchung der Verbindlichkeiten und der Bezahlung der Warenrechnung, oder der Frachtkosten ändern, so ist eine daraus
entstehender eventueller Vorteil für das Unternehmen als sonstiger betrieblicher Ertrag, ein daraus entstehender eventueller Nachteil für das Unternehmen als sonstiger betrieblicher Aufwand zu verbuchen. Der Zoll und die
EUSt. werden davon nicht berührt.

7.4   Privatkonten

Eine besondere Art von Erfolgskonten stellen die so genannten Privatkonten dar. Privatkonten dokumentieren die Entnahme betrieblicher Mittel wie auch die Einlage von
Mitteln in das betriebliche Vermögen. Solche Entnahmen oder Einlagen sind per Definition nur in Einzelunternehmen oder in Personengesellschaften (beispielsweise GbR,
OHG oder KG) möglich. In Kapitalgesellschaften sieht der Gesetzgeber keine Zugriffs-
möglichkeit der Gesellschafter auf das Betriebsvermögen.

Organisatorisch bedeuten Privatentnahmen eine Minderung des Eigenkapitals,
Privateinlagen bedeuten eine Mehrung des Eigenkapitals. Damit erfüllen sie eigentlich
die gleiche Funktion wie Erfolgskonten, nämlich die Darstellung der Veränderung des
Eigenkapitals. Privateinlagen und -entnahmen sind aber keine erfolgswirksamen Vorgänge, so dass diese Konten – neben den Erfolgskonten, die über die GuV ins Eigenkapital abgeschlossen werden – separat als Unterkonten des Eigenkapitals geführt werden.

In Einzelunternehmen und in Personengesellschaften ist handels- und steuerrechtlich
kein Geschäftsführergehalt vorgesehen. Die Eigentümer bzw. Gesellschafter leben quasi
vom erwirtschafteten Gewinn des Unternehmens. Da ein Einzelunternehmer oder auch
eine Personengesellschaft aber typischerweise auch laufende Ausgaben für den Lebens-
unterhalt hat, die sich nicht bis zum Ende des Geschäftsjahres und einer dann eventuell
erfolgenden Gewinnausschüttung aufschieben lassen, kann ein solcher Unternehmer oder
eben die Gesellschafter Geld aus der Kasse entnehmen oder auch private Rechnungen

vom Firmenkonto bezahlen. Voraussetzen dafür ist allerdings, dass diese Entnahmen als Privatentnahme verbucht werden.

Gleiches gilt auch für Privateinlagen. So kann beispielsweise eine Unternehmerpersönlichkeit, die bereits mehrere Unternehmen erfolgreich gegründet hat, ein neues Unternehmen gründen und dort eine private Einlage in beliebiger Höhe tätigen, um den Geschäftsbetrieb dort mit Liquidität auszustatten und zum Laufen zu bekommen.

Privateinlagen sind als Geld- oder als Sacheinlagen denkbar.

Beispiel

Ihr Freund Daniel steigt in die von Ihnen und Ihrer Schwester in der Rechtsform einer OHG gegründete Gesellschaft für den Vertrieb von biologisch produzierter und pflanzengefärbter Wolle mit ein. Er leistet eine Einlage von 30.000 € per Banküberweisung.

Buchungssatz

| Bank | 30.000,00 € | an | Privateinlage Daniel | 30.000,00 € |

◄

▶   **Achtung!** Es ist durchaus denkbar, sämtliche Privateinlagen und -entnahmen
über ein einziges Privatkonto laufen zu lassen. Aus Gründen der Übersichtlichkeit und damit vor dem Hintergrund des GoB der Klarheit spricht jedoch vieles
dafür, einerseits Privateinlagen und Privatentnahmen auf getrennten Konten
zu verbuchen und erst vor dem Abschluss in einem Privatkonto zusammen zu
führen. Andererseits macht es – insbesondere bei Personengesellschaften mit
mehreren Gesellschaftern – aus den gleichen Gründen Sinn, die Konten Privateinlagen und Privatentnahmen nach den Gesellschaftern aufzuteilen.

Beispiel

Ein halbes Jahr später möchte Ihr Freund Rainer in die oben genannte OHG mit einsteigen. Er hat in Tschechien einen 200 Jahre alten, voll funktionsfähigen Webstuhl in der Scheune eines Landwirtes gefunden und hat ihm diesen für 300 € abgekauft. Der Transport des Webstuhls in die Lager- und Produktionshalle der OHG in Goch schlug allerdings mit 1.500 € zu Buche, weshalb Rainer jetzt auch weder über Barmittel noch über Geld auf der Bank verfügt. Er bringt den Webstuhl als Sacheinlage in die OHG ein.

Für den Wertansatz von Sachanlagen gilt der Grundsatz, dass sie mit dem aktuellen Teilwert, d. h. einem vergleichbarer Wert, der sich aus Beschaffungs- oder Absatzmärkten für die jeweilige Ware ergibt, anzusetzen sind. Dabei gilt die Obergrenze der Anschaffungs- und Herstellkosten, sofern der Gegenstand nicht älter als drei Jahre ist.

Da der Webstuhl in unserem Beispiel ein klein wenig älter als drei Jahre ist, kommen die ursprünglichen Anschaffungs- und Herstellkosten ohnehin nicht als Wertansatz für die Sacheinlage in Betracht. Einen geregelten Markt für 200 Jahre alte Webstühle zu finden und damit einen aktuellen Teilwert zu ermitteln, dürfte allerdings schwer fallen. Ist der gezahlte Preis für eine solche Sacheinlage und die damit zusammenhängenden Kosten des Erwerbs aus kaufmännischer Sicht vertretbar, dürfte im Zweifelsfall auch das Finanzamt wenig dagegen haben, diesen Webstuhl zu den aktuellen Anschaffungskosten in Wertansatz zu bringen.

Damit lautet der Buchungssatz in unserem Beispiel:

| BGA | 1.800,00 € | an | Privateinlage Rainer | 1.800,00 € |

◀

Während die Privateinlagen noch vergleichsweise übersichtlich mit Geld- und Sacheinlagen zu klären sind, bedarf die Erläuterung der Privatentnahmen eines etwas weiteren Ausholens, denn hier sind folgende Möglichkeiten gegeben:

1 Geldentnahme
2 Sachentnahme
3 Nutzungsentnahme
4 Leistungsentnahme

Die Geldentnahme ist dabei noch am einfachsten zu erklären, denn dabei werden lediglich Bar- oder Bankmittel entnommen. Wofür diese entnommen werden, ist für die Buchhaltung letzten Endes gleichgültig, solange geklärt und dokumentiert ist, dass es um eine Entnahme für private Zwecke geht.

Beispiel

Sie feiern Ihren Geburtstag in einem In-Club und begleichen die Rechnung des Abends in Höhe von 789 € mit der Firmen-EC-Karte.
Buchungssatz

| Privatentnahme | 789,00 € | an | Bank | 789,00 € |

Sie (als Einzelunternehmerin) entnehmen am Freitagabend aus der Kasse Ihres Unternehmens 500 € für den Kurzurlaub, in den Sie in einer halben Stunde aufbrechen.
   Buchungssatz

| Privatentnahme | 500,00 € | an | Kasse | 500,00 € |

Sie erteilen Ihrer Bank einen Dauerauftrag für die Überweisung der Garagenmiete von 50 € pro Monat, in der Sie Ihr Lieblingshobby, einen VW Bully T1 untergebracht haben.
   Buchungssatz (in diesem Fall jeden Monat)

| Privatentnahme | 50,00 € | an | Bank | 50,00 € |

◀

▷   **Achtung!** Private Geldentnahmen sind nie umsatzsteuerpflichtig! Das unterscheidet diese Form der Privatentnahme von den anderen Formen der Privatentnahme.

Bei der Sachentnahme benötigen wir einen weiteren Kostenbegriff: die Wiederbeschaffungskosten. Diese brauchen einen so genannten beizulegenden Teilwert, d. h.: Was kostet die entnommene Sache aktuell am Markt? Dann wird die entnommene Sache derart behandelt, als würde sie dem Entnehmenden zu Wiederbeschaffungskosten verkauft. Sofern keine Umsatzsteuerpflicht besteht, ist zu dieser Thematik nichts weiter zu beachten. Wurde aber für die entnommene Sache aber Vorsteuer gezahlt (und verbucht), wird auch bei Privatentnahme Umsatzsteuer (USt.) fällig. Bei Wirtschaftsgütern des Umlaufvermögens ist gegebenenfalls der entsprechende Aufwand zu korrigieren, wenn die Wiederbeschaffungskosten unter dem Buchwert liegt (außerordentliche Abschreibung). Da wir das jedoch nach dem strengen Niederstwertprinzip beim Umlaufvermögen ohnehin mach müssen, ist das kein außergewöhnliches Vorgehen.

> **Beispiel**
>
> Sie führen eine Boutique für Damenoberbekleidung und schenken einer Freundin zum Geburtstag eine Jacke, von der diese schon seit langem schwärmt. Der Einkaufspreis der Jacke lag bei 150 €.
>
> a Beim Großhändler kostet die Jacke aktuell 180 € (netto).
> Die Wiederbeschaffungskosten liegen über den Anschaffungskosten, so dass keine Wertkorrektur notwendig ist.
> Buchungssatz

Privatentnahme	214,20 €	an	Unentgeltliche Entnahme	180,00 €
			USt.	24,20 €

> 1 Beim Großhändler kostet die Jacke aktuell 100 € (netto).
> Die Wiederbeschaffungskosten liegen unter den Anschaffungskosten, so dass eine Wertkorrektur im Sinne des Niederstwertprinzip zu buchen ist.
> Buchungssatz

Außerordentliche Abschreibung	50,00 €	an	Warenlager	50,00 €
Privatentnahme	119,00 €	an	Unentgeltliche Entnahme	100,00 €
			USt.	19,00 €

◄

Wird ein Vermögensgegenstand aus dem Anlagevermögen entnommen, ist dieser Vorgang wie ein Anlagenverkauf zu behandeln.

> **Beispiel**
>
> Ihr Lebenspartner bekommt von Ihnen einen Laptop geschenkt, der vor zwei Jahren für Ihr Unternehmen zu 1.800 € (netto) angeschafft wurde. Der Buchwert beträgt durch die lineare Abschreibung noch 600 €. Im Gebrauchthandel ist das Gerät für 750 € brutto zu bekommen.
> Der Bruttoteilwert von 750 € entspricht bei einem USt.-Satz von 19 % einem Nettoteilwert von 630,25 €. Damit liegen die Wiederbeschaffungskosten über dem Buchwert, so dass keine Wertkorrektur notwendig ist.
> Buchungssatz

Abgang Anlagevermögen	600,00 €	an	BGA	600,00 €
Privatentnahme	750,00 €	an	Unentgeltliche Entnahme	630,25 €
			USt.	119,75 €

◄

Bei der Nutzungsentnahme geht es um die private Nutzung von geschäftlich angeschafften Gegenständen. Das können beispielsweise Firmenwagen, Computer, Telefon, Handy oder auch andere denkbare Vermögensgegenstände sein. Üblicherweise ist die Voraussetzung dafür, dass eine detaillierte Aufzeichnung über die private und geschäftliche Nutzung des Wirtschaftsgutes vorgenommen wird. Bei Fahrzeugen kann das ein Fahrtenbuch sein, für die es sogar Formularbücher gibt, die – sofern sie richtig und vollständig geführt werden – auch problemlos vom Finanzamt anerkannt werden. Da die private Nutzung eines Firmenfahrzeugs den wohl am weitesten verbreiteten Sachverhalt einer Nutzungsentnahme darstellt, hat der Gesetzgeber speziell hierfür sogar eine Sonderregelung erlassen, welche das Führen eines Fahrtenbuches – was die Mitarbeiter oft nur ungern und leider oft auch nur unvollständig machen – obsolet werden lassen: die Ein-Prozent-Regel.

Exkurs: Die Ein-Prozent-Regel bei Firmenwagen

Die Abrechnung der privaten Nutzung eines Firmenfahrzeugs nach der Ein-Prozent-Regel setzt voraus, dass das Fahrzeug zu mehr als 50 % betrieblich genutzt wird und geht vom Bruttolistenpreis des Fahrzeugs zuzüglich Sonderausstattung (inkl. USt.) zum Zeitpunkt der Anschaffung aus. Erhaltene Rabatte, Skonti oder sonstige Anschaffungspreisminderungen sind dabei völlig ohne Belang. Das bedeutet, wenn Sie in Ihrem eigenen Unternehmen gedenken, einen Firmenwagen anzuschaffen, und die private Nutzung nach der Ein-Prozent-Regel abzurechnen, sollten Sie die Preisliste des Herstellers zum Zeitpunkt der Anschaffung aufbewahren. Außerdem müssen Sie darlegen, wie viele Nutzungsmonate pro Geschäftsjahr das Fahrzeug von Ihnen genutzt wird. Nur in seltenen Fällen, wie beispielsweise einer länger dauernden Erkrankung, wird die Zahl der Monate von der Zahl der Kalendermonate pro Jahr abweichen. Wenn Sie keinen Einzelnachweis über die USt.-pflichtigen und USt.-freien Anteile der Aufwendungen für das Fahrzeug führen möchten, können Sie pauschal 80 % der Privatentnahme als USt.-pflichtig und 20 % als USt.-frei verbuchen.

Beispiel

Sie fahren als Firmeninhaberin eine Mercedes E-Klasse, die mit allen von Ihnen gewünschten Extras einen Bruttolistenpreis von 73.000 € hatte. Als gute, langjährige Kundin haben sie von der Mercedes-Niederlassung einen Rabatt von 15 % auf den Nettopreis bekommen. Sie nutzen den Wagen ganzjährig.

Für die Verbuchung der Privatentnahme interessiert uns der Rabatt nicht. Wir kalkulieren 1 % des Bruttolistenpreises mit 730 € pro Monat bzw. 8.760 € pro Jahr. 80 % (7.008 €) davon sind Nutzungsentnahme mit USt., 20 % (1.752 €) davon sind Nutzungsentnahme ohne Umsatzsteuer (beispielsweise Kfz-Steuer).

Damit lautet die Buchung für die Privatentnahme bei einer einmaligen Buchung pro Geschäftsjahr:

Buchungssatz

Privatentnahme	8.760,00 €	an	Nutzungsentnahme (USt.-pflichtig)	5.889,08 €
			USt.	1.118,92 €
			Nutzungsentnahme (USt.-frei)	1.752,00 €

◀

▶ **Achtung!** Die Verbuchung der Nutzung eines Firmenfahrzeugs als Privatentnahme ist nicht gleichbedeutend mit der kompletten steuerlichen Behandlung dieses Sachverhaltes als so genannter geldwerter Vorteil bei einem
Arbeitnehmer. Hierbei wären dann zusätzlich noch die Strecke zwischen Wohnung und Arbeitsstätte zu berücksichtigen, und die so erhaltene Nutzungs-
berechtigung unterläge der Einkommensteuer. Wir werden auf diese Thematik
bei den Personalbuchungen eingehen.

Bei der Leistungsentnahme geht es um die „Nutzung" von Arbeitnehmern des Unternehmens für private Zwecke des Unternehmers. Das kann beispielsweise der Bau einer
Gartenhütte im Privatgarten eines Schreiners durch seine Gesellen sein oder auch die Reparatur einer defekten Zylinderkopfdichtung am Lieblingsoldtimer eines Inhabers einer
freien Werkstatt durch seinen Azubi im dritten Lehrjahr. Wir wollen das an einem konkreten Beispiel erläutern.

Beispiel

In Ihrem Betrieb bilden Sie junge Menschen zum Feinmechaniker aus. Den jüngs-
ten davon haben Sie beim Schwänzen der Berufsschule erwischt. Als pädagogische
Disziplinierungsmaßnahme verdonnern Sie ihn zur Reinigung der Terrasse in Ihrem
Privathaus, womit er drei Stunden beschäftigt ist. Ein ausgebildeter Feinmechaniker-
geselle startet im ersten Berufsjahr mit einem Stundenlohn von 14,16 €, und ein
Azubi im ersten Lehrjahr wird üblicherweise mit 45 % des Gesellensatzes verrechnet.
Für einen Azubi im zweiten Lehrjahr werden üblicherweise 55 %, für einen im dritten
Lehrjahr 75 % des Gesellensatzes verrechnet. Damit errechnet sich der Nettowert der
Leistungsentnahme in diesem Beispiel als:

$$\text{Nettoentnahme} = 3 \text{ h} \cdot 14,16 € \cdot 0,45 = 19,12 €$$

Damit kann die Leistungsentnahme folgendermaßen gebucht werden:
Buchungssatz

Privatentnahme	22,75 €	an	Leistungsentnahme mit USt.	19,12 €
			USt.	3,63 €

◀

Aber seien wir mal ehrlich: Welcher Handwerker würde, nur weil er einem Azubi drei
Stunden Strafarbeit fürs Berufsschule schwänzen aufbrummt, eine Leistungsentnahme
buchen? Hier sollten wir realistisch bleiben und im Hinterkopf behalten, dass das gezeigte Vorgehen zwar nach den Regeln der Buchführung richtig wäre, allerdings in der
Form überhaupt nicht praxisrelevant, denn 19,12 € mehr oder weniger in der GuV machen den Kohl nicht fett. Hat die Leistungsentnahme allerdings einen größeren Umfang,
wie bei dem oben angesprochenen Bau einer Gartenhütte oder der Motorreparatur, so
dass eventuell sogar mehrere Leute über einen längeren Zeitraum damit beschäftigt sind,
wäre es auch im Sinne des Betriebsinhabers, die Leistungsentnahme richtig zu buchen,
um das betriebliche Ergebnis nicht nachhaltig zu verfälschen.

7.5   Produktions- und Warenwirtschaft

Wenn wir in diesem Abschnitt und die Begrifflichkeiten Warenwirtschaft und die
Produktionswirtschaft unterscheiden, so sollte Ihnen klar sein, dass diese Trennung in
der Praxis deutliche Überschneidungen aufweist. Reine Handelsunternehmen gibt es
zwar nach wie vor in einer großen Zahl, und gerade das Medium Internet lässt in diesem Bereich ein großes Wachstum zu. Produktionsunternehmen kommen aber auch nicht
ohne Aktivitäten der Warenwirtschaft aus: Roh-, Hilfs- und Betriebsstoffe müssen eingekauft werden, bevor der Produktionsbetrieb sie verarbeiten und sein neues Zwischen-
oder Endprodukt herstellen kann, das dann wieder in den Vertrieb geht, also verkauft
wird.

Exkurs: Roh-, Hilfs- und Betriebsstoffe
Roh -, Hilfs- und Betriebsstoffe (RHB) werden in der Produktion benötigt. Sie können die drei
Stoffgruppen einfach unterscheiden:

- Rohstoffe sind elementarer Bestandteil Ihres Endproduktes, beispielsweise Stahlbleche in der
  Automobilproduktion oder Holz in einer Möbelfabrik,
- Hilfsstoffe sind nicht elementarer Bestandteil Ihres Endproduktes, beispielsweise die Rad-
  kappen in der Automobilproduktion oder Holzdübel, Nägel und Schrauben in einer Möbelfabrik,

- Betriebsstoffe sind gar kein Bestandteil Ihres Endproduktes, werden aber dennoch für die Produktion benötigt, beispielsweise Schmierstoffe für die in der Produktion eingesetzten Maschinen und Geräte.

Wenn wir einkaufen, gleich ob wir Waren für unser Handelsgeschäft oder RHB für unsere Produktion einkaufen, müssen wir Umsatzsteuer bezahlen, die wir als Vorsteuer verbuchen können (vgl. Abschn. 7.3.1).

Beispiel

Wir kaufen für unseren Supermarkt drei Paletten Äpfel (à 200 €), zwei Paletten H-Milch (à 180 €) und 50 Kisten Bier (à 6 €) ein.
   Nebenrechnung: $3 \cdot 200 € + 2 \cdot 180 € + 50 \cdot 6 € = 1.200 €$
   Buchungssatz

Waren	1.260,00 €	an	Verbindlichkeiten aus LuL	1.384,20 €
VSt.	124,20 €			

◀

▶   **Achtung!** Achten Sie darauf, welche USt.-Satz anzuwenden ist. Das Obst und die Milch in dem gewählten Beispiel werden mit 7 % USt. belastet, das Bier hingegen mit 19 %. Für Details hierzu hilft Ihnen die Anlage 2 des UStG.

Beispiel

Wir kaufen für unsere Handyproduktion Kobalt, Zinn, Tantal, Wolfram und Gold im Gesamtwert von 330.000 € bei einem deutschen Zwischenhändler ein, so dass wir keine Zölle oder EUSt. verbuchen müssen (ein Beispiel für die Verbuchung von Zöllen und EUSt finden Sie unter Abschn. 7.3.3).
   Buchungssatz

RHB	330.000,00 €	an	Verbindlichkeiten aus LuL	392.700,00 €
VSt.	62.700,00 €			

Wenn wir verkaufen, müssen wir unseren Kunden die USt. in Rechnung stellen (vgl. Abschn. 7.3.1).

◀

▷ **Achtung!** Bitte beachten Sie, dass die verkauften Handys natürlich nicht nur aus den eingekauften RHB Kobalt, Zinn, Tantal, Wolfram und Gold bestehen, sondern dass auch andere Rohstoffe wie Plastik, Glas etc. dazu gehörend und analog zu verbuchen sind. Die Verkürzung im Beispiel diente nur der Veranschaulichung des Vorgangs.

Beispiel

Unser Supermarkteinkauf hat genau das richtige Gespür für die Kundenwünsche gehabt, denn die Äpfel gingen für 1.200 €, die Milch für 590 € und das Bier für 550 € komplett weg.
Buchungssatz

Kasse	2.569,80 €	an	Umsatzerlöse	2.340,00 €
			USt.	229,80 €

◀

▷ **Achtung!** Achten Sie auch im Verkauf auf die adäquaten USt.-Sätze.

Beispiel

Wir verkaufen als Hersteller von Mobiltelefonen 5.000 Handys an eine große Einzelhandelskette zum Stückpreis von 223 €.
Buchungssatz

Forderungen aus LuL	1.326.850,00 €	an	Umsatzerlöse	1.115.000,00 €
			USt.	211.850,00 €

◄

7.5.1 Erfolgswirksame Waren- und Materialverbuchung

Bis zu diesem Punkt unterscheidet sich unser Einkauf und Verkauf nicht von den Grundlagen zur Umsatzsteuer. „Dazwischen" passiert aber genau das, womit unsere Unternehmen Geld verdienen wollen. Wir müssen unseren Einkauf erfolgswirksam verbuchen, um den erzielten Umsatzerlösen die passenden Aufwendungen gegenüber stellen zu können, um so für den Jahresabschluss einen Gewinn ermitteln zu können.

Beispiel

In unserem Supermarktbeispiel sind wir davon ausgegangen, dass der komplette vorherige Wareneinkauf verkauft wurde.
Buchungssatz

Wareneinsatz	1.260,00 €	an	Waren	1.260,00 €

Das heißt wir buchen die Waren aus dem Lager bzw. aus unserem Verkaufsraum aus und verbuchen dafür den entsprechenden Betrag an Wareneinsatz erfolgswirksam. Hätten wir sonst keine Geschäftsvorfälle, würden wir unsere Erfolgskonten in die GuV abschließen.

Soll	Waren	Haben	Soll	Wareneinsatz	Haben	Soll	Umsatzerlöse	Haben
Anfangsbestand	1.260,00 €	Wareneinsatz 1.260,00 €	Waren	1.260,00 €	Abschlusssaldo 1.260,00 €	Abschlusssaldo	2.340,00 €	Kasse 2.340,00 €

Soll	GuV	Haben
Wareneinsatz	1.260,00 €	Umsatzerlöse 2.340,00 €
Abschlusssaldo	1.080,00 €	
	2.340,00 €	2.340,00 €

Gehen wir hingegen im zweiten Beispiel davon aus, dass nur 40 % der eingekauften RHB gebraucht wurden, um die ausgelieferten Handys zu produzieren, so buchen wir:

Buchungssatz

RHB-Aufwand	132.000,00 €	an	RHB	132.000,00 €

Die restlichen 60 % der RHB bleiben aufwandsneutral im Lager. Hätten wir sonst
keine Geschäftsvorfälle, würden wir unsere Erfolgskonten in die GuV abschließen.

Soll	RHB	Haben	Soll	RHB-Aufwand	Haben	Soll	Umsatzerlöse	Haben
Anfangsbestand	330.000,00 € RHB-Aufwand	132.000,00 €	RHB	132.000,00 € Abschlusssaldo	132.000,00 €	Abschlusssaldo 1.115.000,00 € Forderungen	1.115.000,00 €	
	Abschlusssaldo	198.000,00 €						

Soll	GuV	Haben
RHB-Aufwand	132.000,00 € Umsatzerlöse	1.115.000,00 €
Abschlusssaldo	983.000,00 €	
	1.115.000,00 €	1.115.000,00 €

◄

Die exakte Erfassung der Handelswaren oder auch der Rohstoffe bringt uns zu einem
Thema zurück, das wir schon dargestellt haben: die Inventur. Eine Erfassung des
Materialverbrauches kann dadurch erfolgen, dass, ausgehend von einem Anfangsbestand,
der durch die letztjährige Inventur ermittelt wurde, Waren- oder Werkstoffeinkäufe dazu
addiert werden und der Schlussbestand, der in der aktuellen Inventur zu ermitteln ist,
subtrahiert wird (vgl. Abb. 7.7).

Wir haben in den obigen Beispielen eine vereinfachte Verbuchung als „Waren" bzw.
„RHB" vorgenommen. Handelt Ihr Unternehmen mit vielen Produkten bzw. verarbeitet
Ihr Unternehmen viele Roh-, Hilfs- und Betriebsstoffe, so kann es im Sinne des GoB der
Klarheit – vor allem aber für Ihren eigenen Überblick – sinnvoll sein, mit Unterkonten
zu arbeiten. Wie weit diese Untergliederung für Ihren Geschäftsbetrieb sinnvoll ist, liegt
dann in Ihrer Hand. So könnten Sie im Supermarktbeispiel Unterkonten „Obst", „Milch-
erzeugnisse" und „alkoholische Getränke" führen, im Beispiel des Handyherstellers
könnten Sie „Rohstoffe", „Hilfsstoffe" und „Betriebsstoffe" getrennt führen oder gar
nach einzelnen Rohstoffen aufgliedern.

Eine Alternative zu der oben angeführten Inventurmethode zur Ermittlung des Ver-
brauchs an Handelswaren oder RHB ist die laufende Fortschreibung, auch Skontraktionsmethode genannt. Dabei ermittelt sich der Verbrauch durch die Erfassung der Lager-
abgänge. Das setzt allerdings eine exakt geführte Lagerbuchhaltung mit entweder händisch oder EDV-gestützten Lagerkarten bzw. Entnahmescheinen voraus. Schwund durch
Verderben oder Verdunsten oder auch durch Diebstahl kann die Skontraktionsmethode
nicht erfassen. Sie ermittelt lediglich Soll-Buchwerte für den Lagerbestand, die per Inventur mit dem Ist-Bestand abzugleichen sind.

Abb. 7.7 Inventurmethode
zur Verbrauchsermittlung

	Anfangsbestand im Lager	(letzte Inventur)
+	Zugänge	(Eingangsrechnungen)
-	Schlussbestand im Lager	(aktuelle Inventur)
=	Verbrauch	(Verbuchung als Aufwand)

7.5.2 Bezugskalkulation

Wir haben unter Abschn. 6.1 bereits die Ermittlung der handels- und steuerrechtlichen Anschaffungskosten dargestellt. Darauf aufbauend wollen wir nun den Teil den Handelskalkulationsschemas genauer betrachten, der uns als Einkäufer betrifft, also die Bezugskalkulation. Typische Nachlässe für uns als Einkäufer sind vom Verkäufer gewährte Rabatte oder Skonti. Anschaffungsnebenkosten können Frachtkosten für einen Lkw-, Bahn-, Flugzeug- oder Schiffstransport sein, Porto, sofern wir einen Paketdienst in Anspruch nehmen, Ver- oder Umladekosten, Lagerkosten, Verpackungskosten, Versicherungsprämien und gegebenenfalls auch Vermittlungskosten, wenn wir die Dienste eines Vertreters oder Maklers genutzt haben.

Damit können wir ein Bezugspreiskalkulationsschema aufstellen (vgl. Abb. 7.8).

Beispiel

Ein Handelsunternehmen kauft 1000 kg Bleche ein, die einen Bruttolistenpreis von 1200 € haben. Der Lieferant räumt einen Rabatt von 10 % ein und bietet ein Skonto von 2 % bei Zahlung binnen einer Woche. An Bezugskosten muss das Unternehmen 300 € netto aufwenden.

	Bruttolistenpreis	1.200,00 €
-	Umsatzsteuer	191,60 €
=	Nettolistenpreis	1.008,40 €
-	Rabatte	100,84 €
=	Zieleinkaufspreis	907,56 €
-	Skonto	18,15 €
=	Bareinkaufspreis	889,41 €
+	Bezugskosten	300,00 €
=	Einstandspreis oder Bezugspreis	1.189,41 €

◄

Abb. 7.8 Bezugspreiskalkulation

	Bruttolistenpreis
-	Umsatzsteuer
=	Nettolistenpreis
-	Rabatte
=	Zieleinkaufspreis
-	Skonto
=	Bareinkaufspreis
+	Bezugskosten
=	Einstandspreis oder Bezugspreis

Dieser Bezugspreis ist als Anschaffungskosten zu verwenden, um die Bleche in der Bilanz als Bestand und bei einer späteren Produktion als Aufwand zu verbuchen.

Enthält eine Eingangsrechnung mehrere Waren oder Materialien, so sind die Bezugskosten verursachungsgerecht aufzuteilen. Als Kriterien dafür haben sich das Gewicht und der Wert der Güter etabliert. Dementsprechend wird auch zwischen Gewichtsspesen und Wertspesen unterschieden (vgl. Abb. 7.9).

7.5.3 Rücksendungen und nachträgliche Preisnachlässe

Im täglichen Geschäftsbetrieb werden Sie auch immer wieder mit Rücksendungen und nachträglichen Preisnachlässen zu tun haben. So werden Sie beispielsweise Lieferungen an Handelswaren oder Rohstoffen, die nicht die bestellte Qualität aufweisen oder die in irgendeiner Form beschädigt sind, an den Lieferanten zurück gehen lassen. Hier ist eine einfach Rückbuchung bzw. Korrekturbuchung notwendig. Oder aber Sie haben mit Lieferanten oder Kunden ein Bonussystem vereinbart, das Preisnachlässe vorsieht, wenn Sie bei Ihrem Lieferanten eine bestimmte Umsatzschwelle überschreiten bzw. wenn Ihre Kunden eine vereinbarte Umsatzschwelle überschreiten. Auch hier ist eine Korrekturbuchung notwendig. Diese Thematik lässt sich wieder am einfachsten an praktischen Beispielen darstellen.

Beispiel

Sie kaufen als Möbelhersteller bei einem Sägewerk mehrere Kubikmeter verschiedener Hölzer in bester Qualität zum Preis von 28.000 € netto auf Ziel. In der Werkstatt stellt sich heraus, dass 10 % der gelieferten Bretter Astlöcher aufweisen und daher nicht in die besprochene Qualitätskategorie einzuordnen sind. Eine anderweitige Verwendung für billigere Möbel kommt bei Ihnen aus geschäftsstrategischen Gründen nicht in Frage. Daher senden Sie die qualitativ minderwertige Ware an das Sägewerk zurück.

Buchungssatz bei Lieferung

Rohstoffe	28.000,00 €	an	Verbindlichkeiten aus LuL	33.320,00 €
VSt.	5.320,00 €			

Gewichtspesen	Wertspesen
Porto	Verpackung
Frachtgebühren (Lkw, Bahn, Schiff, Flugzeug)	Versicherung
Verlade-, Umlade- und Lagerkosten	Provisionen & Gebühren

Abb. 7.9 Gewicht- und Wertspesen

bei Rücksendung

Verbindlichkeiten aus LuL	3.332,00 €	an	Rohstoffe	2.800,00 €
			VSt.	532,00 €

◀

▶ **Achtung!** Bei Rücksendungen ist die zuvor gebuchte VSt. anteilig zu korrigieren.

Der umgekehrte Fall tritt ein, wenn Sie als Lieferant auftreten und Ihre Kunden Waren zurücksenden.

Beispiel

Sie betreiben einen Online-Handel für Designerschmuck. Eine Kundin hat bei Ihnen ein Paar Ohrringe aus Titan mit einem Edelstein für 2314 € netto bestellt, nutzt aber ihr Rückgaberecht und sendet die Ware nach 10 Tagen wieder zurück.

Buchungssatz bei Versand

Forderungen aus LuL	2.753,66 €	an	Umsatzerlöse	2.314,00 €
			USt.	4.39,66 €

bei Rücksendung

Umsatzerlöse	2.314,00 €	an	Forderungen aus LuL	2.753,66 €
USt.	4.39,66 €			

◀

Kommt es zu nachträglichen Preisnachlässen, so ist buchungstechnisch ähnlich, allerdings differenzierter zu verfahren.

Beispiel

Sie bestellen als Möbelhersteller bei einem neuen Lieferanten eine Palette Spax-Schrauben verschiedener Größen zum Angebotspreis von 880 € netto. Aus der Produktion erhalten Sie die Rückmeldung, dass in etwa bei 5 % aller Schrauben die Schraubenköpfe so schlecht verarbeitet sind, dass sie weder von Hand und schon gar nicht mit dem Akkuschrauber einsetzbar sind. Sie platzieren eine entsprechende Mängelrüge bei dem Lieferanten, der Ihnen daraufhin einen Preisnachlass von 8 % einräumt, den Sie akzeptieren.

Buchungssatz bei Lieferung

Hilfsstoffe	880,00 €	an	Verbindlichkeiten aus LuL	1.047,20 €
VSt.	167,20 €			

Korrekturbuchung

Verbindlichkeiten aus LuL	83,78 €	an	Nachlässe für Hilfsstoffe	70,40 €
			VSt.	13,38 €

Umbuchung am Ende des Berichtszeitraumes

Nachlässe für Hilfsstoffe	70,40 €	an	Hilfsstoffe	70,40 €

►   **Achtung!** Auch bei einem nachträglichen Preisnachlass ist die VSt. anteilig
zu korrigieren. Zudem verändert der nachträgliche Preisnachlass die handels-
und steuerrechtlichen Anschaffungskosten.

Die im Beispiel dargestellte Methode nennt sich Nettomethode, weil der Nettobetrag als Nachlass gebucht und die VSt. sofort korrigiert wird. Die Bruttomethode, die ebenso zu-

lässig ist, verbucht den Nachlass inkl. USt. und korrigiert erst am Ende des Berichtszeitraumes die VSt.

Beispiel

Korrekturbuchung

Verbindlichkeiten aus LuL	83,78 €	an	Nachlässe für Hilfsstoffe	83,78 €

am Ende des Berichtszeitraumes

Nachlässe für Hilfsstoffe	83,78 €	an	VSt.	13,38 €
		an	Hilfsstoffe	70,40 €

◄

Skontobuchungen haben wir in vorangegangenen Beispielen bereits vorgenommen. Wir
haben dort immer die Nettomethode verwendet. Aber auch bei Skontobuchungen ist es
möglich, die Bruttomethode zu verwenden und eine Korrektur der VSt. erst am Ende der
Abrechnungsperiode vorzunehmen.

▶   **Achtung!** Seien Sie sich gewahr, dass die Abrechnungsperiode für die USt.
typischerweise eine andere ist als Ihr Geschäftsjahr. Überschreiten Sie bestimmte Grenzen bei der Zahllast im Vorjahr, ist eine vierteljährliche oder
sogar eine monatliche USt.-Voranmeldung erforderlich (vgl. Abschn. 7.3.1).

Auch hier wird in dem Fall, in dem Sie der Lieferant der Ware oder der Dienstleistung
sind, analog verfahren.

Beispiel

Sie haben einen Betrieb für Landschaftsgärtnerei und legen für einen Kunden einen
2.500 m² großen Garten komplett neu an. Dafür haben Sie mit ihm einen Festpreis
von 12.000 € brutto vereinbart, der Kunde zahlt sofort nach Fertigstellung. Nach drei

Monaten klagt Ihnen Ihr Kunde sein Leid, dass der kanadische Ahornbaum, den Sie gepflanzt haben, eingegangen ist. Da nicht nachvollziehbar ist, ob das daran lag, dass der Kunde zu wenig gewässert hat oder daran, dass der Baum vielleicht krank war, bieten Sie dem Kunden, der schon lange zu Ihrer Stammkundschaft gehört und der Sie auch immer weiterempfohlen hat, einen nachträglichen Preisnachlass von 800 € auf den vereinbarten Bruttopreis an, was der Kunde gerne akzeptiert. Sie überweisen den Betrag.

Buchungssatz bei Leistungsübergabe

Bank	12.000,00 €	an	Umsatzerlöse	10.084,03 €
			USt.	1.915,67 €

bei Mängelrüge des Kunden

Erlösberichtigungen	672,27 €	an	Bank	800,00 €
USt.	127,73 €			

Auch in diesem Fall ist sowohl die gezeigte Nettomethode als auch die Bruttomethode zulässig.

Sowohl im B2B- als auch im B2C-Geschäft sind Boni beim Erreichen bestimmter Umsatzschwellen gängige Praxis. Auch das sind nachträgliche Preisnachlässe, die bei Eintritt des Sachverhaltes eine Korrektur der ursprünglichen Buchung erfordern.

Beispiel

Ein Großhändler für Damenoberbekleidung vereinbart mit einem seiner Kunden eine Rabattstaffel (jeweils Nettoangaben):

- bei Überschreiten eines Jahresumsatzes von 100.000 € 2 % auf den gesamten Umsatz
- bei Überschreiten eines Jahresumsatzes von 250.000 € 3 % auf den gesamten Umsatz
- bei Überschreiten eines Jahresumsatzes von 500.000 € 5 % auf den gesamten Umsatz.

Eine entsprechende Gutschrift erfolgt am Jahresende.

Der Kunde platziert während des Jahres Bestellungen zu folgenden Nettopreisen, die der Kunde jeweils per Überweisung begleicht:

1   70.000 €
2   40.000 €
3   110.000 €
4   90.000 €
5   120.000 €

Damit wird die erste Rabattstaffel mit der Bestellung vom 15.03. erreicht, die zweite mit der Bestellung vom 17.09., die dritte Rabattstaffel greift im betrachteten Kalenderjahr nicht.

◄

▶   **Achtung!** Wenn Sie eine Rabattstaffel nach dem obigen Beispiel vorliegen haben, achten Sie darauf, dass Sie vorher schon einmal korrigiert haben und nicht doppelt korrigieren.

Beispiel

Datum	Umsatz	Kumulierter Umsatz	Rabattsatz	Rabatt absolut
20.02.	70.000 €	70.000 €	–	
15.03.	40.000 €	110.000 €	2 %	2.200 €
03.06.	110.000 €	220.000 €	2 %	2.200 €
17.09.	90.000 €	310.000 €	3 %	4.900 €
11.11.	120.000 €	430.000 €	3 %	3.600 €

Im obigen Beispiel bedeutet das, dass der 2 %-Rabatt am 03.06. nur auf den neu hinzukommenden Umsatz zu beziehen ist, der vorherige kumulierte Umsatz wird nicht berührt. Am 17.09. sind die 3 % ebenfalls nur auf den neu hinzukommenden Umsatz zu beziehen, der kumulierte Umsatz von 220.000 € ist dann nur noch um

$(3\ \% - 2\ \%) = 1\ \%$ zu korrigieren. Am 11.11. ist wiederum nur der neu hinzu-
kommende Umsatz von 120.000 € um 3 % zu korrigieren.

Buchungssatz

20.02.

Bank	83.300,00 €	an	Umsatzerlöse	70.000,00 €
			USt.	13.300,00 €

15.03.

Bank	47.600,00 €	an	Umsatzerlöse	40.000,00 €
			USt.	7.600,00 €
Erlösberichtigungen	2.200,00 €	an	Kundenverbindlichkeiten	2.618,00 €
USt.	4.18,00 €			

03.06.

Bank	130.900,00 €	an	Umsatzerlöse	110.000,00 €
			USt.	20.900,00 €
Erlösberichtigungen	2200,00 €	an	Kundenverbindlichkeiten	2.618,00 €
USt.	418,00 €			

17.09.

Bank	107.100,00 €	an	Umsatzerlöse	90.000,00 €
			USt.	17.100,00 €
Erlösberichtigungen	4.900,00 €	an	Kundenverbindlichkeiten	5.831,00 €
USt.	931,00 €			

11.11.

Bank	142.800,00 €	an	Umsatzerlöse	120.000,00 €
			USt.	22.800,00 €
Erlösberichtigungen	3.600,00 €	an	Kundenverbindlichkeiten	4.284,00 €
USt.	684,00 €			

31.12.

Kundenverbindlichkeiten	15.351,00 €	an	Bank	15.351,00 €

◄

Bitte beachten Sie, dass diese Buchungen speziell auf die getroffene Rabattstaffel zutreffen. Bei anderen Vereinbarungen sind andere Werte zu korrigieren, beispielsweise wenn die Vereinbarung vorsieht, dass Rabatte nur für über einer bestimmten Schwelle liegende Umsätze gewährt werden und nicht für den gesamten Umsatz wie im Beispiel. Wird statt einer Gutschrift per Überweisung am Jahresende direkt eine Verrechnung mit den Umsatzerlösen bei neuen Bestellungen vorgenommen, so sind die Umsatzerlöse entsprechend zu korrigieren. In jedem Fall muss die USt. korrigiert werden, wobei sowohl das im Beispiel verwendete Nettoverfahren als auch das Bruttoverfahren zulässig sind.

7.5.4 Verkaufskalkulation

Ausgehend von dem unter Abschn. 7.5.2 ermittelten Einstands- und Bezugspreis (Anschaffungskosten) für Handelswaren oder den Herstellkosten eines Produktionsunternehmen stellt sich für ein Unternehmen die Frage nach einer adäquaten Preiskalkulation, bei der ebenfalls mögliche Rabatte oder Skonti einzuberechnen sind. Wenn wir als Unternehmen unseren Kunden Skonto und Rabatte gewähren und ggfs. sogar noch Handelsvertreter nutzen, die Provisionen bekommen, dann stellt sich unsere Preiskalkulation wie in Abb. 7.10 dar.

Sind Provisionen, Skonto oder Rabatte in Ihrer jeweiligen Preiskalkulation nicht vorgesehen, so sind diese Positionen mit dem Wert Null anzusetzen.

Handel	**Produktion**
Anschaffungskosten	Herstellkosten
+ Handlungskosten	+ Verwaltungs- und Vertriebsgemeinkosten
= Selbstkosten	= Selbstkosten
+ Gewinn	+ Gewinn
= Barverkaufspreis	= Barverkaufspreis
+ Skonto	+ Skonto
+ Provision	+ Provision
= Zielverkaufspreis	= Zielverkaufspreis
+ Rabatt	+ Rabatt
= Listenverkaufspreis (netto)	= Listenverkaufspreis (netto)
+ Umsatzsteuer	+ Umsatzsteuer
= Bruttolistenpreis	= Bruttolistenpreis

Abb. 7.10 Preiskalkulation

In einem Produktionsunternehmen, das Staubsauger und andere Reinigungsgeräte herstellt und über ein eigenes Vertreternetz vertreibt, soll der neue Staubsaugertyp Troll kalkuliert werden. Die Herstellkosten liegen bei 187,00 €, die Verwaltungs- und Vertriebsgemeinkosten bei 49,54 € je Stück. Der Gewinnzuschlag auf die Selbstkosten liegt bei 30 %. Ein Skonto wird im Privatkundengeschäft des Unternehmens nicht eingeräumt, die Vertreterprovision liegt bei 7,5 %, die Vertreter dürfen einen Rabatt auf den Listenpreis von 8 % einräumen. Daraus ergibt sich folgende Preiskalkulationsschema:

	Herstellkosten	187,00 €
+	Verwaltungs- und Vertriebsgemeinkosten	49,54 €
=	Selbstkosten	236,54 €
+	Gewinn	70,96 €
=	Barverkaufspreis	307,50 €
+	Skonto	-
+	Provision	24,93 €
=	Zielverkaufspreis	332,43 €
+	Rabatt	28,91 €
=	Listenverkaufspreis (netto)	361,34 €
+	Umsatzsteuer	68,65 €
=	Bruttolistenpreis	430,00 €

◄

▶ **Achtung!** Achten Sie bei der Preiskalkulation unbedingt darauf, dass sich das Skonto und die Provision auf den Zielverkaufspreis beziehen und nicht auf den Barverkaufspreis, ebenso wie sich der Rabatt auf den Listenverkaufspreis bezieht und nicht auf den Zielverkaufspreis.

Im obigen Beispiel bedeutet das für den Rechenweg:

Provision = Zielverkaufspreis $\cdot$ 7, 5 % = Barverkaufspreis $\cdot$ 7, 5 % : 92, 5 % = 24, 93€

Rabatt = Listenverkaufspreis $\cdot$ 2 % = Zielverkaufspreis $\cdot$ 2 % : 98 % = 28, 91€

7.6   Personalwirtschaft

Personalbuchungen befassen sich mit dem weiten Feld der Lohn- und Gehaltsbuchhaltung. Diese Thematik ist so umfangreich, dass wir sie hier nur anreißen können. Das ist aber notwendig, damit Ihnen ein grundlegender Einblick in die Systematik möglich ist, denn Sie wollen ja später als leitende Angestellte oder Geschäftsführer oder Unternehmensinhaberinnen unter anderem mit den Informationen aus dem Rechnungswesen Ihr Unternehmen steuern, und Sie wollen auch nicht von Ihrem Buchhalter über den Tisch gezogen werden.

Gehälter werden üblicherweise in einer festen monatlichen Höhe vereinbart. Löhne hingegen sind von der Arbeitsleistung abhängig und können an der geleisteten Arbeitszeit (Stundenlöhne) oder an der produzierten Menge (Akkordlöhne) festgemacht werden. Früher unterschied man Löhne und Gehälter noch durch die Zahlung an Arbeiter bzw. Angestellte. Diese Unterscheidung hat aber durch Tarifverträge stark an Bedeutung verloren. Oft wird dann nur noch von einem Arbeitsentgelt gesprochen.

Exkurs: Was bekommen Sie für Ihre Arbeit und was kosten Sie das Unternehmen?
In Bewerbungsgesprächen werden Sie hin und wieder die Frage gehört haben: „Worin liegt denn der Mehrwert, den Sie unserem Unternehmen bringen?" Um diese Frage richtig beantworten zu können, muss Ihnen erst mal klar sein, was Sie das Unternehmen überhaupt kosten. Der Nettozahlbetrag, den Sie am Ende des Monats auf Ihrem Konto hätten, spielt dabei keine Rolle, denn davon hat Ihr Arbeitgeber dann schon Einkommensteuer (ESt.) und Solidaritätszuschlag ans Finanzamt abgeführt, die Arbeitnehmeranteile zur Sozialversicherung (SV) an die zuständige Krankenversicherung abgeführt und vielleicht auch noch vermögenswirksame Leistungen steuerfrei in die von Ihnen gewählte Anlage einbezahlt. Damit wären wir bei dem Bruttobetrag, mit dem Ihre monatliche Lohn- oder Gehaltsabrechnung startet. Das ist aber noch bei weitem nicht der Betrag, den Sie das Unternehmen kosten, denn zum Bruttoentgelt kommen für den Unternehmer Arbeitgeberanteile zur Sozialversicherung hinzu, er muss für Sie einen Arbeitsplatz einrichten etc.

Abb. 7.11 und 7.12 erläutern die Grundlagen hierzu übersichtlich.

Bruttoentgelt	2024 Berechnung	Obergrenze
- Arbeitnehmer (AN)-Anteile zur		
Gesetzlichen Rentenversicherung (GRV)	9,30%	90.600 € p.a. (alte Bundesländer) 89.400 € p.a. (neue Bundesländer)
Gesetzliche Arbeitslosenversicherung (GAV)	1,30%	wie GRV
Krankenversicherung	Gesetzliche Krankenversicherung (GKV): 7,3 % + Zusatzbeitrag je nach Kasse Private Krankenversicherung: Hälftige Beitragsteilung mit dem Arbeitgeber	62.100 € p.a. max. AG-Anteil wie bei der GKV
Pflegeversicherung	Gesetzliche Pflegeversicherung (GPV): 1,7 %; Zusatzbeitrag von 0,6 % für Kinderlose, Abschläge für Beschäftigte mit mehreren Kindern Private Pflegeversicherung: Hälftige Beitragsteilung mit dem AG	wie GKV max. AG-Anteil wie bei der GPV
- Einkommensteuer	bis max. Grenzsteuersatz von 45 %	
- Solidaritätszuschlag	5,5 % auf die Lohn- oder Einkommensteuer	Freigrenze von 18.130 € p.a.
- Kirchensteuer	8 % auf die Lohn- oder Einkommensteuer in Baden-Württemberg und Bayern 9 % auf die Lohn- oder Einkommensteuer in anderen Bundesländern	
= Nettoentgelt		

Abb. 7.11 Vom Brutto- zum Nettoentgelt

Bruttoentgelt	2024		
	Berechnung		Obergrenze
+ Arbeitgeber (AG)-Anteile zur			
Gesetzlichen Rentenversicherung (GRV)	9,30%		90.600 € p.a. (alte Bundesländer) 89.400 € p.a. (neue Bundesländer)
Gesetzliche Arbeitslosenversicherung (GAV)	1,30%		wie GRV
Krankenversicherung	Gesetzliche Krankenversicherung (GKV): 7,3 % Private Krankenversicherung: Hälftige Beitragsteilung mit dem Arbeitnehmer		62.100 € p.a. max. AG-Anteil wie bei der GKV
Pflegeversicherung	Gesetzliche Pflegeversicherung (GPV): 1,7 % (1,2 % in Sachsen) Private Pflegeversicherung: Hälftige Beitragsteilung mit dem AN		wie GV max. AG-Anteil wie bei der GPV
Gesetzliche Unfallversicherung (GUV)	abhängig von Gefahrenklassen, die für den Betrieb gelten		
+ Insolvenzgeldumlage	0,12 % vom rentenversicherungspflichtigen Bruttoarbeitsentgelt des AN		
+ weitere Umlagen			
+ weitere Kosten der Beschäftigung			
= Kosten des AN für das Unternehmen			

Abb. 7.12 Vom Bruttoentgelt zu den Kosten des AN für das Unternehmen

Die in Abb. 7.12 angesprochenen weiteren Umlagen umfassen beispielsweise Krankenkassenumlagen für die Entgeltfortzahlung bei Betrieben mit bis zu 30 Arbeitnehmer (U1) sowie für Mutterschaftsaufwendungen (U2). Diese sind in den Satzungen der Krankenkassen geregelt und sind vom AG allein zu zahlen.

Um eine Lohn- oder Gehaltsbuchung vornehmen zu können, brauchen wir fünf elementare Angaben:

- Bruttoentgelt
- Nettoentgelt
- AG-Anteile zur SV
- AN-Anteile zur SV
- Steuerbetrag (Lohn- oder ESt., Solidaritätszuschlag und ggfs. Kirchensteuer)

Beispiel

Wir haben einen Angestellten, der monatlich 4000 € brutto verdient. Er hat Lohnsteuerklasse I, keine Kinder und gehört keiner Kirche an. Damit betragen seine Steuerzahlungen 760,82 € pro Monat und da seine Krankenversicherung einen Zusatzbeitrag von 1,1 % erhebt, liegen seine Sozialversicherungsbeiträge bei 827,00 €. Daraus errechnet sich ein Überweisungsbetrag von 2412,18 €. Der Arbeitgeber muss zusätzlich 849,80 € an die SV abführen.

AN			AG		
Bruttoentgelt	4.000,00 €	100 %	Bruttoentgelt	4000,00 €	100,000 %
GRV	372,00 €	9,3 %	GRV	372,00 €	9,350 %
GAV	52,00 €	1,2 %	GAV	52,00 €	1,500 %

AN			AG		
GKV	314,00 €	7,85 %	GKV	314,00 €	7,300 %
GPV	92,00 €	2,3 %	GPV	68,00 €	1,175 %
ESt.	242,33 €	18,029 %	GUV	20,00 €	0,500 %
Soli	0,00 €	0,0 %	Insolvenzumlage	4,80 €	0,120 %
Nettoentgelt	2.908,29 €	61,321 %	weitere Umlagen	52,00 €	1,300 %
			Zusatzkosten	882,80€	21,245 %

Buchungssatz

Entgelt	4.000,00 €	An	Bank	2.908,29 €
			SV-Vorauszahlung	830,00 €
			FB-Verbindlichkeiten	242,33 €
AG-Anteil zur SV	882,80 €	An	SV-Vorauszahlung	882,80 €
FB-Verbindlichkeiten	242,33 €	An	Bank	242,33 €
SV-Vorauszahlungen	1.712,80 €	An	Bank	1.712,80 €

Das Konto „FB-Verbindlichkeiten" ist dabei ein Sammelkonto für Verbindlichkeiten gegenüber Finanzbehörden. ◀

Es ist darauf zu achten, dass bei mehreren Mitarbeitern die Zuständigkeiten für die Abführung der Sozialversicherungsbeiträge nach der jeweils für den Mitarbeiter zuständigen Krankenkasse richtet. Dann empfiehlt es sich, für die verschiedenen Kassen auch verschiedene SV-Vorauszahlungskonten zu führen.

Werden Lohn- und Gehaltspfändungen einbehalten, so sind diese als „übrige sonstige Verbindlichkeiten" zu buchen. Ein Vorschuss hingegen ist wie eine Forderung gegen den jeweiligen Mitarbeiter zu buchen, denn er hat dann ja schon Geld bekommen und hat noch eine Sachleistung, nämlich seine Arbeit, zu erbringen.

Wir haben bereits erwähnt, dass Gehälter typischerweise gleichbleibende monatliche Zahlungen sind, während Löhne von der Arbeitszeit oder von der Produktion abhängen. Die Verbuchung ab dem ermittelten Bruttolohn entspricht dem obigen Beispiel, das wir deshalb auch explizit nicht mit „Bruttogehalt", sondern mit „Bruttoentgelt" gestartet haben. Die Ermittlung des Bruttolohnes hingegen ist davon abhängig, ob ein so genannter Zeitlohn oder ein so genannter Leistungslohn vereinbart wurde.

Zeitlöhne sind vergleichsweise einfach zu berechnen, denn die üblichen Berechnungsgrundlagen dafür sind Stundenlöhne und die erfassten Arbeitsstunden. Gegebenenfalls sind die „normalen" Stundenlöhne um Zuschläge, beispielsweise für bestimmte Schichten (Nacht, Wochenende, Feiertage), zu ergänzen, je nachdem, was im geltenden Tarifvertrag oder einzelvertraglich geregelt ist.

Beispiel

In einem Industriebetrieb arbeitet ein Facharbeiter mit einem Stundenlohn von 21,35 € 168 Stunden im August und 160 Stunden im September. In einem anderen Bereich des gleichen Betriebes arbeitet eine Facharbeiterin bei gleichem Stundenlohn Teilzeit mit 120 Stunden, wovon im August 32 Stunden mit einem Nachtzuschlag von 50 % und 24 Stunden mit einem Wochenendzuschlag von 100 % versehen sind. Im September arbeitet sie 56 Stunden mit Nachtzuschlag und 32 Stunden mit Wochenendzuschlag.

Grundsätzlich errechnen wir den Bruttolohn durch die Multiplikation der erfassten Stunden mit dem gegebenenfalls um Zuschläge korrigierten Stundensatz. Daraus ergeben sich dann folgende Kalkulationen für die beiden Kollegen:

	Stundenlohn	Zuschlagssatz	Zuschlag	Stundenlohn mit Zuschlag	Facharbeiter August/September		Facharbeiterin August		September	
					erfasste Stunden	Zeitlohn	erfasste Stunden	Zeitlohn	erfasste Stunden	Zeitlohn
Nacht	21,35 €	50%	10,68 €	32,03 €			32	1.024,80 €	56	1.793,40 €
Wochenende	21,35 €	100%	21,35 €	42,70 €			24	1.024,80 €	32	1.366,40 €
Normal	21,35 €	0%	0,00 €	21,35 €	168	3.586,80 €	64	1.366,40 €	32	683,20 €
					Bruttolohn	3.586,80 €		3.416,00 €		3.843,00 €

Die Kalkulation verdeutlicht: Durch Zuschläge für bestimmte Zeiten wie Nacht- oder Wochenenddienste kann eine Teilzeitkraft auf einen höheren Bruttolohn kommen als eine Vollzeitkraft, die nur zum normalen Stundenlohn arbeitet. ◄

Im Gegensatz zu den Zeitlöhnen sind die Leistungslöhne von der Produktion oder einer ähnlich gearteten Leistung abhängig. Wir unterscheiden dabei Akkordlöhne und Prämienlöhne.

Mit Prämienlöhnen werden üblicherweise besondere Leistungen anerkannt. So sind Prämienlöhne für einen besonders geringen Ausschuss in der Produktion, für besonders geringen Kraftstoffverbrauch bei der Nutzung von Firmenfahrzeugen, für geringe Stand- oder Rüstzeiten in der Produktion oder auch für eine Mehrproduktion gemessen an einem zuvor festgelegten Ziel denkbar. Dementsprechend unterscheiden wir:

- Qualitätsprämien,
- Ersparnisprämien,
- Nutzungsgradprämien oder
- Mengenprämien.

Diese Aufzählung ist keinesfalls erschöpfend. Ihrer Fantasie bei der Motivation Ihrer Mitarbeiter sind dabei kaum Grenzen gesetzt.

Für Akkordlöhne gilt der einfache Grundsatz: „Je höher die Leistung, desto höher der Lohn". Dieser Grundsatz enthält implizit wichtige Voraussetzungen für einen sinnvollen Einsatz von Akkordlöhnen. So ist es einerseits notwendig, dass einzeln bewertbare und sich wiederholende Arbeitsgänge vorliegen. Das ist bei typischen Fließbandarbeiten der Fall, beispielsweise in der Autoproduktion, wenn jeweils von bestimmten Mitarbeitern oder Gruppen ein Armaturenbrett montiert, Sitze eingebaut oder die „Hochzeit", das ist der Einbau des Motors in den Wagen, durchgeführt wird. Aber auch in einem durch-organisierten Textilbetrieb, in dem Zuschnitte, einzelne Nähte zum Zusammenführen von Stoffbahnen, das Einnähen des Reißverschlusses und die Montage des Knopfes am Ende zur Produktion einer Jeanshose führen. Andererseits ist es für einen sinnvollen Einsatz von Akkordlöhnen aber auch notwendig, dass der Arbeitnehmer durch seinen Arbeitsein-satz das Arbeitsergebnis beeinflussen kann, sprich: Wenn er mehr oder schneller arbeitet, muss auch die Produktion steigen. Bringt ihm schnelleres Arbeiten nur „Leerlauf", bei-spielsweise weil die ihm zuliefernden Kollegen schon an ihrem Leistungslimit sind, kann er das Arbeitsergebnis nicht beeinflussen und ein Akkordlohn macht nicht wirklich Sinn.

Bei den Akkordlöhnen können wir Stückgeld- und Stückzeitakkord unterscheiden. Beim **Stückgeldakkord** brauchen wir einen Stundenlohn, der quasi die „Normalent-lohnung" ist und in der Nomenklatur der Akkordentlohnung **Akkordrichtsatz** genannt wird. Daneben brauchen wir eine so genannte **Normalleistung**, die definiert, wie viel in einer Stunde produziert wird. Je nachdem, was produziert wird, kann die Normal-leistung in „Stück je Stunde", „Liter je Stunde", „Kubikmeter je Stunde" oder auch ande-ren Rechengrößen vorgegeben werden. Ein Textilproduzent würde vermutlich „Reißver-schlüsse pro Stunde" als Einheit der Normalleistung beim Einnähen von Reißverschlüssen in Jeans wählen. Ein chemisches Unternehmen wird je nachdem, ob es beispielsweise Säuren in flüssiger Form oder Industriegase herstellt, als Einheiten der Normalleistung „Liter je Stunde" bzw. „Kubikmeter je Stunde" wählen, während ein Gebäudereiniger wahrscheinlich die Einheit „Quadratmeter je Stunde" für seine Normalleistung wählt.

Aus dem Akkordrichtsatz und der Normalleistung lässt sich dann ein Stückgeld er-rechnen, sprich: wie wird ein produziertes Stück, ein produzierter Liter oder ein ge-reinigter Quadratmeter bei Normalleistung vergütet:

$$\text{Stückgeld} = \text{Akkordrichtsatz} : \text{Normalleistung}$$

Der Bruttolohn eines Arbeitnehmers errechnet sich dann aus der tatsächlichen Produk-tion (in Stücken, Litern, Kubikmetern, Quadratmetern, etc.) und dem Stückgeld:

$$\text{Bruttolohn} = \text{Stückgeld} \cdot \text{Produktion}$$

Beispiel

Der Akkordrichtsatz betrage 21,35 €, die Normalleistung liege bei acht Stück je Stunde. Im abgelaufenen Monat wurden von dem nach Akkord entlohnten Arbeit-nehmer 1385 Stücke gefertigt.

$$\text{Stückgeld} = 21,35\text{€} : 8 \text{ Stück} = 2,66875\text{€}/\text{Stück}$$

$$\text{Bruttolohn} = 2,66785\text{€}/\text{Stuck} \cdot 1385 \text{ Stück} = 3.696,22\text{€}$$

◀

Vergleichen wir dieses Ergebnis mit dem Zeitlohn des Facharbeiters aus dem obigen Beispiel, so stellt sich der Facharbeiter bei gleichem Stundenlohn bzw. Akkordrichtsatz bei der Anwendung des Stückgeldakkords besser, weil er in der Zeit mehr als „normal" produziert.

▶   **Achtung!** Nutzen Sie bei der Berechnung des Stückgeldes immer alle zur Verfügung stehenden Dezimalstellen bzw. nutzen Sie EDV-Unterstützung durch ein Tabellenkalkulationsprogramm, das im Hintergrund mit den exakten Werten rechnet, auch wenn es beispielsweise nur zwei Dezimalstellen ausgibt. Der Hintergrund dieser Warnung sollte verständlich werden, wenn Sie das Stückgeld auf zwei Kommastellen runden. Dann rechnen Sie in diesem Beispiel mit 2,67 €, weiter und erhalten einen Bruttolohn von 3.697,95 €. Da Sie hier aufgerundet haben, wird sich sicherlich kein Mitarbeiter beschweren, aber bei einer entsprechenden Masse an Mitarbeitern geht dieses Aufrunden zu Lasten des Unternehmens. Sollten Sie einmal den umgekehrten Fall haben, bei dem Sie das Stückgeld abrunden (beispielsweise wenn der Akkordrichtsatz bei gleicher Normalleistung nur 21,30 € beträgt), werden Sie wahrscheinlich verwundert sein, wie viele Ihrer Mitarbeiter trotz nur mit Mühe und Not geschaffter Mathematikprüfung in der Berufsschule auf einmal sehr exakt rechnen können und auch kleinste Differenzen bei der Buchhaltung bemerken.

Beim **Stückzeitakkord** benötigen wir ebenfalls die aus dem Stückgeldakkord bekannte Normalleistung. Sie wird hier aber dazu genutzt, eine so genannte **Vorgabezeit** zu kalkulieren, sprich: Wie viele Minuten werden benötigt, um eine Einheit der Leistung zu erstellen. Ob es dabei um Stück, Liter, Kubikmeter oder andere Größeneinheiten geht, ist dabei nicht von Belang:

$$\text{Vorgabezeit} = 60\,\text{Min} : \text{Normalleistung}$$

Auch der Akkordrichtsatz kommt hier wieder zum Einsatz, diesmal aber, um den so genannten **Zeitminutenfaktor**, sprich: einen Minutenlohn, zu errechnen:

$$\text{Zeitminutenfaktor} = \text{Akkordrichtsatz} : 60\,\text{Min}$$

Der Bruttolohn errechnet sich dann als Produkt aus der Produktion, der Vorgabezeit und dem Zeitminutenfaktor:

$$\text{Bruttolohn} = \text{Produktion} \cdot \text{Vorgabezeit} \cdot \text{Zeitminutenfaktor}$$

Beispiel

Wir verwenden die gleichen Angaben wie im obigen Beispiel. Damit errechnet sich die Vorgabezeit und der Zeitminutenfaktor als:

$$\text{Vorgabezeit} = 60 \text{ min} : 8 \text{ Stück} = 7,5 \text{ min /Stück Zeitminutenfaktor}$$
$$= 21,35 € : 60 \text{ min} = 0,35583333333 €/\text{min}$$

Der Bruttolohn errechnet sich dann als:

$$\text{Bruttolohn} = 1385 \text{ Stück} \cdot 7,5 \text{ min /Stück} \cdot (21,35 € : 60 \text{ min}) = 3696,22 €$$
◀

▶ **Achtung!** Auch hier gilt: Runden Sie nicht zu früh oder zu großzügig. Kalkulieren Sie den Bruttolohn mit einem Zeitminutenfaktor von 0,36 €/min, so erhalten Sie 3.739,50 €, über die sich wohl der Mitarbeiter freuen, was aber kumuliert über viele Mitarbeiter eine beträchtliche Belastung des Unternehmens bedeuten würde.

Die exakte Einheitenbezeichnung der einzelnen Terme im Produkt für den Bruttolohn geben Ihnen eine Kontrollmöglichkeit an die Hand: „Stück" bzw. andere bei der Normalleistung und der Produktion verwendete Einheiten kommen einmal im Zähler und einmal im Nenner vor, kürzen sich also raus. Das gleiche gilt für die Zeiteinheit Minuten, so dass am Schluss – so wie es sein soll – ein Währungsbetrag (im Beispiel €) stehen bleibt.

Dass wir bei der Verwendung des Stückzeitakkords zum gleichen Bruttolohn kommen wie bei der Verwendung des Stückgeldakkords kann nicht verwundern, denn wir haben die gleiche Normalleistung, den gleichen Akkordrichtsatz und die gleiche Stückzahl verwendet.

In manchen Unternehmen werden statt Zeitminuten (60er-Einteilung) so genannte **Dezimalminuten** (100er-Einteilung) verwendet. Die Vorgabezeit und der Dezimalminutenfaktor werden dann nach dem Muster kalkuliert:

$$\text{Vorgabezeit dezimal} = 100 \text{ Dezimalminuten} : \text{Normalleistung Dezimalminutenfaktor}$$
$$= \text{Akkordrichtsatz} : 100 \text{ Dezimalminuten}$$

Wir verwenden wieder die Angaben aus unserem obigen Beispiel.

Vorgabezeit $= 100$ min $100 : 8$ Stück $= 12, 5$ min 100/Stück Dezimalminutenfaktor

$= 21, 35€ : 100$ min $100 = 0, 2135€/$ min 100 Bruttolohn

$= 1385$ Stück $\cdot 12, 5$ min 100/Stück $\cdot 0, 2135€/$ min $100 = 3696, 22€$

Auch hier gibt Ihnen die exakte Einheitenbezeichnung der einzelnen Terme bei der Kalkulation des Bruttolohns wieder die oben geschilderte Kontrollmöglichkeit an die Hand. Da wir auch in diesem Beispiel vom gleichen Akkordrichtsatz, der gleichen Normalleistung und der gleichen Produktionsmenge ausgegangen sind, muss die Rechnung natürlich zum gleichen Ergebnis führen wie die Zeitminutenkalkulation oder der Stückgeldakkord.

Ausgehend von den so errechneten Bruttolöhnen ist die Vorgehensweise bei der Verbuchung von Löhnen äquivalent zur Verbuchung von Gehältern. Es kann sich dann allerdings aus Gründen der Vollständigkeit und der Klarheit anbieten, statt einer Verbuchung eines Brutto-„Entgeltes" nach den Konten „Gehalt" und „Lohn" zu differenzieren.

Neben den zeitlich regelmäßigen Lohn- und Gehaltszahlungen fallen in vielen Unternehmen darüber hinaus gehende Zahlungen an, die meist nur einmal pro Jahr zu buchen sind. Darunter fallen beispielsweise das Weihnachtsgeld, das Urlaubsgeld, Jubiläumszuwendungen oder auch Beihilfen zu verschiedenen Anlässen wie Heirat oder Geburt. Solche Zahlungen sind wie die regelmäßigen Lohn- oder Gehaltszahlungen zu behandeln. Unterschiede ergeben sich nur, wenn beispielsweise die Beitragsbemessungsgrenzen der Sozialversicherung überschritten werden. Dann sind darüber hinausgehende Zahlungen für den jeweiligen Zweig der Sozialversicherung beitragsfrei.

▶ **Achtung!** Beitragsbemessungsgrenzen unterscheiden sich nach dem Zweig der Sozialversicherung und nach dem Bundesland, in dem der Arbeitnehmer tätig ist. In der Gesetzlichen Krankenversicherung ist die Beitragsbemessungsgrenze auch nicht identisch mit der Versicherungspflichtgrenze, ab der ein Arbeitnehmer in eine private Krankenversicherung wechseln kann.

Die Beitragsbemessungsgrenzen werden jährlich angepasst und veröffentlicht (vgl. Abb. 7.13). Nutzen Sie (Personal-)Buchhaltungsprogramme, welche regelmäßige Updates erhalten, brauchen Sie sich in der Regel über Veränderungen hierbei keine großen Gedanken zu machen. Buchen Sie aber Ihr Personal händisch oder nutzen Sie eine EDV, die diese Größen nicht automatisiert verwendet, müssen Sie selbst einen Blick auf die Beitragsbemessungsgrenzen haben, sofern Ihre Mitarbeiter bei Ihnen so gut verdienen, dass sie diese überschreiten.

Einen weiteren kritischen Blick sollten Sie auf die so genannten geldwerten Vorteile haben. Geldwerte Vorteile sind Sachbezüge, die den Lohn oder das Gehalt Ihrer Arbeitnehmer erhöhen. Dazu können Dienstwohnungen gehören, die den Mitarbeitern kostenlos oder zu vergünstigten Konditionen überlassen werden, die Nutzung von Dienstfahrzeugen, Firmentelefonen, vergünstigte Mahlzeiten und vieles mehr.

▶ **Achtung!** Die Nutzung eines Firmenwagens durch einen Mitarbeiter hat einen anderen Hintergrund als die Nutzung eines Firmenwagens durch den Firmeninhaber als Privatentnahme (vgl. Abschn. 7.4). Die Privatentnahme war umsatzsteuerpflichtig zu buchen (oder nach der Ein-Prozent-Regel zu 80 % umsatzsteuerpflichtig). Die Nutzung des Firmenwagens durch einen Mitarbeiter stellt einen Sachbezug und damit einen geldwerten Vorteil dar, der bei der Lohn- oder Gehaltsabrechnung bei der Berechnung der Sozialversicherungsbeiträge und der Lohn- oder Einkommensteuer zu berücksichtigen ist.

	West		Ost	
	Monat	Jahr	Monat	Jahr
Rentenversicherung	7.550 €	90.600 €	7.450 €	89.400 €
Arbeitslosenversicherung	7.550 €	90.600 €	7.450 €	89.400 €
Kranken- und Pflegeversicherung	5.175 €	62.100 €	5.175 €	62.100 €

Abb. 7.13 Beitragsbemessungsgrenzen (2024)

Ihr Frankfurter Vertriebsleiter Murat Dzenkis hat ein Bruttogehalt von 4000 €. Er hat Steuerklasse I, gehört keiner Amtskirche an, und Sie stellen ihm einen firmeneigenen Pkw zur freien privaten Nutzung zur Verfügung, der einen Bruttolistenpreis von 42.000 € hat. Herr Dzenkis wohnt 25 km vom Sitz Ihres Unternehmens und nutzt den Firmenwagen auch, um täglich ins Büro und nach Hause zu fahren. Für die Abrechnung verwenden Sie in Absprache mit Herrn Dzenkis die Ein-Prozent-Regel, die in seinem Fall noch um die 0,03-Prozent-Regel für die Fahrten zwischen Wohnung und Arbeitsstätte ergänzt wird. Damit ergibt sich folgende Vorabkalkulation:

$0,01 \cdot 42.000,00$ €	=	420,00 €
$0,0003 \cdot 25 \cdot 42.000,00$ €	=	315,00 €
Monatlicher geldwerter Vorteil aus der Nutzung des Firmenwagens	=	735,00 €

Die im geldwerten Vorteil von 735 € enthaltene Umsatzsteuer von 117,35 € müssen Sie als Arbeitgeber ans Finanzamt abführen; die Nutzung durch Ihren Mitarbeiter ist ebenso umsatzsteuerpflichtig wie Ihre eigene Privatentnahme.

Sein steuer- und sozialversicherungspflichtiges Bruttogehalt beträgt damit 4000 € + 735 € = 4735 €. Das ist zwar weniger als die Beitragsbemessungsgrenze zur Renten- und Arbeitslosenversicherung, die Beitragsbemessungsgrenze zur Kranken- und Pflegeversicherung (4350 € pro Monat) wird hingegen überschritten, so dass 385 € des Bruttoentgelts nicht versicherungspflichtig in der Kranken- und Pflegeversicherung sind. Ansonsten wir die Verbuchung des Gehaltes wie im obigen Beispiel vorgenommen.

Achtung! Bei Mitarbeitern, welche weit vom Büro entfernt wohnen, kann die genannte steuerliche Erfassung der Nutzung eines Firmen-Pkw auch nachteilig sein. Dann können Sie beispielsweise Ihrem Mitarbeiter ein regelmäßiges Home-Office einrichten. Dann entfällt die Besteuerung der Fahrten zwischen Wohnung und Arbeitsplatz.

Alternativ zur Ein-Prozent- und der 0,03-Prozent-Regel ist es auch möglich, die privaten und dienstlichen Fahrten exakt zu trennen und dann nur den privaten Anteil der Sozialversicherungspflicht und der Steuer zu unterwerfen. Voraussetzung dafür ist allerdings ein umfassend und ordentlich geführtes Fahrtenbuch. Da das vielen Mitarbeitern oftmals zu viel Aufwand ist, werden die meisten Firmen-Pkw nach der rechnerisch einfacheren Ein-Prozent- und 0,03-Prozent-Regel abgerechnet.

7.7 Anlagenbuchhaltung

Anlagegüter sind alle Wirtschaftsgüter, die dem Grundsatz nach dafür gedacht sind, dem Unternehmen langfristig zu dienen. Sicherlich kann es unendlich viele Gründe dafür geben, auch eine Maschine, mit der ein Produktionsunternehmen bisher produziert hat, oder eine Immobilie, in der ein Dienstleistungsunternehmen bisher seine Büroräume hatte, zu verkaufen. Wir werden uns auch mit dem einen oder anderen dieser Fälle buchungstechnisch befassen. Dennoch besteht zunächst der Grundsatz, dass Anlagegüter dem Unternehmen langfristig zur Verfügung stehen und auch langfristig genutzt werden.

Der Kauf oder die Herstellung solcher Anlagegüter sind aktivierungspflichtige Geschäftsvorfälle. Mit der Aktivierung eines Anlagegutes wird es in die Bilanz aufgenommen und dort im Anlagevermögen aufgeführt. Die Aktivierung erfolgt zum Nettobetrag, d. h. ohne USt., die im Falle eines Kaufes als Vorsteuer zu verbuchen ist.

Beispiel

Sie gründen nach Abschluss Ihres Studiums ein Beratungsunternehmen und richten ein gemietetes Büro mit einem Schreibtisch, einem Stuhl, einigen Schränken und der notwendigen EDV in Form eines Laptops und eines Multifunktionsdruckers ein. Sie erhalten vom Lieferanten ein Zahlungsziel von 14 Tagen bei einem Bruttorechnungsbetrag von insgesamt 4.462,50 €.

$$\text{Nebenrechnung}: \ 4.462,50€ : 1,19 = 3750,00€$$

Buchungssatz

Betriebs- und Geschäftsausstattung (BGA)	3.750,00 €	an	Verbindlichkeiten aus LuL	4.462,50 €
VSt.	712,50 €			

Damit hat Ihr Bestandskonto BGA eine erste Zugangsbuchung erhalten. Die Wirtschaftsgüter sind nun betriebliches Anlagevermögen und damit Teil Ihrer Buchhaltung. ◄

Analog kann mit allen Elementen des Anlagevermögens verfahren werden. Dabei lassen sich nach § 266 HGB folgende Anlagegüter unterscheiden:

- Immaterielle Vermögensgegenstände
- Sachanlagen
- Finanzanlagen

Im Detail ergibt sich die Gliederung aus den HGB-Vorschriften über die Bilanz-gliederung (vgl. Abb. 7.14).

Zugänge zu den einzelnen Bestandskonten werden zu Anschaffungs- oder im Falle der Selbsterstellung Herstellkosten verbucht (vgl. Abschn. 6.1 und 6.2). Bevor die Salden aus den auf diese Weise befüllten Bestandskonten aber ins Schlussbilanzkonto gebucht werden können, aus dem wir dann die Schlussbilanz ableiten, sind Wertkorrekturen zu berücksichtigen, die so genannten Abschreibungen.

Vermögensgegenstände verlieren üblicherweise mit der Zeit an Wert. Eine Blech-stanze in einem Automobilwerk nutzt sich in der Produktion ab, Teile von ihr ver-schleißen, gehen möglicherweise auch irgendwann kaputt. Aber selbst wenn die besagte Maschine nur in der hintersten Ecke der Werkshalle steht und gar nicht genutzt wird, verliert sie an Wert, da sie ungenutzt meist auch nicht gewartet wird. Sie rostet sozu-

A.	Anlagevermögen:
I.	Immaterielle Vermögensgegenstände:
1.	Selbst geschaffene gewerbliche Schutzrechte und ähnliche Rechte und Werte;
2.	entgeltlich erworbene Konzessionen, gewerbliche Schutzrechte und ähnliche Rechte und Werte sowie Lizenzen an solchen Rechten und Werten;
3.	Geschäfts- oder Firmenwert;
4.	geleistete Anzahlungen;
II.	Sachanlagen:
1.	Grundstücke, grundstücksgleiche Rechte und Bauten einschließlich der Bauten auf fremden Grundstücken;
2.	technische Anlagen und Maschinen;
3.	andere Anlagen, Betriebs- und Geschäftsausstattung;
4.	geleistete Anzahlungen und Anlagen im Bau;
III.	Finanzanlagen:
1.	Anteile an verbundenen Unternehmen;
2.	Ausleihungen an verbundene Unternehmen;
3.	Beteiligungen;
4.	Ausleihungen an Unternehmen, mit denen ein Beteiligungsverhältnis besteht;
5.	Wertpapiere des Anlagevermögens;
6.	sonstige Ausleihungen.

Abb. 7.14 Anlagevermögen nach § 266 (2) HGB

sagen vor sich hin und verliert deswegen an Wert. Möglicherweise schreitet auch der technische Fortschritt bei vergleichbaren Maschinen so schnell voran, dass die Maschine ohne Ihr weiteres Zutun einfach „veraltet". Solche Wertverluste müssen wir in der Buchhaltung berücksichtigen, damit die Bilanz ein möglichst adäquates Bild über den Vermögensbestand Ihres Unternehmens abbildet. Dabei sind zwei verschiedene Anlässe der Abschreibung zu unterscheiden: die planmäßige und die außerplanmäßige Abschreibung.

7.7.1 Planmäßige Abschreibung von Anlagevermögen

Bei Vermögensgegenständen des Anlagevermögens, deren Nutzung zeitlich begrenzt ist, sind die Anschaffungs- oder die Herstellungskosten um planmäßige Abschreibungen zu vermindern. Der Plan muss die Anschaffungs- oder Herstellungskosten auf die Geschäftsjahre verteilen, in denen der Vermögensgegenstand voraussichtlich genutzt werden kann. Kann in Ausnahmefällen die voraussichtliche Nutzungsdauer eines selbst geschaffenen immateriellen Vermögensgegenstands des Anlagevermögens nicht verlässlich geschätzt werden, sind planmäßige Abschreibungen auf die Herstellungskosten über einen Zeitraum von zehn Jahren vorzunehmen. Satz 3 findet auf einen entgeltlich erworbenen Geschäfts- oder Firmenwert entsprechende Anwendung (§ 253 (3) Satz 1–3 HGB).

Die planmäßige Abschreibung ist das buchhalterische Abbild eines erwarteten Wertverlustes von Vermögensgegenständen durch die Zeit oder die Nutzung des Wirtschaftsgutes. Ist die Nutzung eines Vermögensgegenstandes nicht zeitlich begrenzt, wird dieser auch nicht abgeschrieben. Zu diesen zählen typischerweise Grund und Boden, Beteiligungen und Wertpapiere. Wir unterscheiden drei wichtige Formen der planmäßigen Abschreibung:

- die lineare Abschreibung,
- die geometrisch-degressive Abschreibung und
- die leistungsabhängige Abschreibung.

Weitere Formen der Abschreibung wie beispielsweise arithmetisch-degressiv oder gar progressiv tauchen zwar in vielen akademischen Lehrbüchern auf; sie haben jedoch, da sie in den meisten Ländern sowohl im Handels- als auch im Steuerrecht nicht zulässig sind, kaum – in Deutschland definitiv keine – praktische Relevanz.

Ausgangspunkt unserer Abschreibungen, die üblicherweise in formeller Weise „Absetzung für Abnutzung" (AfA) genannt wird, sind immer unsere handels- oder steuerrechtlichen Anschaffungskosten (AK) oder Herstellkosten (HK).

Bei der linearen Abschreibung erhält man den jährlichen Abschreibungsbetrag, indem man die AK oder HK (netto, also ohne VSt.) durch die Nutzungsdauer ND dividiert:

$$\text{jährliche AfA linear} = \text{AK oder HK/ND}$$

Während sich die AK oder HK nach den unter Abschn. 6.1 und 6.2 erläuterten Schemata genau ermitteln lassen (bei den Herstellkosten ggfs. mit einigen Unterschieden zwischen dem Handels- und dem Steuerrecht), könnte eigentlich jeder Kaufmann unterschiedliche Ansichten über die mögliche Nutzungsdauer eines Anlagegutes haben. Schließlich geht der eine pfleglich mit seinem Vermögen um, während der andere vielleicht Wartungsarbeiten auslässt etc. Um hier Verzerrungen durch subjektive Einschätzungen zu vermeiden, veröffentlicht das Bundesministerium der Finanzen (BMFi) daher für verschiedene Wirtschaftszweige detaillierte AfA-Tabellen, in denen adäquate Nutzungsdauern für Vermögensgegenstände aufgeführt sind. Hält sich ein Kaufmann an diese Vorgaben, braucht er deswegen auch keine Diskussionen mit einem Betriebsprüfer des Finanzamtes zu befürchten, und er hat gleichzeitig eine kaufmännisch sinnvolle Vorgabe für die Nutzungsdauer, die er in der Handelsbilanz nutzen kann. Dem Kaufmann stehen zwar grundsätzlich alle planmäßigen Abschreibungsmethoden zur Verfügung, und er könnte im Handelsrecht auch mit der Schätzung der Nutzungsdauer von den steuerlichen Vorgaben der AfA-Tabellen des BMFi abweichen. Aus Wirtschaftlichkeitsüberlegungen wird das aber in der Praxis nur höchst selten geschehen.

Wirft man beispielsweise einen Blick in die AfA-Tabelle des BMFi für die chemische Industrie, so lassen sich dieser Vorgaben für die Nutzungsdauer von Büromöbeln von zehn Jahren, für Labortische und Mikroskope von fünf Jahren, für Leitungssysteme von 15 Jahren und für Lagertanks von 20 Jahren entnehmen. Der jährliche lineare Abschreibungssatz ergibt sich damit mathematisch als Kehrwert der Nutzungsdauer (vgl. Abb. 7.15).

$$\text{jährlicher AfA} - \text{Satz linear} = 1/ND$$

In der jeweiligen Schlussbilanz eines Geschäftsjahres ist der Wert des jeweiligen Anlagegutes dann um die planmäßige Abschreibung zu korrigieren.

Beispiel

Sie führen ein chemisches Unternehmen und haben am 2. Januar des letzten Geschäftsjahres einen neuen Labortisch zu 1.190 € brutto frei Haus gekauft. Mit der Lieferung war ein Zahlungsziel von 30 Tagen mit 2 % Skonto bei Zahlung binnen 14 Tagen vereinbart. Sie haben das Skonto genutzt.

Da das Skonto als Anschaffungspreisminderung zu berücksichtigen ist, ergeben sich als handels- und steuerrechtliche Anschaffungskosten:

$$1.190,00€/1,19 \cdot 0,98 = 980,00€.$$

ND	1	2	3	4	5	6	7	8	9	10	15	20
jährlicher AfA-Satz$_{linear}$	100,00%	50,00%	33,33%	25,00%	20,00%	16,67%	14,29%	12,50%	11,11%	10,00%	6,67%	5,00%

Abb. 7.15 Nutzungsdauern und lineare AfA-Sätze

Steuerliche Vorgabe für die Nutzungsdauer sind laut AfA-Tabellen fünf Jahre, so dass sich die jährliche AfA errechnet als:

$$\text{jährliche AfA} = 980,00 \, €/5 = 196,00 \, €.$$

Am Ende des Geschäftsjahres ist der Anschaffungswert des Labortisches um die Jahres-AfA auf den so genannten Restbuchwert (RBW) zu korrigieren:

$$\text{RBW} = \text{AK} - \text{jährliche AfA} = 980,00€ - 196,00€ = 784,00€$$

In den Folgejahren ist der jeweilige Restbuchwert des Vorjahres um die jährliche AfA zu korrigieren, so dass sich die Wertentwicklung unseres Labortisches wie folgt darstellen lässt:

Geschäftsjahr	AK	Jährliche AfA	RBW	Kumulierte AfA
t_1	980,00 €	196,00 €	784,00 €	196,00 €
t_2		196,00 €	588,00 €	392,00 €
t_3		196,00 €	392,00 €	588,00 €
t_4		196,00 €	196,00 €	784,00 €
t_5		196,00 €	0,00 €	980,00 €

◄

Der obigen Argumentation und Tabelle lässt sich auch entnehmen, dass sich der RBW in einem beliebigen Geschäftsjahr auch wie folgt ermitteln lässt:

$$\text{RBW}_t = \text{AK} - \text{kumulierte AfA}$$

Mit der Tabelle aus unserem obigen Beispiel sind wir schon sehr nahe am so genannten Anlagespiegel, den das Handelsrecht in § 284 (3) HGB vorschreibt. Dieser fordert sehr detaillierte Angaben zur Wertentwicklung der Anlagegüter und der jeweiligen Abschreibungen. In der Praxis wird er meist etwas verkürzt dargestellt (vgl. Abb. 7.16).
Der Anlagenspiegel bedarf einiger Erläuterungen.

- Anlageposten bezeichnet das jeweilige Anlagegut, also den Vermögensgegenstand, dessen Wertentwicklung mit dem Anlagenspiegel dargestellt werden soll.
- AK/HK sind die des jeweiligen Anlagegutes.

Anlageposten	AK/HK	Zugänge zu AK/HK	Abgänge zu AK/HK	Umbuchungen zu AK/HK	Zuschreibungen	kumulierte Abschreibungen	Buchwert am Ende des Berichtsjahres	Buchwert am Ende des vorigen Berichtsjahres	Abschreibungen des Berichtsjahres

Abb. 7.16 Verkürzter Anlagenspiegel

- Zugänge erfassen die Neuaufnahme eines Anlagegutes in einem Wirtschaftsjahr oder auch nachträgliche AK oder HK
- Abgänge erfassen das Ausscheiden von Anlagegütern aus dem Betriebsvermögen, beispielsweise wenn eine Maschine verkauft oder verschrottet wird. Sie wird dann „ausgebucht".
- Umbuchungen spielen dann eine Rolle, wenn Anlagegüter zuvor als „Anlagen in Bau" klassifiziert wurden und nach ihrer Fertigstellung beispielsweise als „Maschine" oder Gebäude geführt werden.
- Zuschreibungen sind vorzunehmen, wenn eine außerplanmäßige Abschreibung korrigiert werden muss (vgl. § 253 (5) HGB). Wir werden auf diese Thematik noch genauer eingehen.
- Kumulierte Abschreibungen sind insgesamt die bis zur Erstellung des vorliegenden Jahresabschlusses angefallenen planmäßigen und außerplanmäßigen Abschreibungen auf das jeweilige Anlagegut.
- Der Buchwert am Ende des Berichtsjahres entspricht dem, was wir in unserem obigen Beispiel als RBW bezeichnet haben.
- Die Spalten „Buchwert des vorigen Berichtsjahres" und „AfA des Berichtsjahres" haben rein informativen Charakter, ihre Angaben sind im Anlagespiegel des Vorjahres bzw. in der Spalte „kumulierte Abschreibungen" enthalten.

▶ **Achtung!** Bitte achten Sie darauf, dass der Anlagenspiegel für ein Berichtsjahr erstellt wird, das nicht notwendigerweise einem Kalenderjahr entsprechen muss. Leider ist immer wieder in Lehrbüchern die Spaltenbezeichnung „Buchwert zum 31.12. des Berichtsjahres" bzw. „Buchwert zum 31.12. des Vorjahres" zu lesen. Das ist zwar nicht notwendigerweise falsch, aber auch nicht in allen Fällen richtig, denn Unternehmen können auch gebrochene Geschäftsjahre wählen, bei denen es nur wichtig ist, dass sie zwölf Monate umfassen. Daneben können bei einer Unternehmensneugründung wie auch bei einem Verkauf oder einer Liquidation eines Unternehmens so genannte „Rumpfgeschäftsjahre" berichtet werden, die weniger als zwölf Monate umfassen und auch nicht notwendigerweise zum 31.12. enden.

Für eine bessere Übersicht über die Wertentwicklung eines Anlagegutes oder einer Klasse von Anlagegütern kann man auch die Angaben des Anlagespiegels mehrerer Berichtsjahre untereinander aufführen. Für unser obiges Beispiel sähe ein kompletter Anlagespiegel bei einer Ausbuchung des Labortisches nach fünf Jahren dann wie folgt aus:

Beispiel

Geschäftsjahr	Anlageposten	AK/HK	Zugänge zu AK/HK	Abgänge zu AK/HK	...	kumulierte Abschreibungen	Buchwert am Ende des Berichtsjahres	Buchwert am Ende des vorigen Berichtsjahres	Abschreibungen des Berichtsjahres
t_1	Labortisch	980,00 €	980,00 €			196,00 €	784,00 €		196,00 €
t_2	Labortisch	980,00 €				392,00 €	588,00 €	784,00 €	196,00 €
t_3	Labortisch	980,00 €				588,00 €	392,00 €	588,00 €	196,00 €
t_4	Labortisch	980,00 €				784,00 €	196,00 €	392,00 €	196,00 €
t_5	Labortisch	980,00 €		980,00 €		980,00 €	0,00 €	196,00 €	196,00 €

Die Nutzungsdauern, die in den AfA-Tabellen des BMFi vorgegeben sind, sind selbstverständlich nur Schätzungen. Es kann durchaus vorkommen, dass beispielsweise ein Labortisch acht oder gar zehn Jahre genutzt werden kann. In diesen Fällen, in denen die tatsächliche bzw. wirtschaftliche Nutzungsdauer größer ist als die geschätzte bzw. die in den AfA-Tabellen vorgegebene Nutzungsdauer, schreibt man im letzten Berichtsjahr der geschätzten Nutzungsdauer das Anlagegut nicht auf Null ab, sondern lässt es mit einem so genannten Erinnerungswert von 1 € im Anlagespiegel und damit in der Bilanz stehen. Das Wirtschaftsgut kann über die geschätzte Nutzungsdauer hinaus betrieben werden, solange es sich lohnt, es fallen dann lediglich in den Folgeperioden keine Abschreibungen mehr an. ◄

Die degressive Abschreibung ist in mehrerer Hinsicht eine Besonderheit. Ausgehend von den AK oder HK wird mit einem gleichbleibenden Prozentsatz auf den Restbuchwert (RBW) abgeschrieben. Im Jahr der Anschaffung sind das die AK oder HK, in den Folgejahren die um die kumulierten Abschreibungen verminderten AK oder HK. Der Gesetzgeber hat die entsprechenden Regelungen immer wieder Änderungen unterworfen. Anlagegüter, die ab 2011 angeschafft wurden, dürfen nach aktuellem Recht nicht degressiv abgeschrieben werden, ältere Wirtschaftsgüter können nach wie vor nach dieser Methode abgeschrieben werden. Je nachdem, wann die entsprechenden Vermögensgegenstände angeschafft wurden, gelten Höchstsätze für den prozentualen Degressionssatz bzw. ein Maximalbezug zur linearen AfA (vgl. Abb. 7.17).

Die Multiplikation des jeweiligen Restbuchwertes mit dem Degressionssatz bringt es mit sich, dass bei dieser Methode nie ein finaler Restwert von Null erreicht wird (außer bei einer mathematischen Infinitesimalbetrachtung, also in einem unendlichen Zeitraum). Der Gesetzgeber erlaubt den einmaligen Wechsel von einer degressiven zu einer linearen Abschreibung, welche zu einem Restwert von Null führt. Ein Wechsel des Verfahrens macht dann Sinn, wenn die lineare Abschreibung des Restbuchwertes zu einer höheren

Jahr der Anschaffung oder Herstellung	maximaler Degressionssatz	höchstens
2001 bis 2005	20%	2 · lineare AfA
2006 bis 1007	30%	3 · lineare AfA
2008	abgeschafft	
2009 bis 2010	25%	2,5 · lineare AfA
2011	abgeschafft	

Abb. 7.17 Degressive Abschreibung und Maximalsätze

AfA führt als die Weiterführung der degressiven Abschreibung. Wir wollen das an einem Beispiel verdeutlichen.

Beispiel

In einem Drei-Sterne-Lokal hat der Eigentümer im Januar 2010 eine Hauben-Spül-maschine zum Bruttopreis von 4300,66 € angeschafft. Laut AfA-Tabelle für die Gastronomie ist die Spülmaschine auf fünf Jahre linear abzuschreiben. Der Spitzen-koch entscheidet sich jedoch nach einer Konsultation mit seinem Steuerberater zu-nächst für eine degressive Abschreibung und den Wechsel der Methode, wenn die li-neare Restbuchwertabschreibung eine höhere AfA bedeutet als die Weiterführung der degressiven Methode.

	Lineare AfA	Degressive AfA	Lineare AfA bei Methodenwechsel
AK	3.614,00 €	3.614,00 €	–
AfA 2010	722,80 €	903,50 €	–
RBW 2010	2.891,20 €	2.710,50 €	2.710,50 €
AfA 2011	722,80 €	677,63 €	677,63 €
RBW 2011	2.168,40 €	2.032,88 €	2.032,88 €
AfA 2012	722,80 €	508,22 €	677,63 €
RBW 2012	1.445,60 €	1.524,66 €	1.355,25 €
AfA 2013	722,80 €	381,16 €	677,63 €
RBW 2013	722,80 €	1.143,49 €	677,63 €
AfA 2014	722,80 €	285,87 €	677,63 €
RBW 2014	0,00 €	857,62 €	0,00 €

Damit wird deutlich, dass sich für den Gastronomen spätestens ab dem dritten Nut-zungsjahr des Geschirrspülers ein Wechsel der Abschreibungsmethode lohnt, weil dann die lineare Abschreibung des Restbuchwertes zu einer höheren AfA führt als die Beibehaltung der degressiven Methode.

◀

▶ **Achtung!** Das Thema degressive Abschreibung ist nur, weil sie für seit 2011 angeschaffte Wirtschaftsgüter nicht mehr zulässig ist, noch lange nicht erledigt. Sie können den AfA-Tabellen entnehmen, dass es zahlreiche Wirtschaftsgüter gibt, die eine planmäßige Nutzungsdauer von 20 Jahren haben. Außerdem ist sie im steuerlichen Kontext immer wieder zulässig.

Die leistungsabhängige Abschreibung setzt zum einen eine verlässliche Prognose der Nutzung eines Wirtschaftsgutes voraus, fordert zum anderen aber auch eine genaue Dokumentation der Nutzung. Die Methode kann dann Sinn machen, wenn der Einsatz bzw. die Nutzung eines Wirtschaftsgutes von Berichtsjahr zu Berichtsjahr stark schwankt. Dann nähert sich die leistungsabhängige Abschreibung der technischen (Ab-)Nutzung des jeweiligen Wirtschaftsgutes an. Steuerlich ist die Methode anerkannt, allerdings ist ein detaillierter Nachweis über die Nutzung zu führen.

Beispiel

Ein Bauunternehmen schafft einen Autokran für Lasten bis 30 Tonnen zum Preis von 238.000 € brutto an. Laut AfA-Tabellen wäre ein solches Wirtschaftsgut auf sechs Jahre linear abzuschreiben. Der Firmeninhaber weiß jedoch um die konjunkturelle Anfälligkeit seiner Branche und bevorzugt daher die Leistungsabschreibung. Der Autokran soll nach seiner Prognose 400.000 km unterwegs sein. Eine Schätzung der Einsatzstunden erscheint dem Bauunternehmer vor dem Hintergrund von Staus und immer wiederkehrenden Überraschungen auf den Baustellen hinsichtlich schlechten Untergrunds und daraus resultierenden zeitlichen Verzögerungen zu unsicher. Daraus ergibt sich ein Abschreibungsbetrag je Leistungseinheit (in diesem Fall je km) von:

$$AfA_{\text{leistungsabhängig}} = 238.000,00€ : 1,19 : 400.000 \text{ km} = 0,50€/\text{km}$$

Ein Vergleich zwischen der Leistungs- und der linearen Abschreibung könnte dann wie folgt aussehen:

Geschäftsjahr	Lineare AfA	RBW	Leistungs-abschreibung		
Nachgewiesene km	AfA	RBW			
1	33.333,33 €	166.666,67 €	68.977	34.488,50 €	165.511,50 €
2	33.333,33 €	133.333,33 €	42.836	21.418,00 €	144.093,50 €
3	33.333,33 €	100.000,00 €	57.999	28.999,50 €	115.094,00 €
4	33.333,33 €	66.666,67 €	81.937	40.968,50 €	74.125,50 €
5	33.333,33 €	33.333,33 €	76.828	38.414,00 €	35.711,50 €
6	33.333,33 €	0,00 €	71.423	35.711,50 €	0,00 €

◄

Die Leistungsabschreibung führt nur dann zu einem Restwert von Null, wenn die vorherige Prognose über die Nutzungsdauer bzw. die Gesamtleistung des Anlagegutes genau dem entspricht, was über die Nutzungs- bzw. Leistungsdauer in Summe tatsächlich anfällt. Überschätzen Sie die Leistung Ihres Anlagegutes, so schreiben Sie pro Leistungseinheit zu viel ab. Das hat dann zur Folge, dass Ihr Vermögensgegenstand irgendwann nur noch mit einem Erinnerungswert von 1 € in der Bilanz steht, Sie ihn aber noch nutzen können. Spätestens bei der nächsten Betriebsprüfung wird Ihnen das aber ernsthafte Diskussionen mit dem Finanzamt verschaffen, was im Extremfall dazu führen kann, dass Sie die Abschlüsse der vergangenen Geschäftsjahre im Hinblick auf die offensichtlich falsche Prognose korrigieren müssen. Unterschätzen Sie hingegen die Leistung des Anlagegutes, dann ist Ihre Maschine, Ihr Lkw oder um was auch immer es sich handelt, irgendwann einfach nur noch Schrott, steht aber immer noch mit einem deutlich positiven Wert in Ihrer Bilanz, was sicherlich dem GoB der Richtigkeit widerspräche. Ob Ihnen die Nähe zur technischen Nutzung des Anlagegutes dieses Risiko und die damit verbundenen Verwaltungsaufwendungen wert sind, müssen im Zweifelsfall Sie selbst entscheiden.

Tendenziell lässt sich festhalten, dass die Leistungsabschreibung umso größeren Risiken der Prognose unterliegt, je länger der Nutzungs- und damit der Prognosezeitraum ist.

Der Buchungssatz für die planmäßige Abschreibung spricht das Aufwandskonto „Abschreibungen auf Sachanlagen" und das jeweilige Bestandskonto an.

Beispiel

AfA auf Sachanlagen	196,00 €	an	BGA (Labortisch)	196,00 €
AfA auf Sachanlagen	903,50 €	an	BGA (Geschirrspüler)	903,50 €
AfA auf Sachanlagen	34.488,50 €	an	Maschinen (Autokran)	34.488,50 €

Eine Besonderheit bei den Abschreibungen existiert mit den so genannten Geringwertigen Wirtschaftsgütern (GWG). Das Einkommensteuergesetz sieht grundsätzlich die Abschreibung über die Nutzungsdauer vor. Die AfA-Tabellen liefern dem
Unternehmer dabei die notwendigen Angaben zur regelmäßigen Nutzungsdauer. Für
GWG von unter 1000 € gelten allerdings besondere Regeln, welche in § 6 EStG zu
finden sind. Sie erlauben unter bestimmten Umständen eine sofortige Abschreibung
zu 100 % oder eine Abschreibung über fünf Jahre im Rahmen eines Sammelpostens.
Geringwertige Wirtschaftsgüter mit einem Netto-Einkaufspreis unter 250 € werden
immer im Jahr der Anschaffung voll abgeschrieben. Für GWG in einer Spanne der
Anschaffungskosten zwischen 250 und 1000 € existiertdie Wahlmöglichkeit der linearen Abschreibung in einem Sammelposten über fünf Jahre. Das kann von besonderem
Interesse für den Unternehmer sein, wenn es sich bei den GWG um Güter handelt,
die laut AfA-Tabellen eine sehr lange Nutzungsdauer haben, wie beispielsweise Büro-
möbel (13 Jahre laut AfA-Tabellen). Neben der Vorgabe der Preisspanne ist für die
Behandlung als GWG wichtig, dass das Wirtschaftsgut betrieblich notwendig, beweg-
lich, abnutzbar und für sich allein nutzbar ist. So ist beispielsweise ein Computer-
monitor ohne den dazugehörenden Computer nicht alleine nutzbar, kommt also
nicht für die Behandlungals GWG in Frage, auch wenn er zwischen 250 und 1000
€ gekostet hat. Auch ein einfacher Drucker käme hierfür nicht in Frage. Ein Multi-
funktionsdrucker, der auch kopieren und faxen kann, ist hingegen allein nutzbar und
kommt für die Abschreibung in einem Sammelposten in Frage, und da Kopiergeräte
laut AfA-Tabellen auf sieben Jahre abgeschrieben werden müssten, entsteht durch die
Sammelabschreibung beim Unternehmer ein gewinn- und damit steuermindernder
Vorteil. Zum Geschäftsjahresende muss der Unternehmer die Entscheidung treffen,
wie diegeringwertigen Wirtschaftsgüter abgeschrieben werden sollen. Wer sich für
den Sammelposten entscheidet, muss diesen zwingend über fünf Jahre hinweg mitje-
weils einem Fünftel des Werts gewinnmindernd auflösen. Es muss jedes Jahr einneuer
Sammelposten gebildet und dann mit Jahresbezeichnung abgeschrieben werden. ◄

7.7.2 Außerplanmäßige Abschreibungen von Anlagevermögen

Neben der planmäßigen AfA, die wir oben dargestellt haben, und die einen regelmäßigen
oder im Falle der Leitungsabschreibung üblichen oder normalen Werteverzehr unter-
stellt, existiert auch die außerplanmäßige AfA, die Wertverluste von Anlagegütern darstellt, die ihren Ursprung nicht im üblichen Gebrauch des Vermögensgegenstandes
haben. Solche Wertminderungen können beispielsweise durch Defekte einer Maschine
begründet sein, die nicht mehr wirtschaftlich zu reparieren ist. Eine Immobilienkrise,
die den Wert unserer Grundstücke und im Betriebsvermögen befindliche Gebäude unter
die aktuellen Buchwerte fallen lässt, kann ebenso ein Anlass sein, eine außerplanmäßige
(mitunter auch außerordentlich genannte) AfA vorzunehmen. Während der Defekt an
der Maschine aber eine dauerhafte Wertminderung begründet, könnte der Wertverfall

unserer Immobilien möglicherweise nur vorrübergehend sein, und der Immobilienmarkt könnte sich erholen. Diese Unterscheidung ist wichtig, denn für die außerordentlichen Abschreibungen auf das Anlagevermögen eines Unternehmens gilt das so genannte **gemilderte Niederstwertprinzip**.

Ohne Rücksicht darauf, ob ihre Nutzung zeitlich begrenzt ist, sind bei Vermögensgegenständen des Anlagevermögens bei voraussichtlich dauernder Wertminderung außerplanmäßige Abschreibungen vorzunehmen, um diese mit dem niedrigeren Wert anzusetzen, der ihnen am Abschlussstichtag beizulegen ist. Bei Finanzanlagen können außerplanmäßige Abschreibungen auch bei voraussichtlich nicht dauernder Wertminderung vorgenommen werden (§ 253 (3) Satz 4 & 5 HGB).

Das bedeutet, dass Vermögensgegenstände, deren Nutzung zeitlich nicht begrenzt ist, wie die oben angesprochenen Grund und Boden, Beteiligungen oder Wertpapiere, nur außerplanmäßig abgeschrieben werden können. Im Überblick stellt sich die Abschreibung des Anlagevermögens dann wie in Abb. 7.18 dar.

Außerplanmäßige Abschreibungen auf Sachanlagen sprechen das Aufwandskonto „Außerplanmäßige Abschreibungen auf Sachanlagen" und das jeweilige Bestandskonto an.

Beispiel

Ein Mitarbeiter hatte mit einem Lieferwagen aus Ihrem Fuhrpark einen selbst verschuldeten Unfall. Dem Mitarbeiter ist zum Glück nichts weiter passiert, das Auto, das vier Jahre alt war und ursprünglich 21.420 € inkl. USt. gekostet hat, hat allerdings nur noch Schrottwert. Der Anlagenspiegel gibt uns Auskunft über den Restwert:

Geschäftsjahr	Anlageposten	AK/HK	Zugänge zu AK/HK	Abgänge zu AK/HK	...	kumulierte Abschreibungen	Buchwert am Ende des Berichtsjahres	Buchwert am Ende des vorigen Berichtsjahres	Abschreibungen des Berichtsjahres
t₁	Lieferwagen	18.000,00 €	18.000,00 €			3.000,00 €	15.000,00 €		3.000,00 €
t₂	Lieferwagen	18.000,00 €				6.000,00 €	12.000,00 €	15.000,00 €	3.000,00 €
t₃	Lieferwagen	18.000,00 €				9.000,00 €	9.000,00 €	12.000,00 €	3.000,00 €
t₄	Lieferwagen	18.000,00 €				12.000,00 €	6.000,00 €	9.000,00 €	3.000,00 €

Anlagevermögen		planmäßige AfA	außerplanmäßige AfA	
			dauerhafte Wertminderung	nicht dauerhafte Wertminderung
zeitlich begrenzt nutzbar		Pflicht	Pflicht	Verbot
zeitlich unbegrenzt nutzbar	Grund und Boden	Verbot	Pflicht	Verbot
	Finanzanlagen	Verbot	Pflicht	Wahlrecht

Abb. 7.18 Planmäßige und außerplanmäßige AfA auf Anlagevermögen

Das heißt zum Zeitpunkt des Unfalles und damit dem Grund für die außerplanmäßige Abschreibung hatte der Lieferwagen noch einen Restbuchwert von 6.000 €. Ein Schrotthändler bietet uns an, das Wrack für 300 € inkl. USt. (bar) auf unserem Betriebshof abzuholen. Daraus ergeben sich für uns folgende Buchungen:

a. o. AfA auf Sachanlagen	6.000,00 €	an	Fuhrpark	6.000,00 €
Sonstige Aufwendungen für bezogene Leistungen	252,10 €	an	Kasse	300,00 €
VSt.	47,90 €			

Der Anlagenspiegel im fünften Jahr würde dann wie folgt aussehen:

Geschäftsjahr	Anlageposten	AK/HK	Zugänge zu AK/HK	Abgänge zu AK/HK	...	kumulierte Abschreibungen	Buchwert am Ende des Berichtsjahres	Buchwert am Ende des vorigen Berichtsjahres	Abschreibungen des Berichtsjahres
t₅	Lieferwagen	18.000,00 €		18.000,00 €		18.000,00 €	0,00 €	6.000,00 €	6.000,00 €

◀

7.7.3 Zuschreibungen

Ein niedrigerer Wertansatz nach Absatz 3 Satz 5 oder 6 und Absatz 4 darf nicht beibehalten werden, wenn die Gründe dafür nicht mehr bestehen (§ 253 (5) Satz 1 HGB).

Zuschreibungen sind demnach dann vorzunehmen, wenn der Grund für eine zuvor erfolgte außerplanmäßige Abschreibung entfallen ist. Zuschreibungen sind damit quasi das Spiegelbild einer außerplanmäßigen Abschreibung und dienen der Darstellung einer Werterhöhung. Die Anschaffungs- oder Herstellkosten eines Vermögensgegenstandes bleiben – wie beim ursprünglichen Wertansatz – die Obergrenze, bis zu der eine Zuschreibung vorgenommen werden darf. Nach Abb. 7.18 kommt das nur bei einer Fehleinschätzung der Tatsache in Frage, ob die Wertminderung, auf Grund derer eine außerplanmäßige Abschreibung vorgenommen wurde, dauerhaft ist, oder wenn es sich um eine Finanzanlage handelt, bei der das Wahlrecht, auch eine nicht dauerhafte Wertminderung in Form einer außerplanmäßigen Abschreibung zu erfassen, ausgeübt wurde. Wir wollen das an zwei Beispielen verdeutlichen.

Beispiel

Das Industrieunternehmen Indus GmbH hat seit mehreren Jahren eine 40-prozentige Beteiligung an einem börsennotierten Lieferanten Produ AG. Die Beteiligung wurde aus strategischen Gründen mit einem langfristigen Zeithorizont eingegangen, um die Lieferkette des Unternehmens zu sichern. Die Anschaffungskosten für die 160.000

Aktien lagen bei 32 € je Aktie. Eine extrem schwache Börse führte im vorletzten Geschäftsjahr zu einem Aktienkurs der Produ AG von 25 € je Aktie. Indus hatte sich zum Jahresabschluss entschlossen, das Wahlrecht einer außerordentlichen Abschreibung auf Finanzanlagen auszuüben, obwohl die Geschäftsführung von Indus nur von einer vorübergehenden Wertminderung auf Grund der schwachen Finanzmärkte ausging. Im letzten Geschäftsjahr hatte sich der Aktienkurs der Produ AG dann tatsächlich wieder auf 30 € erholt, und zum Stichtag des nun abzuschließenden aktuellen Geschäftsjahres kostet eine Aktie der Produ AG an der Börse 45 €.

Vorletztes Berichtsjahr:

a. o. AfA auf Sachanlagen	1.120.000,00 €	an	Beteiligungen	1.120.000,00 €

Letztes Berichtsjahr

Beteiligungen	800.000,00 €	an	Erträge aus Zuschreibungen für Sachanlagen	800.000,00 €

Aktuelles Berichtsjahr

Beteiligungen	320.000,00 €	an	Erträge aus Zuschreibungen für Sachanlagen	320.000,00 €

Im aktuellen Berichtsjahr greift die Obergrenze der Anschaffungskosten für die Beteiligung, über die hinaus nicht zugeschrieben werden darf. Die 13 € Differenz aus dem aktuellen Börsenkurs der Aktie und den Anschaffungskosten sind stille Reserven und dürfen nach den GoB der Vorsicht, der Richtigkeit, dem Realisationsprinzip bzw. dem Imparitätsprinzip nicht gezeigt werden. ◄

Die falsche Einschätzung des Umstandes, ob eine Wertminderung dauerhaft ist oder nicht, kann in politischen, gesellschaftlichen oder ökonomischen Rahmenbedingungen begründet sein.

Beispiel

Ein Unternehmen aus dem Braunkohlebergbau hat eine Entstaubungsanlage für 500.000 € (netto) angeschafft, die nach den AfA-Tabellen des BMFi auf zehn Jahre abzuschreiben ist. In das vierte Jahr der Nutzung fällt ein Regierungswechsel mit einer grün-roten Regierungsbildung, unter deren Ägide der Entstaubungsanlage die Betriebserlaubnis wegen mangelnder Effizienz entzogen wird. Die neue Regierung hält sich allerdings nicht lange, zerbricht nach kaum zwei Jahren, zu Beginn des sechsten Berichtsjahres des Bergbauunternehmens, an einer Vertrauensabstimmung.

Die neue Regierung ist konservativ-liberal geprägt und erteilt die entzogene Betriebs-erlaubnis für die Entstaubungsanlage wieder.

Wenn wir dieses Beispiel im Anlagenspiegel erfassen, ist es wichtig, dass wir zum Zeitpunkt der Zuschreibung mit der Entstaubungsanlage so verfahren, als ob sie bis zu diesem Zeitpunkt planmäßig abgeschrieben worden wäre.

Geschäftsjahr	Anlageposten	AK/HK	Zugänge zu AK/HK	Abgänge zu AK/HK	...	Zuschreibungen	kumulierte Abschreibungen	Buchwert am Ende des Berichtsjahres	Buchwert am Ende des vorigen Berichtsjahres	Abschreibungen des Berichtsjahres
t_1	Entstaubungsanlage	500.000,00 €	500.000,00 €				50.000,00 €	450.000,00 €		50.000,00 €
t_2	Entstaubungsanlage	500.000,00 €					100.000,00 €	400.000,00 €	450.000,00 €	50.000,00 €
t_3	Entstaubungsanlage	500.000,00 €					150.000,00 €	350.000,00 €	400.000,00 €	50.000,00 €
t_4	Entstaubungsanlage	500.000,00 €					500.000,00 €	0,00 €	350.000,00 €	350.000,00 €
t_5	Entstaubungsanlage	500.000,00 €					500.000,00 €	0,00 €	0,00 €	0,00 €
t_6	Entstaubungsanlage	500.000,00 €				250.000,00 €	300.000,00 €	200.000,00 €	0,00 €	50.000,00 €
t_7	Entstaubungsanlage	500.000,00 €					350.000,00 €	150.000,00 €	200.000,00 €	50.000,00 €
t_8	Entstaubungsanlage	500.000,00 €					400.000,00 €	100.000,00 €	150.000,00 €	50.000,00 €
t_9	Entstaubungsanlage	500.000,00 €					450.000,00 €	50.000,00 €	100.000,00 €	50.000,00 €
t_{10}	Entstaubungsanlage	500.000,00 €		500.000,00 €			500.000,00 €	0,00 €	50.000,00 €	50.000,00 €

Nach diesem Zeitpunkt wird die planmäßige Abschreibung ganz normal weiter-geführt, als ob es die Unterbrechung nicht gegeben hätte. ◄

7.8 Finanzwirtschaft

Um den finanzwirtschaftlichen Bereich kommen Sie in der Buchhaltung nie herum, denn Eingangsrechnungen müssen bezahlt werden und für das Überleben Ihres Unternehmens ist es ebenso wichtig, dass auch die Ausgangsrechnungen von Ihren Kunden bezahlt wer-den. Die einfachsten finanzwirtschaftlichen Konten haben wir bereits benutzt, ohne sie explizit als solche zu deklarieren: Bank und Kasse. Barzahlungen oder Überweisungen sind absolut gängige Zahlungsmethoden, und die Verbuchung der jeweiligen Vorgänge ist einfach.

Beispiel

Wir kaufen als Großhändler Textilien in einer Weberei für einen Gesamtbetrag von 17.800 € netto. Die Zahlung erfolgt bei Lieferung per Überweisung.

Buchungssatz

Handelswaren	17.800,00 €	an	Bank	21.182,00 €
VSt.	3.382,00 €			

Wir beliefern eine Schneiderei mit Stoffen für 3000 € netto, räumen ein Zahlungs-ziel von 30 Tagen und ein Skonto von 2 % bei Zahlung binnen 14 Tagen ein. Die

Ausgangsrechnung wird binnen 14 Tagen per Überweisung bezahlt und das Skonto wird von unserem Kunden in Anspruch genommen.

Buchungssatz

Forderungen aus LuL	3.570,00 €	an	Umsatzerlöse	3.000,00 €
			USt.	570,00 €
Bank	3.498,60 €	an	Forderungen aus LuL	3.570,00 €
gewährte Skonti	60,00 €			
USt.	11,40 €			

Wir kaufen Büromaterial in einem Spezialgeschäft ein und bezahlen die Rechnung über 347,12 € brutto bar.

Buchungssatz

BGA	291,70 €	an	Kasse	347,12 €
VSt.	55,42 €			

◀

Neben Überweisung und Barzahlung kommt aber auch eine Zahlung per Scheck oder eine Zahlung per Wechsel ist Frage, auch wenn vor allem letztere immer mehr an Bedeutung verlieren.

7.8.1 Schecks und Wechsel

Ein Scheck ist eine Anweisung an die eigene Bank, dem Überbringer des Schecks den darauf vermerkten Betrag auszuzahlen. Zahlen wir eine Eingangsrechnung per Scheck, sprechen wir von **eigenen Schecks,** erhalten wir einen Scheck zur Begleichung einer Ausgangsrechnung, sprechen wir von **Kundenschecks,** Vergeht zwischen dem Ausstellen eines eigenen Schecks und dem Einlösen des Schecks durch unseren Lieferanten Zeit, müssen wir in der Buchhaltung erst mal gar nichts tun, denn die Verbindlichkeit dafür haben wir ja beim Rechnungseingang bzw. der Lieferung als Verbindlichkeit aus LuL erfasst. Erst wenn der Lieferant den Scheck einlöst, wird unser Bankkonto belastet, so dass wir den gleichen Buchungssatz haben wie bei einer Bezahlung einer Verbindlichkeit per Banküberweisung.

Beispiel

Wir haben von einem Lieferanten Schmierstoffe, die wir in unserer Fertigung als Betriebsstoffe einsetzen, im Wert von 733 € netto geliefert bekommen und haben ihm dafür umgehend einen Scheck über den vollen Rechnungsbetrag zukommen lassen. Er löst den Scheck erst eine Woche später ein.

Buchungssatz bei Lieferung

Betriebsstoffe	733,00 €	an	Verbindlichkeiten aus LuL	872,27 €
VSt.	139,27 €			

bei Scheckeinlösung

Verbindlichkeiten aus LuL	872,27 €	an	Bank	872,27 €

◄

Vergeht zwischen dem Zugang eines Kundenschecks in unserem Unternehmen und dem Einlösen Zeit, so sind die Schecks als Vermögen zu bewerten und zu aktivieren.

Beispiel

Kurz vor unserem Bilanzstichtag erhalten wir von drei Kunden Schecks zum Ausgleich ihrer Forderungen über 3.187,44 €, 7.312,90 € und 15.780,00 €. Im allen Schecks wurde ein Skonto von 2 % verrechnet.

Buchungssatz bei Scheckeingang

Schecks	3.187,44 €	an	Forderungen aus LuL	3.252,49 €
gewährte Skonti	54,66 €			
USt.	10,39 €			
Schecks	7.312,90 €	an	Forderungen aus LuL	7.462,14 €
gewährte Skonti	125,41 €			
USt.	23,83 €			
Schecks	15.780,00 €	an	Forderungen aus LuL	16.102,04 €
gewährte Skonti	270,62 €			
USt.	51,42 €			

bei Scheckeinlösung

Bank	3.187,44 €	an	Schecks	3.187,44 €
Bank	7.312,90 €	an	Schecks	7.312,90 €
Bank	15.780,00 €	an	Schecks	15.780,00 €

◀

Ein Wechsel ist eine Urkunde, auf der ein unbedingtes Zahlungsversprechen zu einem
bestimmten Zeitpunkt vereinbart wird. Durch die Möglichkeit der Weitergabe des
Wechsels und damit dessen Einsatz als Zahlungsmittel sowie die Möglichkeit der Dis-
kontierung dieser Zahlungsversprechen über die Deutsche Bundesbank hatte der Wechsel lange eine große Bedeutung. Mit dem Wegfall des Diskontierungsgeschäftes bei der
Deutschen Bundesbank sowie der fehlenden Maschinenlesbarkeit herkömmlicher Wechsel hat dieses Zahlungsinstrument sehr stark an Bedeutung verloren. Die Notwendigkeit
für den bilanziellen Ausweis von Wechselverbindlichkeiten besteht nach § 266 HGB
auch nur ab mittelgroßen Kapitalgesellschaften (§ 267 (2) HGB). Dabei wird quasi die
Verbindlichkeit (aus LuL), die mit dem Wechsel bezahlt wird, auf das Konto Wechselverbindlichkeiten umgebucht.

Beispiel

Ein großes Sägewerk kauft bei einem Wirtschaftsforst mehrere Buchen für insgesamt
58.000 € netto. Die Parteien vereinbaren ein Zahlungsziel von 30 Tagen unter Aus-
stellung eines Wechsels.
    Buchungssatz (beim Sägewerk)

Rohstoffe	58.000 €	an	Verbindlichkeiten aus LuL	69.020,00 €
VSt.	11.020,00 €			
Verbindl. aus LuL	69.020,00 €	an	Verbindlichkeiten aus der Annahme gezogener Wechsel	
			69.020,00 €	

◀

7.8.2 Anzahlungen

Im Geschäftsleben sind Anzahlungen auf Leistungen oder Produkte vor allem dort üblich, wo es um große Mengen, um Sonderanfertigungen oder um Produkte und Dienstleistungen geht, deren Erstellung einen langen Zeitraum braucht. Mitunter verlangen
Unternehmen auch bei neuen Geschäftsbeziehungen Anzahlungen, wenn beispielsweise

die Zahlungsfähigkeit des Geschäftspartners unsicher scheint. In der Buchhaltung kennen wir **geleistete Anzahlungen**, die wir einem Lieferanten vorab haben zukommen lassen. Diese sind buchungstechnisch wie eine Forderung aus Lieferung und Leistung zu behandeln, d. h. die geleistete Anzahlung gibt uns einen Anspruch auf eine Sachleistung bei unserem Lieferanten. Das Handelsrecht unterscheidet dabei zwischen geleisteten Anzahlungen auf Sachanlagen (§ 266 (2) A. I. 4. HGB) und geleisteten Anzahlungen auf Vorräte (§ 266 (2) B. I. 4. HGB). Diese Bestandskonten sind bei der Verbuchung der geleisteten Anzahlungen anzusprechen, und die Anzahlung ist USt.-pflichtig (vgl. Abb. 7.19).

Beispiel

Wir bestellen Rohstoffe im Wert von 100.000 € netto mit einer Lieferfrist von vier Wochen bei einem neuen Lieferanten, der auf Grund der neuen Geschäftsbeziehung eine Anzahlung von 20 % verlangt, welche wir per Banküberweisung leisten.

Buchungssatz

geleistete Anzahlungen auf Vorräte	20.000,00 €	an	Bank	23.800,00 €
VSt.	3.800,00 €			

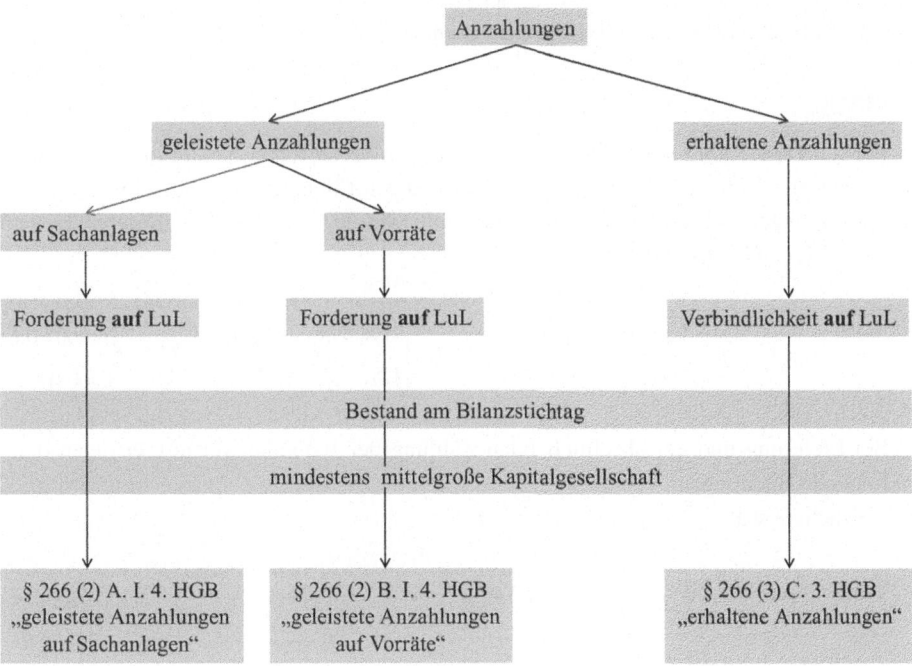

Abb. 7.19 Anzahlungen

Bei Lieferung und der abschließenden Zahlung per Banküberweisung erfolgen dann folgende Buchungen.

Buchungssatz

Rohstoffe	100.000,00 €	an	Verbindlichkeiten aus LuL	119.000,00 €
VSt.	19.000,00 €			
Verbindl. aus LuL	23.800,00 €	an	geleistete Anzahlungen	
			auf Vorräte	20.00,00 €
			VSt.	3.800,00 €
Verbindl. aus LuL	95.200,00 €	an	Bank	95.200,00 €

Neben den geleisteten Anzahlungen kennt die Buchführung auch den Begriff der **erhaltenen Anzahlungen**. Auch wir können von unbekannten Kunden eine Anzahlung verlangen, beispielsweise wenn die Herstellung des zu liefernden Produktes oder der Dienstleistung lange dauert oder ein Spezialauftrag für den Kunden ist, oder einfach auch nur weil wir den Kunden nicht kennen und uns hinsichtlich seiner Zahlungsfähigkeit unsicher sind. Haben wir eine Anzahlung erhalten, besteht für uns eine Verbindlichkeit **auf** Lieferung und Leistung. Bei der Verbuchung ist das Konto erhaltene Anzahlungen (§ 266 (3) C. 3. HGB) anzusprechen.

Beispiel

Für die Darstellung der erhaltenen Anzahlungen vertauschen wir im obigen Beispiel einfach die Rollen, d. h. wir sind jetzt der Rohstofflieferant, der auf eine Lieferung im Warenwert von 100.000 € eine Anzahlung von 20 % fordert. Für ihn ergeben sich dann folgende Buchungen.

Bank	23.800,00 €	an	erhaltene Anzahlungen	20.000,00 €
			USt.	3.800,00 €

Bei Lieferung und der abschließenden Zahlung per Banküberweisung erfolgen dann folgende Buchungen.

Buchungssatz

Forderungen aus LuL	119.000,00 €	an	Umsatzerlöse	100.000,00 €
			USt.	19.000,00 €
erhaltene Anzahlungen	20.000,00 €	an	Forderungen aus LuL	23.800,00 €

USt.	3.800,00 €			
Bank	95.200,00 €	an	Forderungen aus LuL	95.200,00 €

7.8.3   Darlehen

Das Handelsrecht kennt nach § 266 (3) C. 2. die so genannten Verbindlichkeiten gegenüber Kreditinstituten. Die wenigsten Unternehmen kommen ohne solche Verbindlichkeiten, auch Bankdarlehen genannt, aus. Reichen die eigenen finanziellen Mittel eines
Unternehmens nicht aus, um beispielsweise das Sachanlagevermögen zu erweitern oder
auch zu ersetzen, so ist die Aufnahme von Verbindlichkeiten bei Kreditinstituten ein
gangbarer Weg der Finanzierung.

Auch wenn wir in der Bilanz nur den Ausweis der Position Verbindlichkeiten gegenüber Kreditinstituten kennen, lohnt es sich alleine schon vor dem Hintergrund einer
Liquiditätsplanung, zwischen kurz-, mittel- und langfristigen Bankverbindlichkeiten zu
unterscheiden. In den gängigen Kontenrahmen finden Sie üblicherweise entsprechende
Kontenuntergruppen. Dabei ist nicht die ursprünglich mit der Bank vereinbarte Kreditlaufzeit von Belang, sondern die Restlaufzeit des Kredites (vgl. Abb. 7.20).

Beispiel

Sie vereinbaren mit Ihrer Hausbank einen auf 10 Jahre laufenden Kreditvertrag zur
Anschaffung einer Produktionsanlage in Ihrem Betrieb. In den ersten fünf Jahren verbuchen Sie den Kredit in der Kontountergruppe langfristige Bankverbindlichkeiten,
ab dem sechsten Jahr buchen die den Kredit um auf die Kontountergruppe mittel-
fristige Bankverbindlichkeiten, und im letzten Jahr buchen Sie den Kredit auf die
Kontountergruppe kurzfristige Bankverbindlichkeiten um bzw. nach der letzten Tilgung buchen Sie den Kredit komplett aus. In der Bilanz selbst weisen Sie in jedem
Jahr nur die Position Verbindlichkeiten gegenüber Kreditinstituten aus. ◄

Wenn Sie mit einer Bank einen Kreditvertrag abschließen, bekommen Sie von der Bank
zunächst Geld. Dieses Geld will die Bank irgendwann wieder haben. Die Rückzahlung
des Kreditbetrages wird auch Tilgung genannt. Dafür, dass Ihnen die Bank das Geld

Bankverbindlichkeiten			
Fristigkeit	kurzfristig	mittelfristig	langfristig
Restlaufzeit	bis zu einem Jahr	zwischen einem und fünf Jahren	über fünf Jahre

Abb. 7.20   Fristigkeiten und Restlaufzeiten

überlässt, will diese aber auch eine Entlohnung haben, also einen Preis für die Geldüberlassung, und dieser Preis ist der vereinbarte Zins.

Je nachdem, welche konkreten Vereinbarungen Sie mit Ihrer Hausbank treffen, können verschiedene Darlehensarten entsprechend der Tilgungsmodalitäten und der Zinsen unterschieden werden (vgl. Abb. 7.21).

Diese Darlehensformen wollen wir an einem Beispiel verdeutlichen.

Beispiel

Wir nehmen als Unternehmen einen Investitionskredit in Höhe von 600.000 € bei unserer Hausbank auf. Der Kredit soll sechs Jahre laufen und der Zins sei mit 5 % über die gesamte Laufzeit festgeschrieben. Nun wollen wir den Zins-undTilgungsplan bei unterschiedlichen Tilgungsvereinbarungen betrachten. Bei einem Fälligkeitsdarlehen und bei dem Ratendarlehen, bei dem wir den Kredit in sechs gleich hohen Raten von 100.000 € zurückführen, ist das ohne weitere Nebenrechnung darstellbar. Für das Annuitätendarlehen müssen wir aber zunächst die Annuität, also die gleichbleibende Zahlung, ausrechnen. Dafür bedienen wir uns der Annuitätenformel aus der Finanzmathematik:

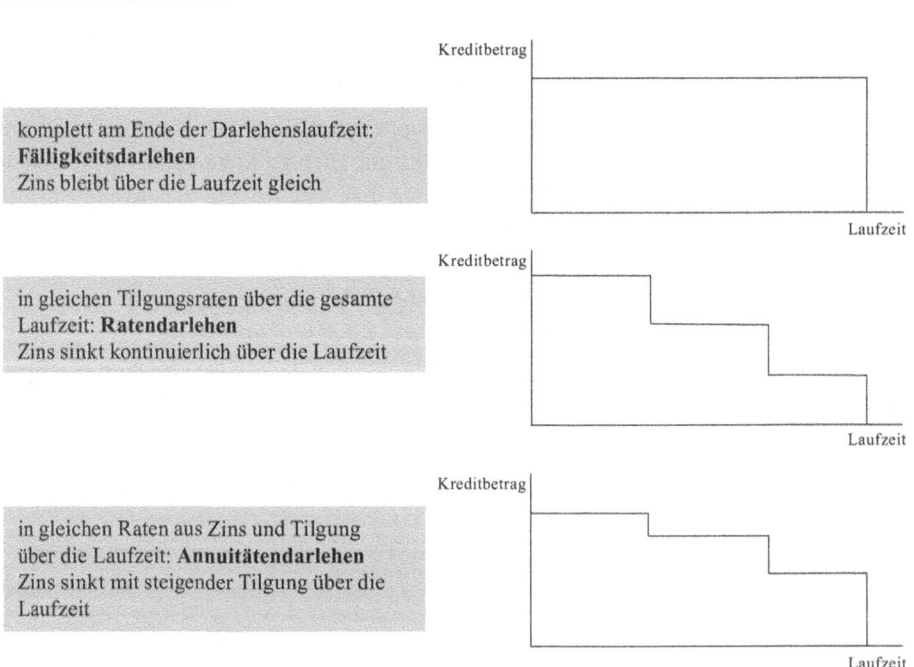

Abb. 7.21 Darlehensformen

Annuität = Kreditsumme·Annuitätenfaktor = Kreditsumme·$\left[i \cdot (1 + i)^n\right] / \left[(1 + i)^n - 1\right]$,

wobei n die Kreditlaufzeit und i der vereinbarte Zins sind.

$$\text{Annuität} = 600.000 \text{€} \cdot \left(0,05 \cdot 1,05^6\right) / \left(1,05^6 - 1\right) = 118.210,48 \text{€}$$

Damit sehen die Zins– und Tilgungspläne für die drei Darlehensformen wie folgt aus:

	Fälligkeitsdarlehen			Ratendarlehen				Annuitätendarlehen			
	Kredit	Zins	Tilgung	Kredit	Zins	Tilgung	Zins + Tilgung	Kredit	Zins	Tilgung	Annuität
Start	600.000,00 €			600.000,00 €				600.000,00 €			
Ende Jahr 1	600.000,00 €	30.000,00 €	0,00 €	500.000,00 €	30.000,00 €	100.000,00 €	130.000,00 €	511.789,52 €	30.000,00 €	88.210,48 €	118.210,48 €
Ende Jahr 2	600.000,00 €	30.000,00 €	0,00 €	400.000,00 €	25.000,00 €	100.000,00 €	125.000,00 €	419.168,51 €	25.589,48 €	92.621,00 €	118.210,48 €
Ende Jahr 3	600.000,00 €	30.000,00 €	0,00 €	300.000,00 €	20.000,00 €	100.000,00 €	120.000,00 €	321.916,46 €	20.958,43 €	97.252,06 €	118.210,48 €
Ende Jahr 4	600.000,00 €	30.000,00 €	0,00 €	200.000,00 €	15.000,00 €	100.000,00 €	115.000,00 €	219.801,80 €	16.095,82 €	102.114,66 €	118.210,48 €
Ende Jahr 5	600.000,00 €	30.000,00 €	0,00 €	100.000,00 €	10.000,00 €	100.000,00 €	110.000,00 €	112.581,41 €	10.990,09 €	107.220,39 €	118.210,48 €
Ende Jahr 6	0,00 €	30.000,00 €	600.000,00 €	0,00 €	5.000,00 €	100.000,00 €	105.000,00 €	0,00 €	5.629,07 €	112.581,41 €	118.210,48 €
Σ Zinsen		180.000,00 €			105.000,00 €				109.262,89 €		

Das Ratendarlehen ist dabei zwar bei sonst gleichen Konditionen das, bei dem in Summe am wenigsten Zinsen zu zahlen sind. Allerdings fließt durch die Tilgung auch frühzeitiger und in höherem Ausmaß Geld für die Tilgung aus dem Unternehmen ab. Was für das Unternehmen die vorteilhafteste Darlehensform ist, kann daher nicht allein am Zins festgemacht werden. ◄

Zinsen sind auch nicht notwendigerweise über die gesamte Kreditlaufzeit festgeschrieben. Das kann zwar – wie im obigen Beispiel – zwischen den Vertragspartnern vereinbart werden; allerdings können ebenso grundsätzlich variable Zinsen vereinbart werden, die sich an einer Richtgröße wie beispielsweise einem Interbankensatz orientieren, oder die Zinsbindung, also der Teil der Kreditlaufzeit mit einem fest vereinbarten Zins, endet nach einem vereinbarten Zeitraum und geht dann in eine variable Verzinsung über.

Bei der Verbuchung von Darlehen ist darauf zu achten, dass die Tilgung eines Kredits nicht erfolgswirksam ist, sondern lediglich eine Bilanzverkürzung, also eine Verringerung der Bilanzsumme, darstellt. Die Zinszahlungen hingegen sind erfolgswirksam als Aufwand zu verbuchen. Wir wollen das am obigen Beispiel des Fälligkeitsdarlehens aufzeigen.

Beispiel

Buchungssatz
Kreditauszahlung

Bank	600.000,00 €	an	langfristige Verb. bei KI	600.000,00 €

Jahr 1

| langfristige Verb. bei KI | 600.000,00 € | an | mittelfristige Verb. bei KI | 600.000,00 € |
| Zinsaufwand | 30.000,00 € | an | Bank | 30.000,00 € |

Jahr 2 bis Jahr 4

| Zinsaufwand | 30.000,00 € | an | Bank | 30.000,00 € |

Jahr 5

| mittelfristige Verb. bei KI | 600.000,00 € | an | kurzfristige Verb. bei KI | 600.000,00 € |
| Zinsaufwand | 30.000,00 € | an | Bank | 30.000,00 € |

Jahr 6

| Zinsaufwand | 30.000,00 € | an | Bank | 630.000,00 € |
| kurzfristige Verb. bei KI | 600.000,00 € | | | |

Mitunter wird Ihnen Ihre Hausbank auch einen Kredit mit einem Disagio anbieten, also eine Differenz zwischen einem niedrigeren Auszahlungsbetrag und dem Rückzahlungs- bzw. Erfüllungsbetrag. Diese geringere Auszahlung ist quasi ein vorab von der Bank einbehaltener Zins, für den es handels- und steuerrechtlich unterschiedliche Behandlungsmethoden in der buchhalterischen Erfassung gibt. Nach § 250 (3) HGB besteht bei einem Disagio ein Wahlrecht, den kompletten Disagiobetrag im Jahr der Darlehensaufnahme als Aufwand zu verbuchen oder aber das Disagio zu aktivieren und über die Laufzeit des Darlehens linear abzuschreiben. Steuerrechtlich wird ein Disagio bei einem Darlehen als aktiver Rechnungsabgrenzungsposten erfasst (Aktivierungspflicht) und über die Laufzeit des Darlehens linear abgeschrieben. Das Steuerrecht schreibt damit eine gleichmäßige Verteilung und dadurch eine steuergerechte Erfolgsermittlung vor. Eine sofortige Verbuchung als Aufwand würde den Gewinn und die Steuern nur im Darlehensjahr mindern statt gleichmäßig und in weniger hohem Umfang bei einer Aktivierung und planmäßigen Abschreibung. Für den Steuerpflichtigen ergäbe sich damit eine zinslose Steuerstundung, was durch die Aktivierungspflicht im Steuerrecht vermieden werden soll. Das Handelsrecht hingegen eröffnet durch das Wahlrecht bilanzpolitische Bewertungsspielräume: Der handelsrechtliche Gewinn fällt bei einer direkten Verbuchung des Disagios als Aufwand geringer aus als bei einer Abschreibung über die Darlehenslaufzeit (vgl. Abb. 7.22).

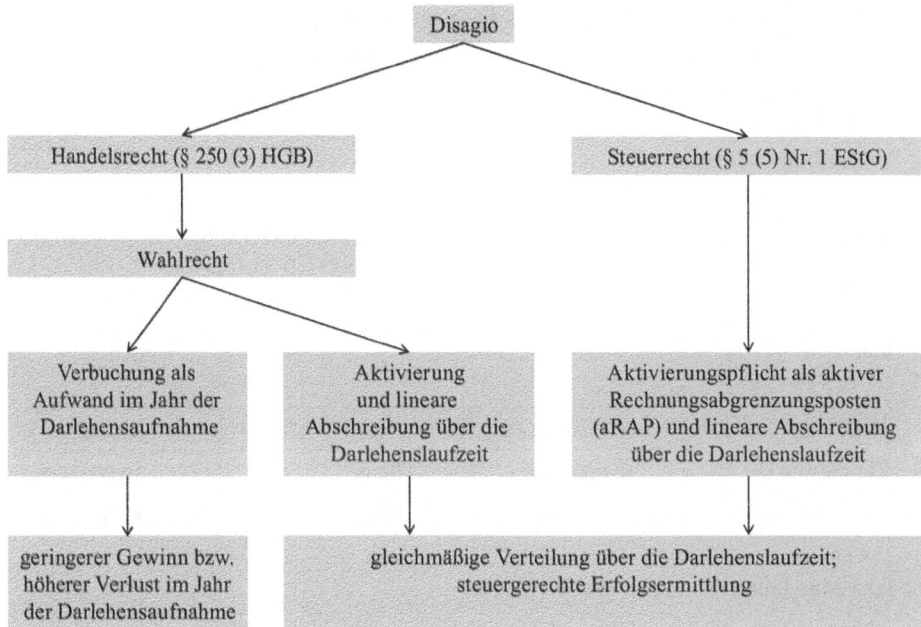

Abb. 7.22 Handels- und steuerrechtliche Behandlung eines Disagio

Unser obiger Unternehmenskredit über 600.000 € wird bei 5 % Zinsen mit einem Disagio von 10 % ausbezahlt. Dadurch verändert sich der Zins- und Tilgungsplan nicht, da sich die Zinsen und die Tilgungen am Erfüllungsbetrag bemessen.

Schreiben wir das Disagio im Jahr der Darlehensaufnahme ab, so ändert sich die Verbuchung der Kreditaufnahme und es kommt im ersten Jahr die Verbuchung des Disagio als Zinsaufwand hinzu:

Kreditauszahlung

Bank	540.000,00 €	an	langfristige Verb. bei KI	600.000,00 €
Disagio	60.000,00 €			

Jahr 1

langfristige Verb. bei KI	600.000,00 €	an	mittelfristige Verb. bei KI	600.000,00 €
Zinsaufwand	90.000,00 €	an	Bank	30.000,00 €
			Disagio	60.000,00 €

Die Buchungen in den Folgejahren bleiben unverändert.

Aktivieren wir das Disagio und schreiben es über die Darlehenslaufzeit ab, so ergibt sich folgendes Buchungsbild:

Buchungssatz

Kreditauszahlung

Bank	540.000,00 €	an	langfristige Verb. bei KI	600.000,00 €
Disagio	60.000,00 €			

Jahr 1

langfristige Verb. bei KI	600.000,00 €	an	mittelfristige Verb. bei KI	600.000,00 €
Zinsaufwand	40.000,00 €	an	Bank	30.000,00 €
			Disagio	10.000,00 €

Jahr 2 bis Jahr 4

Zinsaufwand	40.000,00 €	an	Bank	30.000,00 €
			Disagio	10.000,00 €

Jahr 5

mittelfristige Verb. bei KI	600.000,00 €	an	kurzfristige Verb. bei KI	600.000,00 €
Zinsaufwand	40.000,00 €	an	Bank	30.000,00 €
			Disagio	10.000,00 €

Jahr 6

kurzfristige Verb. bei KI	600.000,00 €	an	Bank	600.000,00 €
Zinsaufwand	40.000,00 €	an	Bank	30.000,00 €
			Disagio	10.000,00 €

◀

Für eventuell anfallende Bearbeitungsgebühren der Bank im Zusammenhang mit der Kreditvergabe gelten die gleichen Vorschriften wie für das Disagio, d. h. im Steuerrecht besteht eine Aktivierungspflicht, für die Handelsbilanz besteht ein Wahlrecht. Das Disagio und die Bearbeitungsgebühren sind allerdings in der Handelsbilanz gleich zu behandeln, d. h. entweder beides als Aufwand im Darlehensjahr verbuchen oder beides aktivieren und über die Darlehenslaufzeit abschreiben.

Exkurs: Effektivzins

Im obigen Beispiel ist als so genannter Nominalzins 5 % angegeben. Wir haben schon darauf hingewiesen, dass das Disagio eine Art vorab vom Kreditgeber einbehaltene Zinszahlung darstellt. Also sind die 5 % nicht die gesamten Kreditkosten. In dem gewählten Beispiel eines Fälligkeitsdarlehens lässt sich die effektive Verzinsung des Darlehens nach folgender Formel berechnen:

Zinssatz effektiv =

Zinssatz nominal + (Disagio/Darlehenslaufzeit)/Auszahlung in Prozent

$= 0,05 + (0,1/6)/0,9 = 0,685 = 6.85$ %

▶ **Achtung!** Die angegebene Formel dient nur bei einem Fälligkeitsdarlehen zur Effektivzinsberechnung. Bei anderen Darlehensformen sind andere Formeln für die Effektivzinsberechnung zu verwenden.

7.8.4 Leasing

Leasing ist eine miet- oder pachtähnliche vertragliche Vereinbarung zwischen zwei Parteien, genannt Leasinggeber und Leasingnehmer, über die Nutzung von Anlagegütern. Dabei ist keine Einschränkung zwischen Mobilien und Immobilien notwendig, denn Leasing kann auf beide Typen von Anlagegütern Anwendung finden.

Für die Buchführung ist die Frage entscheidend: Bei wem wird das Anlagegut bilanziert? Beim Leasinggeber oder beim Leasingnehmer? Das rechtliche Eigentum bleibt ja auch bei einem solchen miet- oder pachtähnlichen Vertrag beim Leasinggeber. Wäre es dann nicht logisch, bei ihm das Wirtschaftsgut auch zu bilanzieren? Hier müssen wir unsere juristische Vorbildung mit den Grundlagen des Bürgerlichen Gesetzbuches (BGB) außen vor lassen, denn für die Beurteilung eines Unternehmens im Sinne der Grundsätze ordnungsgemäßer Buchführung (GoB) Vollständigkeit, Richtigkeit, Klarheit und Abgrenzung ist das wirtschaftliche Eigentum entscheidend. Das heißt die Entscheidung darüber, wer das Anlagegut bilanzieren muss, wird daran festgemacht, wer das Investitionsrisiko trägt.

Das **Operating Leasing** umfasst zumeist kurzfristige Verträge, die von beiden Parteien unter Einhaltung vertraglich vereinbarter Fristen gekündigt werden können. Feste Grundmietzeiten sind dabei nicht vorgesehen. Am Ende der Vertragslaufzeit gibt der Leasingnehmer das Objekt wieder an den Leasinggeber zurück. Der Leasinggeber trägt das volle Investitionsrisiko, d. h. das Risiko der wirtschaftlichen Verwertung, der Wertminderung (beispielsweise durch Innovationen) oder des wirtschaftlichen Untergangs (beispielsweise durch einen Unfall oder einen Defekt). In der Regel ist der Leasinggeber auch für Wartungs- und Instandhaltungsarbeiten zuständig. Damit ist das Anlagegut beim Leasinggeber zu bilanzieren. Der Leasingnehmer erfasst in seiner Buchhaltung lediglich die Leasingzahlungen als Aufwand. Typische Anlagegüter, für die Operating Leasing in Frage kommt, sind solche, die jederzeit auch an andere Kunden weiter vermietet werden können, wenn ein bestehender Vertrag gekündigt wird, wie beispielsweise Bürogebäude oder Baumaschinen. Rechtlich handelt es sich beim Operating Leasing um Mietverträge im Sinne des BGB.

Das **Financial Leasing** hingegen hat eher den Charakter eines Ratenkaufs und zeichnet sich durch eine festgelegte Grundmietzeit aus, innerhalb der eine Vertragskündigung beiderseits ausgeschlossen ist. Je nach Vertragsform besteht nach Ablauf der Grundmietzeit die Möglichkeit der Rückgabe des Leasingobjektes, einer Kaufoption oder einer Vertragsverlängerung. Das Investitionsrisiko, inklusive Wartung und Instandhaltungspflichten, geht auf den Leasingnehmer über. Der Leasinggeber trägt hingegen nur das Risiko der Zahlungsfähigkeit seines Vertragspartners. In diesem Fall ist das Anlagegut beim Leasingnehmer zu bilanzieren. Der deutsche Gesetzgeber hat klare Regeln aufgestellt, die beim Financial Leasing gegeben sein müssen, um eine bilanzielle Zurechnung des Leasinggutes zum Leasingnehmer vorzunehmen:

- Die Grundmietzeit liegt unter 40 % bzw. über 90 % der betriebsüblichen Nutzungsdauer.
- Die Grundmietzeit liegt zwischen 40 und 90 %, und es besteht eine Kaufoption, bei der der Kaufpreis kleiner als der Restbuchwert bei linearer Abschreibung sein muss.
- Die Grundmietzeit liegt zwischen 40 und 90 %, und es besteht eine Mietverlängerungsoption, bei der die vereinbarte Anschlussmiete so zu bemessen ist, dass sie den Buchwert abzüglich der linearen Abschreibung nicht übersteigt.
- Es liegt ein Spezialleasing vor. Hierbei wird das Leasingobjekt speziell für den Leasingnehmer angefertigt und ist daher ausschließlich von diesem nutzbar.

Beispiel

Ein Bauunternehmer least bei einer Leasinggesellschaft einen Lkw für jährlich 30.000 € netto. Vertraglich wird eine Mietdauer von drei Jahren vereinbart; der Vertrag ist nicht vorzeitig kündbar, eine Verlängerungs- oder eine Kaufoption sind nicht vorgesehen. Die Leasinggesellschaft kauft den Lkw beim Hersteller für 120.000 € netto. Die betriebsgewöhnliche Nutzungsdauer für das Fahrzeug beträgt sechs Jahre. Alle Zahlungen erfolgen per Banküberweisung.

Die Grundmietzeit liegt bei 50 % der betriebsgewöhnlichen Nutzungsdauer und es gibt keine Optionsvereinbarungen. Damit ist das Leasinggut dem Leasinggeber zuzurechnen.

Buchungssatz bei Leasinggeber

Anschaffung

Fuhrpark	120.000,00 €	an	Bank	142.800,00 €
VSt.	22.800,00 €			

Leasingrate

Bank	35.700,00 €	an	Leasingerträge	30.000,00 €
			USt.	5.700,00 €

Abschreibung

AfA auf Sachanlagen	20.000,00 €	an	Fuhrpark	20.000,00 €

Buchungssatz beim Leasingnehmer

Leasingaufwand	30.000,00 €	an	Bank	35.700,00 €
VSt.	5.700,00 €			

Die Zurechnung eines Leasingobjektes zum Leasingnehmer ist buchungstechnisch etwas komplexer. Zum einen muss der Leasinggeber bei der Übergabe eine Kaufpreisforderung aktivieren und die dafür anfallende Umsatzsteuer dem Leasingnehmer sofort und in vollem Umfang in Rechnung stellen. Zum anderen ist die Aufteilung der Leasingrate in einen erfolgsneutralen Tilgungs- und einen erfolgswirksamen Zins- und Kostenanteil erforderlich, was am einfachsten mit der Formel für die Zinsstaffelmethode möglich ist.

$$\text{Absoluter Zins-und Kostenanteil} = \sum \text{Zins-und Kostenanteile} \cdot (\text{Anzahl der Restraten} + 1)/$$

Summe der Zahlenreihen aller Raten

Wir wollen das an einem Beispiel verdeutlichen:

Beispiel

Das obige Beispiel sei nun insofern verändert, dass der Bauunternehmer nach einer festen Mietzeit von fünf Jahren eine Kaufoption für den Lkw für 10.000 € erhält.

Die Grundmietzeit liegt damit wieder wie oben zwischen 40 und 90 % der betriebsgewöhnlichen Nutzungsdauer, und der Kaufpreis bei der Kaufoption (10.000 €) liegt
unter dem Restbuchwert bei linearer Abschreibung (120.000 € − 5 · 20.000 € = 20.00
0 €). Damit ist das Leasinggut dem Leasingnehmer zuzurechnen.

Da die Leasingdauer bei fünf Jahren liegt, beträgt die Summe der Zahlenreihen
aller Raten

$$1 + 2 + 3 + 4 + 5 = 15$$

Die Summe der Leasingraten beträgt

$$5 \cdot 30.000€ = 150.000€$$

Abzüglich den Anschaffungskosten von 120.000 € errechnet sich so eine Summe der
Zins- und Kostenanteile von 30.000 €. Diese sind gemäß dem Schlüssel (Anzahl der
Restraten + 1)/Summe der Zahlenreihen aller Raten auf die einzelnen Leasingjahre
aufzuteilen.

Jahr	Restraten	Restrate + 1	Summe der Zahlenreihen	Restraten +1 / Summe der Zahlenreihen	Summe Zins- und Kostenanteile	absoluter Zins- und Kostenanteil der Jahresrate gemäß obiger Formel	Leasingrate	Tilgungsanteil Leasingrate - (Zins- und Kostenanteil der Jahresrate)
1	4	5	15	0,333333	30.000,00 €	10.000,00 €	30.000,00 €	20.000,00 €
2	3	4	15	0,266667	30.000,00 €	8.000,00 €	30.000,00 €	22.000,00 €
3	2	3	15	0,200000	30.000,00 €	6.000,00 €	30.000,00 €	24.000,00 €
4	1	2	15	0,133333	30.000,00 €	4.000,00 €	30.000,00 €	26.000,00 €
5	0	1	15	0,066667	30.000,00 €	2.000,00 €	30.000,00 €	28.000,00 €

Buchungssatz bei Leasinggeber
  Anschaffung

Warenbestand	120.000,00 €	an	Bank	142.800,00 €
VSt.	22.800,00 €			

Übergabe an den Leasingnehmer

Kaufpreisforderung	120.000,00 €	an	Umsatzerlöse	120.000,00 €
USt.-Forderung	22.800,00 €	an	USt.-Verbindlichkeiten	22.800,00 €
Bank	22.800,00 €	an	USt.-Forderungen	22.800,00 €

Leasingrate (im ersten Jahr)

Bank	30.000,00 €	an	Kaufpreisforderungen	20.000,00 €
			Leasingerträge	10.000,00 €

Leasingrate (im zweiten Jahr)

Bank	30.000,00 €	an	Kaufpreisforderungen	22.000,00 €
			Leasingerträge	8.000,00 €

etc.

▶ **Achtung!** Beim Verbuchen der Leasingrate ist darauf zu achten, dass Sie kein
zweites Mal USt. buchen, denn diese haben Sie bereits bei der Übergabe an
den Leasingnehmer diesem in Rechnung gestellt und er musste die Rechnung
für die Umsatzsteuer sofort begleichen.

Beispiel

Buchungssatz beim Leasingnehmer
  Aktivierung

Fuhrpark	120.000,00 €	an	Kaufpreisverbindlichkeiten	120.000,00 €
VSt.	22.800,00 €	an	Bank	22.800,00 €

Leasingrate (im ersten Jahr)

Kaufpreisverbindlichkeiten	20.000,00 €	an	Bank	30.000,00 €
Leasingaufwand	10.000,00 €			

Leasingrate (im zweiten Jahr)

Kaufpreisverbindlichkeiten	22.000,00 €	an	Bank	30.000,00 €
Leasingaufwand	8.000,00 €			

etc.

Abschreibung

| AfA auf Sachanlagen | 20.000,00 € | an | Fuhrpark | 20.000,00 € |

7.9 Steuern

> Steuern sind Geldleistungen, die nicht eine Gegenleistung für eine besondere Leistung dar-
> stellen und von einem öffentlich-rechtlichen Gemeinwesen zur Erzielung von Einnahmen
> allen auferlegt werden, bei denen der Tatbestand zutrifft, an den das Gesetz die Leistungs-
> pflicht knüpft; die Erzielung von Einnahmen kann Nebenzweck sein (§ 3 (1) AO).

Mit der Umsatzsteuer (USt.) haben wir schon ein Steuerthema abgearbeitet, das für
ein Unternehmen im Tagesgeschäft essenziell ist; allerdings ist die USt. für die Unternehmen ein durchlaufender Posten, der letztendlich vom Endverbraucher getragen wird.
Das ist bei den typischen so genannten Unternehmenssteuern anders. Diese werden von
den Unternehmen getragen. In der obigen Definition der Steuern ist besonders wichtig,
dass sie keine Gegenleistung für eine besondere Leistung darstellen. Das ist ein Grund-
merkmal von Steuern und grenzt sie von den Gebühren und Beiträgen ab, die zweck-
gebunden erhoben werden.

Bei den ergebnisorientierten Steuern ist zu unterscheiden, ob wir einen Einzelkaufmann bzw. eine Personengesellschaft betrachten, oder ob eine Kapitalgesellschaft be-
steuert wird. Der Einzelkaufmann und die Personengesellschaften müssen Einkommensteuer bezahlen und sind dabei dem Einkommensteuergesetz (EStG) unterworfen.
Kapitalgesellschaften hingegen unterliegen dem Körperschaftsteuergesetz (KStG). In
beiden Fällen wird darüber hinaus der Solidaritätszuschlag erhoben, den wir bereits bei
der Personalbuchhaltung kennen gelernt haben.

Für die Einkommensteuer hat der Gesetzgeber einen progressiven Steuertarif fest-
gesetzt, der mit zunehmendem Einkommen einen höheren Steuersatz vorschreibt. Die
Körperschaftsteuer beträgt 15 % des Gewinns vor Steuern, den das Unternehmen in seiner Gewinn- und Verlustrechnung (GuV) ermittelt hat. Auf beide Steuerbeträge wird der
Solidaritätszuschlag mit einem Prozentsatz von 5,5 % festgelegt. Ausgeschüttete, schon
mit der Körperschaftsteuer belastete Gewinne aus einem Unternehmen sind einkommen-
steuerpflichtig. Allerdings hat hier eine deutliche Vereinfachung stattgefunden. Während
früher die bereits gezahlte Körperschaftsteuer mit einem Anrechnungsverfahren bei der
Ermittlung der Einkommensteuer berücksichtig wurde, werden die ausgeschütteten Gewinne mittlerweile als Kapitalerträge behandelt und mit einem pauschalisierten Steuersatz von 25 % belegt.

Daneben ist für Unternehmen die so genannte Gewerbesteuer relevant, sofern es sich
um Gewerbebetriebe handelt und keine Ausnahme nach § 6 Gewerbesteuerordnung

vorgesehen ist. Zu diesen Ausnahmen zählen beispielsweise freiberufliche Tätigkeiten wie Rechtsanwälte, Lehrer, Erzieher oder auch Apotheker. Die Gewerbesteuer wird grundsätzlich bundesweit erhoben, die Höhe kann aber durch die Festlegung der Bemessungsgrundlage von den jeweiligen Gemeinden beeinflusst werden. Ausgangsbasis für die Ermittlung der Gewerbesteuer ist der Gewerbeertrag, der sich aus dem Ergebnis vor Steuern, das aus der GuV resultiert, mit bestimmten Hinzurechnungen und Kürzungen nach den Vorgaben des Gewerbesteuergesetzes (GewStG) errechnet. Auf dieser Basis wird die Gewerbesteuer nach folgender Formel ermittelt:

$$Gewerbesteuer = Gewerbeertrag \cdot Messzahl \cdot Hebesatz$$

Die Messzahl ist derzeit einheitlich mit 3,5 % festgelegt, der Hebesatz obliegt der Entscheidung der zuständigen Gemeinden. Damit haben die Gemeinden ein Instrument an der Hand, um die steuerliche Belastung von Unternehmen erheblich zu beeinflussen. Dementsprechend fallen die Hebesätze in Deutschland auch sehr unterschiedlich aus. Während 2015 der durchschnittliche Hebesatz bei 356,4 % lag, betrug der minimale Hebesatz nur 200 %, der maximale hingegen 900 %.

Beispiel

Ein Gewerbebetrieb, der für das vergangene Geschäftsjahr einen Gewerbeertrag von 75.000 € ermittelt hat, möchte wissen, wie sich seine Standortwahl auf die Gewerbesteuer und damit seine Steuerlast auswirken könnte. Er vergleicht daher den minimalen, den durchschnittlichen und den maximalen Hebesatz für 2017.

Gewerbeertrag	Messzahl	Hebesatz	Gewerbesteuer
75.000,00 €	3,5 %	200,0 %	5.250,00 €
75.000,00 €	3,5 %	356,4 %	9.355,50 €
75.000,00 €	3,5 %	900,0 %	23.625,00 €

Der Unterschied zwischen dem gewerbesteuergünstigsten und dem teuersten Standort liegt für den Unternehmer damit im abgelaufenen Geschäftsjahr bei 18.375 €. Das macht es verständlich, warum gerade größere Unternehmen, die weitaus höhere Gewerbeerträge haben, oft sehr genaue Standortüberlegungen anstellen, und warum sie beispielsweise auch in Nachbargemeinden umziehen, die mit niedrigeren Hebesätzen locken. ◄

Für die Buchhaltung ist die Berechnung der Steuern nicht entscheidend. Im Zweifelsfall sind damit ohnehin Spezialisten beschäftigt. Für uns sind andere Fragestellungen entscheidend:

- Handelt es sich um „durchlaufende Posten", die das Unternehmen nur einzieht oder einbehält, aber letztendlich nicht trägt?

- Handelt es sich um aktivierungspflichtige Steuern, die in die Anschaffungs- oder Herstellkosten eines Gutes eingehen?
- Handelt es sich um abzugsfähige oder nicht abzugsfähige Steuern, d. h. können sie als Aufwand in der GuV verbucht werden?

Bei den durchlaufenden Posten haben wir bereits die USt. erwähnt. Ebenso sind die einbehaltenen Lohn- und Einkommensteuern und Solidaritätszuschläge Ihrer Mitarbeiter für Ihr Unternehmen lediglich ein durchlaufender Posten, denn dieser Gehaltsbestandteil wird vom Unternehmen lediglich direkt ans Finanzamt abgeführt, getragen wird er vom jeweiligen Arbeitnehmer.

Aktivierungspflichtige Steuern haben wir ebenfalls schon kennen gelernt, auch wenn sie bisher unter anderem Namen liefen. Wir verweisen dafür auf unser Beispiel aus Abschn. 7.3.3 mit Zöllen. Zölle sind nach der obigen Definition nichts anderes als Importsteuern, und sie erhöhen als Anschaffungsnebenkosten die handels- und steuerrechtlichen Anschaffungskosten, mit denen unsere importierten Wirtschaftsgüter in der Buchführung erfasst werden. Das gleiche gilt für die Grunderwerbsteuer beim Kauf von inländischen Immobilien.

Nicht abzugsfähige Steuern dürfen den Gewinn eines Unternehmens nicht mindern, abzugsfähige Steuern hingegen mindern als Aufwand den Gewinn eines Unternehmens. Nicht abzugsfähig sind Steuern vom Einkommen und Ertrag, also Körperschaftsteuer und Solidaritätszuschlag, Gewerbe- und Kapitalertragsteuer sowie Privatsteuern, also Einkommensteuer, Solidaritätszuschlag, ggfs. Kirchensteuer, Kapitalertrag-, Erbschaft- und Schenkungsteuer. Abzugsfähig sind hingegen betrieblich veranlasste Steuern die in der Buchführung meist in einer Sammelposition **sonstige betriebliche Steuern** berücksichtigt werden. Zu den sonstigen betrieblichen Steuern gehören zum Beispiel Ökosteuer, Grundsteuer, Kfz-Steuer, Versicherungssteuern, Ausfuhrzölle, Tabaksteuer, Steuererstattungen bzw. Nachzahlungen aus Vorjahren, Erträge aus der Auflösung von Rückstellungen für sonstige Steuern. Einzelkontierungen für diese Steuern würden wir nur bei für das Unternehmen wesentlichen Beträgen vornehmen, beispielsweise in einer Autovermietung der Posten Kfz-Steuer.

7.10 Übungsaufgaben

I. Einfache Buchungssätze

Bilden Sie folgende Buchungssätze und vernachlässigen bei Käufen oder Verkäufen der Vereinfachung halber die Umsatzsteuer. Gehen Sie darüber hinaus davon aus, dass es sich bei dem Unternehmen um eine inhabergeführte Personengesellschaft handelt.

  1 Verbrauch von Rohstoffen laut Materialentnahmeschein im Wert von 1280 €

  2 Überweisung einer fälligen Rechnung in Höhe von 378,73 € an einen Lieferanten

  3 Tilgung eines Bankdarlehens in Höhe von 70.000 € per Überweisung

  4 Barabhebung 1800 € vom Bankkonto

  5 Kunde bezahlt eine Rechnung in Höhe von 2473 € per Überweisung

  6 Barkauf eines Laptops für private Zwecke 499 €

  7 Umwandlung einer Verbindlichkeit aus LuL in Höhe von 20.000 € in eine längerfristige Darlehensschuld bei dem Lieferanten.

  8 Bareinzahlung von 5000 € Kassenbestand auf das Unternehmenskonto

  9 Kapitaleinlage des Geschäftsinhabers in Höhe von 5.000 € durch Bareinzahlung auf dem Geschäftskonto

10 Zinsgutschrift in Höhe von 32,78 € durch die Bank

11 Lastschrift der Bank für Darlehenszinsen in Höhe von 717,38 €

12 Buchung einer planmäßigen Abschreibung auf eine Maschine in Höhe von 3780 €

13 Abschluss des GuV-Konto mit einem Gewinn von 17.818,85 €

14 Abschluss des Eigenkapitalkontos mit einem Endbestand von 87.570 €

15 Erfassung eines Minderbestandes an fertigen Erzeugnissen am Jahresende in Höhe von 2200 €

16 Abschluss des Kontos fertige Erzeugnisse mit einem Bestand von 32.888 €

Musterlösung

1.	Aufwendungen für Rohstoffe	an	Rohstoffe	1.280,00 €
2.	Verbindlichkeiten aus LuL	an	Bank	378,73 €

3.	Verbindlichkeiten ggü. KI	an	Bank	70.000,00 €
4.	Kasse	an	Bank	1.800,00 €
5.	Bank	an	Forderungen aus LuL	2.473,00 €
6.	Privatentnahme	an	Kasse	499,00 €
7.	Verbindlichkeiten aus LuL	an	Darlehen	20.000,00 €
8.	Bank	an	Kasse	5.000,00 €
9.	Bank	an	Privateinlage	5.000,00 €
10.	Bank	an	Zinserträge	32,78 €
11.	Zinsaufwand	an	Bank	717,38 €
12.	Abschreibungen auf Sachanlagen	an	Maschinen	3.780,00 €
13.	GuV	an	Eigenkapital	17.818,85 €
14.	Eigenkapital	an	Schlussbilanzkonto	87.570,00 €
15.	Bestandsveränderungen f. E.	an	Fertige Erzeugnisse	2.200,00 €
16.	Schlussbilanzkonto	an	Fertige Erzeugnisse	32.888,00 €

II. Zusammengesetzte Buchungssätze

Bilden Sie folgende Buchungssätze.

1 Kauf von Büromaterialien in Höhe von 378,73 € inkl. 19 % USt. bar
2 Kunde bezahlt eine Warenlieferung in Höhe von 2473 € inkl. 19 % USt. bar bei Lieferung
3 Einkauf von Hilfsstoffen auf Ziel, Nettobetrag 2500 € zzgl. 19 % USt.
4 Rechnung für die Entsorgung von Sondermüll 223,70 € inkl. 19 % USt. wird dem Dienstleister direkt bar der Abholung des Sondermülls bar bezahlt
5 Verkauf von Fertigprodukten an einen Großhändler für 32.800 € zzgl. 19 % USt. auf Ziel
6 Kauf von Rohstoffen im Wert von 15.000 € netto, Zahlung zu einem Drittel bar, zu zwei Drittel per sofortiger Überweisung
7 Transportkosten der Rohstoffe 288,93 € inkl. 19 % USt. gehen per sofortiger Banküberweisung dem Spediteur zu
8 Rücksendung von Hilfsstoffen (aus 3.) im Rechnungswert von 500 € netto nach Mängelrüge
9 Großhändler (aus 5.) erhält nach einer Mängelrüge auf gelieferten Fertigprodukte eine Gutschrift in Höhe von 3280 € (netto)
10 Großhändler (aus 9.) zahlt den verbleibenden Rechnungsbetrag fristgerecht unter Inanspruchnahme von 3 % Skonto

Musterlösung

1.	BGA	318,34 €	an	Kasse	378,73 €
	VSt.	60,39 €			
2.	Kasse	2.473,00 €	an	Umsatzerlöse	2.078,15 €
				USt.	394,85 €
3.	Hilfsstoffe	2.500,00 €	an	Verbindlichkeiten aus LuL	2.975,00 €
	VSt.	475,00 €			
4.	Entsorgungsaufwand	187,98 €	an	Kasse	223,70 €
	VSt.	35,72 €			
5.	Forderungen aus LuL	39.032,00 €	an	Umsatzerlöse	32.800,00 €
				USt.	6.232,00 €
6.	Rohstoffe	15.000 €	an	Kasse	5950,00 €
	VSt.	2.850,00 €		Bank	11.900,00 €
7.	Dienstleistungsaufwand	242,80 €	an	Bank	288,93 €
	VSt.	46,13 €			
8.	Forderungen aus LuL	595,00 €	an	Hilfsstoffe	500,00 €
				VSt.	95,00 €
9.	Umsatzberichtigungen	3.280,00 €	an	Forderungen aus LuL	3.903,20 €
	USt.	623,20 €			
10.	Bank	34.074,94 €	an	Forderungen aus LuL	35.128,80 €
	Kundenskonto	885,60 €			
	USt.	168,26 €			

III. Darlehen und Disagio

Das Handelsunternehmen „Handel im Wandel GmbH" wächst seit seiner Gründung kontinuierlich und steht nun vor der Aufgabe, eine neue Lagerhalle zu bauen. Die notwendige Fläche dafür ist auf den firmeneigenen Grundstücken vorhanden, und die notwendigen Planungen sind abgeschlossen und die Genehmigungen eingeholt. Mit der Hausbank „Lend a Friend" hat sich die GmbH-Geschäftsführung auf eine Kreditfinanzierung mit folgenden Rahmenbedingungen geeinigt:

- Fünfjähriges Fälligkeitendarlehen mit einer Kreditsumme von 750.000 €
- Auszahlung am 02.01.2024
- Auszahlung zu 98 %
- Zinssatz 2,2 %
- Halbjährliche Zinszahlung, nachschüssig
- Endfällige Tilgung des gesamten Kreditbetrages am 30.12.2029

Verbuchen Sie bei der GmbH den Darlehenseingang, die erste Zinszahlung am 30.06.2018, die Teilauflösung des Disagios zum 31.12.2018 sowie die Kredittilgung zum 30.12.2023. Gehen Sie dabei davon aus, dass das Unternehmen keine getrennte Handels- und Steuerbilanz, sondern eine Einheitsbilanz erstellt. Geschäftsjahr sei das Kalenderjahr.

Musterlösung

Das Disagio beträgt 100 % − 98 % = 2 % der Kreditsumme.

$$750.000€ \cdot 2\ \% = 15.000€$$

Da die GmbH eine Einheitsbilanz erstellt, kommt das im Handelsrecht vorgesehene Wahlrecht für die Aktivierung des Disagios nicht zum Tragen, sondern die Aktivierungspflicht nach Steuerrecht. Somit wird der Krediteingang bei der GmbH verbucht als:

Bank	735.000,00 €	an	Verbindlichkeiten ggü. KI	750.000,00 €
Disagio	15.000 €			

Der jährliche Zinsaufwand berechnet sich aus der Kreditsumme und dem vereinbarten Zinssatz:

$$\text{Zinsaufwand jährlich} = 750.000€ \cdot 2,2\ \%$$
$$= 16.500€ \text{ Zinsaufwand halbjährlich} = 16.500€/2 = 8250€$$

▶ **Achtung!** Die verwendete Begrifflichkeit der nachschüssigen Zinszahlung bedeutet, dass der Zins für den Kredit im Ende der vereinbarten Periode im Nachhinein zu zahlen ist. Grundsätzlich denkbar ist auch eine so genannte vorschüssige Zinszahlung am Anfang der jeweiligen Zinsperiode, was aber im Kreditgeschäft eher unüblich ist. Die Unterscheidung zwischen nach- und vorschüssig werden Sie im Rahmen der Investitionsrechnung öfter brauchen.

Die unterjährige Zinsberechnung lässt sich auch mit der Formel

$$\text{Zinsaufwand unterjährig} = \text{Kreditbetrag} \cdot \text{Zinssatz} \cdot \text{Zeitraum (in Tagen)}/360$$

kalkulieren. Achten Sie bei der Verwendung dieser Formel bitte darauf, dass ganze Monate grundsätzlich mit 30 Tagen und das Geschäfts- oder Kalenderjahr mit 360 Tagen gerechnet werden. Das ist eine bewusste, der Vereinfachung dienende Ungenauigkeit, die im Wirtschaftsleben nach wie vor üblich ist.

In der Aufgabe würde sich der halbjährliche Zinsaufwand somit auch als

$$\text{Zinsaufwand halbjährlich} = 750.000€ \cdot 2,2\ \% \cdot 180/360 = 8250€$$

berechnen. Der Buchungssatz zum 30.06.2024 lautet dann:

Zinsaufwand	8.250,00 €	an	Bank	8.250,00 €

Das Disagio ist linear über die Laufzeit des Kredites aufzulösen, indem die anteilige Auflösung als Zinsaufwand verbucht wird. Die anteilige Auflösung errechnet sich als:

$$\text{Anteilige Disagioauflösung} = \text{Disagio}/\text{Laufzeit in Jahren} = 15.000€/5 = 3000€$$

Somit ist am 31.12.2024 zu buchen:

Zinsaufwand	3.000,00 €	an	Disagio	3.000,00 €

Das Disagio wird durch diese Buchung jedes Jahr anteilig vermindert und als Aufwand verbucht, bis im Jahr 2023 mit der letzten Buchung das Disagio komplett aufgelöst wird. Im Jahr 2029 ist dann auch vereinbarungsgemäß die endfällige Tilgung zu verbuchen:

Verbindlichkeiten ggü. KI	750.000,00 €	an	Bank	750.000,00 €

IV. Fremdwährungsverbindlichkeiten

Ein großer deutscher Automobilhersteller, der in einigen Fahrzeugen seiner Produktion Automatikgetriebe eines US-amerikanischen Herstellers verbaut, hat am 24.03.2017 250 Automatikgetriebe geliefert bekommen. Die Eingangsrechnung dafür liegt bei 937.500 USD, und es ist ein Zahlungsziel von 30 Tagen ohne Skonto vereinbart. Der Dollarkurs am 24.03.2017 betrug 1,0808 €/USD, am 31.03.2017 betrug er nur noch 1,0665 €/USD. Mit welchem Wert müssen Sie die Verbindlichkeit am 31.03.2017 in der Bilanz ansetzen (Geschäftsjahr 01.04.–31.03.)?

Musterlösung

Wir kennen aus der Aktivseite der Bilanz das strenge und gemilderte Niederstwertprinzip, nach denen wir Vermögensgegenstände möglichst niedrig anzusetzen haben, was wiederum dem Vorsichtsprinzip entspricht und dem Gläubigerschutz dient. Auf der Passivseite der Bilanz müssen wir genau umgekehrt denken, d. h. wir müssen Schulden möglichst hoch ansetzen (Höchstwertprinzip). Um beurteilen zu können, welchen Wert wir ansetzen müssen, müssen wir zunächst den Rechnungswert zu den beiden Zeitpunkten in € berechnen:

1 937.500 USD · 1,0808 €/USD = 1.013.250,00 €
2 937.500 USD · 1,0665 €/USD = 999.843,75 €

Damit ist der in € ermittelte Rechnungswert vom 24.03.2017 in der Bilanz anzusetzen.

▶ **Achtung!** Im gewählten Beispiel wäre das durch die Angabe des Dollarkurses, der einfach nur mit dem Rechnungsbetrag in USD multipliziert wird, auch ohne die komplette Kalkulation einsichtig, denn 1,0808 > 1,0665. Wäre der Wechselkurs aber nicht als Dollarkurs, sondern als Eurokurs angegeben, müssten Sie den Rechnungsbetrag durch den Wechselkurs teilen:

1 937.500 USD/0,9253 USD/EUR = 1.013.184,91 €
2 937.500 USD/0,9377 USD/EUR = 999.786,71 €

Auch hier wäre klar der in Euro kalkulierte Rechnungsbetrag vom 24.03.2017 anzusetzen. Falls Sie sich über die leicht voneinander abweichenden Werte in Euro zum jeweils gleichen Datum bei der Kalkulation mit dem Dollar- bzw. dem Eurokurs wundern: Diese Abweichungen sind lediglich Rundungen geschuldet, da die verwendeten Wechselkurse lediglich auf vier Nachkommastellen genau angegeben wurden.

Sollten Sie sich nicht sicher sein, ob sie den Rechnungsbetrag zur korrekten Kalkulation mit dem vorliegenden Wechselkurs multiplizieren oder durch ihn teilen müssen, achten Sie bitte einfach auf die Einheiten: Diese müssen sich im mathematischen Sinne heraus kürzen, so dass nur noch die Einheit Euro (oder falls Sie einmal eine Bilanz in einer anderen Währung erstellen müssen die jeweilige Landeswährung) übrig bleibt.

V. Forderungen und Forderungsausfälle

Die Rock'n'Race GmbH ist ein Unternehmen, das sich auf den Handel mit und die Reparatur von Motorrollern spezialisiert hat. In der gleichen Stadt wurde vor einem Jahr das Unternehmen FixMail gegründet, das Briefzustellungen anbietet. FixMail hatte seine Zusteller zu Beginn mit Fahrrädern ausgestattet, was sich aber als zu langsam und zu wenig belastbar herausgestellt hat. Das Produktprogramm der Rock'n'Race umfasst schon seit längerem Lieferroller, und mit kleinen Anpassungen wurden sich die beiden Unternehmen schnell handelseinig: FixMail bestellte fünf Lieferroller, Stückpreis 2950 € zzgl. 19 % USt., die fristgemäß zum 01.08.2024 geliefert wurden und für die eine Zahlungsfrist von 90 Tagen ohne Skonto eingeräumt wurde.

In die ohnehin etwas flaue Sommersaison platzt die Nachricht, dass ein etablierter Konkurrent ProntoPost den Briefzustellungsmarkt mit Kampfpreisen aufrollt, und im September sieht FixMail keine andere Möglichkeit mehr als Insolvenz anzumelden. Es ist ein Komplettausfall der Forderungen zu befürchten.

Der Insolvenzverwalter arbeitet sehr schnell und kann den kompletten Geschäftsbetrieb der FixMail an ProntoPost verkaufen. Für die Gläubiger errechnet nach Abzug aller vorrangig zu bedienenden Verbindlichkeiten eine Insolvenzquote von 12 %, welche noch im Dezember 2024 ausgezahlt wird.

Verbuchen Sie bei der Rock'n'Race die Lieferung, die Insolvenznachricht sowie die finalen Zahlungen aus der Insolvenzmasse und die Forderungskorrektur für den Jahresabschluss. Erläutern Sie, welche Teile der finalen Buchungen erfolgswirksam sind und welche nicht.

Musterlösung

Lieferung:

Forderungen aus LuL	17.552,50 €	an	Umsatzerlöse	14.750,00 €
			USt.	2.802,50 €

Insolvenzmeldung:

Zweifelhafte Forderungen	17.552,50 €	an	Forderungen aus LuL	17.552,50 €

Finale Buchungen:

Bank	2.106,30 €	an	Zweifelhafte Forderungen	17.552,50 €
Abschreibungen auf Ford.	12.980,00 €			
USt.	2.466,20 €			

Der Buchungsteil Bank an Zweifelhafte Forderungen stellt lediglich einen Aktivtausch dar, der das Eigenkapital nicht berührt und daher nicht erfolgswirksam ist.

Der Buchungsteil Abschreibung auf Forderungen geht als Aufwand in die GuV und über deren Abschluss erfolgswirksam ins Eigenkapital ein.

Der Buchungsteil der USt.-Korrektur wird nicht in der Bilanz erfasst und ist auch nicht erfolgswirksam. Die USt. ist für ein Unternehmen nur ein „durchlaufender Posten", das das Unternehmen nur bei den Kunden USt. einzieht und die selbst gezahlte USt. als Vorsteuer damit verrechnet. Lediglich der Überschuss aus USt. und VSt. ist als Zahllast an das Finanzamt abzuführen. Aber auch diese Zahlung ist nicht erfolgswirksam.

VI. Skonto und Effektivverzinsung
Der Getränkehandel LumpePumpe hat am 04.10.2024 eine Lieferung von 50 Kisten à 20 Flaschen Bier von einer exklusiven Craft-Beer-Brauerei erhalten. Der Rechnungsbetrag liegt 1.320,90 € inkl. USt. Die Rechnung enthält den Zahlungshinweis: „Zahlbar innerhalb 10 Tagen unter Abzug von 2 % Skonto oder innerhalb 30 Tagen rein netto".

Ermitteln Sie den Zinssatz des gewährten Lieferantenkredits mittels einfacher Überschlagsrechnung. Erläutern Sie, warum es sich lohnt, das Skonto in Anspruch zu nehmen. Was könnte dagegen sprechen?

Verbuchen Sie den Rechnungseingang bei LumpePumpe und die Zahlung, die am 10.10.2024 erfolgt sein soll.

Wie wäre die Lieferung und die Bezahlung bei der Craft-Beer-Brauerei zu verbuchen, wenn diese

a erstmalig an LumpePumpe liefert und LumpePumpe wie oben beschrieben am 10.10.2024 zahlt?
b schon länger mit LumpePumpe Geschäfte tätigt und auf Grund ihrer Erfahrungen davon ausgehen kann, dass LumpePumpe das Skonto in Anspruch nimmt, die Zahlung dann aber wider Erwarten doch erst am 31.20.2024 in voller Rechnungshöhe eingeht?

Musterlösung

Kreditlaufzeit = Zahlungsfrist − Skontofrist = 30 Tage − 10 Tage = 20 Tage

Dreisatz:

$$20 \text{ Tage entsprechen } 2 \% \text{ } 360 \text{ Tage entsprechen } x\%\text{x} = \frac{360 \cdot 2 \%}{20} = 36 \%$$

Ein zweiprozentiges Skonto auf 20 Tage entspricht einem Jahreszins von 36 %. Typischerweise hat ein Unternehmen bei seiner Hausbank ein Kontokorrentkonto, als quasi das unternehmerische Äquivalent zu einem privaten Girokonto. Ein Kontokorrentkredit, also die Überziehungsmöglichkeit dieses Kontos bis zu einer gewissen Höhe wird meist einmalig zwischen der Bank und dem Unternehmen ausgehandelt, so dass die Inanspruchnahme des Kredits ohne weitere Formalitäten erfolgen kann. Die Verzinsung des Kontokorrentkredits ist meist deutlich höher als die anderer Darlehensformen, liegt aber zumeist im höheren einstelligen oder unteren zweistelligen Prozentbereich. Damit ist ein Kontokorrentkredit aber meist günstiger als das oben errechnete Skonto, so dass es sich sogar lohnen würde, das Kontokorrentkonto zu überziehen, um das Skonto ausnutzen zu können.

Ist allerdings der Kontokorrentkreditrahmen bereits weitgehend ausgeschöpft oder für andere Zahlungen im Betrachtungszeitraum verplant, muss ggfs. aus Liquiditätsgründen der Lieferantenkredit in Anspruch genommen werden.

Buchungen bei LumpePumpe:

Lieferung:

| Handelswaren | 1.110,00 € | an | Verbindlichkeiten aus LuL | 1.320,90 € |
| VSt. | 210,90 € | | | |

Zahlung am 10.10.2024:

Verbindlichkeiten aus LuL	1.320,90 €	an	Bank	1.294,48 €
			Lieferantenskonto	22,20 €
			VSt.	4,22 €

Buchungen bei der Craft-Beer-Brauerei:
a. Lieferung:

| Forderungen aus LuL | 1.320,90 € | an | Umsatzerlöse | 1.110,00 € |
| | | | USt. | 210,90 € |

Zahlung am 10.10.2024:

| Bank | 1.294,48 € | an | Forderungen aus LuL | 1.320,90 € |

Kundenskonto	22,20 €			
USt.	4,22 €			

b. Lieferung:

Forderungen aus LuL	1.294,48 €	an	Umsatzerlöse	1.087,80 €
			USt.	206,68 €

Zahlung am 31.10.2024:

Bank	1.320,90 €	an	Forderungen aus LuL	1.294,48 €
			Umsatzerlöse	22,20 €
			USt.	4,22 €

VII. Abschreibungen

Erläutern Sie den Sinn einer Abschreibung und unterscheiden Sie dabei zwischen planmäßiger und außerplanmäßiger Abschreibung.

Musterlösung

Abschreibungen sind steuer- und handelsrechtliche Aufwendungen, welche den Wertverlust eines Vermögensgegenstandes darstellen sollen. Vermögensgegenstände in einem Unternehmen sind typischerweise keine Sammlerstücke, bei denen der Unternehmer auf eine Wertsteigerung hoffen kann, sondern Ge- und Verbrauchsgegenstände wie beispielsweise Produktionsmaschinen oder die in einer Produktion eingesetzten Rohstoffe. Durch den Gebrauch eines Vermögensgegenstandes verliert dieser an Wert. Sie kennen diesen Effekt auch im privaten Bereich: Sie kaufen sich ein neues Auto, drehen den Zündschlüssel zum ersten Mal um, und schon ist der Wiederverkaufswert des Fahrzeuges in der Regel um 20–30 % gegenüber dem Anschaffungspreis gefallen.

Ganz so drastisch stellt sich die Situation bei Maschinen oder anderen Anlagegütern nicht dar. Bei Abschreibungen ist die Unterscheidung zwischen dem Anlagevermögen und dem Umlaufvermögen in der Bilanz grundlegend. Das Anlagevermögen eines Unternehmens steht diesem langfristig zur Verfügung. Die regelmäßige Abnutzung und den daraus resultierenden Wertverlust wird im Anlagevermögen durch die planmäßige Abschreibung erfasst. Eine Ausnahme von den planmäßigen Abschreibungen im Anlagevermögen bilden Grundstücke. Diese werden nicht abgeschrieben. Eine planmäßige Abschreibung wird im Umlaufvermögen, welches dem Unternehmen typischerweise kurzfristig zur Verfügung steht oder – beispielsweise in Form eines Warenlagers – einen stetigen Umschlag erfährt, nicht vorgenommen.

Außerplanmäßige Abschreibungen werden vorgenommen, um außergewöhnliche Wertverluste buchungstechnisch zu erfassen. Voraussetzung dafür ist, dass ein so genannter beizulegender Wert existiert, der geringer ist als der Buchwert des jeweiligen Vermögensgegenstandes. Dieser beizulegende Wert ist ein Vergleichswert, der je nach dem Vermögensgegenstand am Beschaffungsmarkt oder am Absatzmarkt für diese Produkte eingeholt werden kann.

Bei Sonderanfertigungen oder Vermögensgegenständen, die nicht mehr oder nicht mehr in vergleichbarer Qualität hergestellt werden, kann die Ermittlung eines verlässlichen beizulegenden Wertes große Schwierigkeiten bereiten. Standardprodukte oder gar Waren, die auf öffentlichen Märkten oder sogar Börsen gehandelt werden, ist die Ermittlung eines beizulegenden Wertes vergleichsweise einfach.

Ist der beizulegende Wert eines Vermögensgegenstandes aus dem Umlaufvermögen geringer als sein Buchwert, so ist eine außerplanmäßige (oder außerordentliche) Abschreibung vorzunehmen. Grundlage dafür ist das strenge Niederstwertprinzip.

Ist der beizulegende Wert eines Vermögensgegenstandes aus dem Anlagevermögen geringer als sein Buchwert, so ist eine außerplanmäßige Abschreibung vorzunehmen, wenn die Wertminderung voraussichtlich dauerhaft ist (vgl. Abb. 7.18). Ist die Wertminderung hingegen voraussichtlich nicht dauerhaft, so hat der Kaufmann ein Wahlrecht, eine außerplanmäßige Abschreibung vorzunehmen oder den Buchwert beizubehalten. Grundlage dafür ist das gemilderte Niederstwertprinzip.

Entfällt in der Folge der Grund für eine außerplanmäßige Abschreibung, so ist verpflichtend eine Zuschreibung vorzunehmen, welche aber nur bis maximal zu den ursprünglichen Anschaffungs- oder Herstellkosten vorgenommen werden darf. Darüber hinaus gehende beizulegende Werte dürfen vor dem Hintergrund des Realisationsprinzips nicht erfasst werden, solange der Ertrag nicht tatsächlich durch einen Verkauf der Vermögensgegenstände realisiert wird.

VIII. Steuern

Sie haben ein Buchhaltungsunternehmen erfolgreich aufgebaut und führen dieses schon seit Jahren. Die Kommune Altstadt, in der Sie mit Ihrem Unternehmen ansässig sind, hat einen Hebesatz der Gewerbesteuer von 400 %. Damit sind Sie in der Vergangenheit auch sehr zufrieden gewesen. In der benachbarten Gemeinde Neustadt liegt der Hebesatz bei

300 %. Für Ihre Kunden ist Ihr Standort nachrangig, da Sie fast alles digital abwickeln und kaum einer Ihrer Kunden mehr mit dem berüchtigten Schuhkarton voller Belege vorbeikommt.

Nun haben Sie kurz vor Weihnachten von Beschlüssen Ihrer Heimatgemeinde Altstadt gehört, den Hebesatz im übernächsten Jahr auf 450 % anzuheben. Eine Freundin, die in Neustadt im Stadtrat sitzt, erzählt Ihnen hingegen, dass die Nachbargemeinde den Hebesatz im übernächsten Jahr ebenfalls auf 450 % anheben wird. Stellen Sie dar, wie sich die Gewerbesteuerbelastung in den nächsten beiden Jahren für Ihr Unternehmen verändern würde, wenn Sie den Firmensitz von Altstadt nach Neustadt verlegen und Sie im Folgejahr mit einem Gewerbeertrag von 225.000 €, im darauffolgenden Jahr von 275.000 € rechnen. Welche nicht-steuerlichen Kostenaspekte sollten Sie bei einer solchen Entscheidung ebenfalls mit berücksichtigen?

Musterlösung
Die grundlegende Formel für die Gewerbesteuer lautet:

$$\text{Gewerbesteuer} = \text{Gewerbeertrag} \cdot \text{Messzahl} \cdot \text{Hebesatz}$$

Damit ergibt sich folgendes Bild:

Jahr	Gewerbeertrag	Messzahl	Hebesatz	Altstadt Gewerbesteuer	Hebesatz	Neustadt Gewerbesteuer
1	225.000 €	3,5 %	400 %	31.500,00 €	300 %	23.625,00 €
2	275.000 €	3,5 %	450 %	43.312,50 €	450 %	43.312,50 €

Damit würde sich durch die Verlagerung des Betriebs nach Neustadt eine einmalige Gewerbesteuerersparnis von

$$31.500,00€ - 23.625,00€ = 7.875,00€$$

Da für die Kunden der Standort nachrangig ist, erscheint ein Umzug überlegenswert. Allerdings ist zu berücksichtigen, dass der Umzug selbst Kosten verursacht, neue

Büroräume zu suchen sind und gegebenenfalls Kündigungsfristen bei den bisherigen Räumen einzuhalten sind. Zudem könnte der Umzug für den einen oder anderen Mitarbeiter ein Kündigungsgrund sein. Damit relativiert sich der Gewerbesteuervorteil von nicht einmal 8.000 € sehr schnell.

IX. Kontenarten

Ordnen sie die folgenden Konten den passenden Begrifflichkeiten

a aktives Bestandskonto
b passives Bestandskonto
c Ertragskonto
d Aufwandskonto
e Unterkonto

zu:

- Bank
- Kasse
- Aufwendungen für Hilfsstoffe
- Zinsaufwand
- Zinsertrag
- Vertriebsprovisionen
- Umsatzerlöse
- Erlösberichtigungen
- Rückstellungen
- Forderungen aus Lieferung und Leistung
- Verbindlichkeiten aus Lieferung und Leistung
- Abschreibungen auf Sachanlagen
- Vorsteuer
- Umsatzsteuer
- Geringwertige Wirtschaftsgüter
- Privateinlagen
- Verbindlichkeiten ggü. Kreditinstituten
- Arbeitgeberanteil zur Sozialversicherung
- Frachten
- Löhne
- Beiträge zur Berufsgenossenschaften
- Forderungen an Mitarbeiter
- Nachlässe für Betriebsstoffe

Musterlösung

	Unterkonto	Ertragskonto	Aufwands-konto	Aktives Be-standskonto	Passives Be-standskonto
Bank				X	
Kasse				X	
Aufwendungen für Hilfsstoffe			X		
Zinsaufwand			X		
Zinsertrag		X			
Vertriebs-provisionen			X		
Umsatzerlöse		X			
Erlös-berichtigungen	X				
Rückstellungen					X
Forderungen aus Lieferung und Leistung				X	
Verbindlich-keiten aus Lieferung und Leistung					X
Ab-schreibungen auf Sach-anlagen			X		
Vorsteuer				X	
Umsatzsteuer					X

	Unterkonto	Ertragskonto	Aufwands-konto	Aktives Be-standskonto	Passives Be-standskonto
Geringwertige Wirtschafts-güter				X	
Privateinlagen	X				
Verbindlich-keiten ggü. Kreditinstituten					X
Arbeitgeber-anteil zur Sozialver-sicherung			X		
Frachten			X		
Löhne			X		
Beiträge zur Berufs-genossen-schaften			X		
Forderungen an Mitarbeiter				X	
Nachlässe für Betriebsstoffe	X				

X. Darlehensformen

Die Movement GmbH braucht für Erweiterungsinvestitionen in unserem Unternehmen einen Kredit in Höhe von 400.000 € und will ihn passend zur Projektplanung mit einer Laufzeit von vier Jahren bei ihrer Hausbank Monetum aufnehmen. Monetum bietet Movement auf die gewünschten vier Jahre drei Varianten des Kredites an:

a als Fälligkeitendarlehen mit einem Zinssatz von 5 %.
b als Ratendarlehen mit gleichmäßigen Tilgungen über die Laufzeit und einem Zinssatz von 3,5 %.
c als Annuitätendarlehen mit einem Zinssatz von 3 %.

Erstellen Sie die Zins- und Tilgungspläne für die drei Kreditvarianten und erläutern Sie die jeweiligen Auswirkungen auf die GuV und die Bilanz.

Musterlösung

a Fälligkeitendarlehen

Ein Fälligkeitendarlehen ist dadurch gekennzeichnet, dass während der Kreditlaufzeit keine Tilgungen geleistet werden und Zinsen auf den vollen Kreditbetrag fällig sind. Die Tilgung erfolgt in der kompletten Summe am Laufzeitende.

Jahr	Kreditbetrag Jahresanfang	Zinsen	Tilgung	Kreditbetrag Jahresende
1	400.000,00 €	20.000,00 €	–	400.000,00 €
2	400.000,00 €	20.000,00 €	–	400.000,00 €
3	400.000,00 €	20.000,00 €	–	400.000,00 €
4	400.000,00 €	20.000,00 €	400.000,00 €	– €

Damit wird die GuV jährlich mit 20.000 € Zinsaufwand belastet, was sich durch den Abschluss der GuV ins Bestandskonto Eigenkapital auch durch eine entsprechende Belastung des Eigenkapitals bemerkbar macht. In den ersten drei Jahren ändert sich durch den Kredit ansonsten die Bilanzstruktur nicht. Im vierten Jahr kommt es durch die Tilgung zu einer Aktiv-Passiv-Minderung, wenn die Tilgung des Kredits durch Barmittel oder per Überweisung erfolgt.

1 Ratendarlehen

Bei einem Ratendarlehen mit gleichmäßiger Tilgung ist die Kreditsumme gleichmäßig auf die Laufzeit des Kredites zu verteilen, d. h. in diesem Beispiel 400.000 € sind gleichmäßig auf vier Jahre zu verteilen, was eine jährliche Tilgung von 100.000 € bedeutet. Zinsen fallen jeweils auf den zum Jahresanfang bestehenden Kreditbetrag an.

Jahr	Kreditbetrag Jahresanfang	Zinsen	Tilgung	Kreditbetrag Jahresende	Kapitaldienst (Zins + Tilgung)
1	400.000,00 €	14.000,00 €	100.000,00 €	300.000,00 €	114.000,00 €
2	300.000,00 €	10.500,00 €	100.000,00 €	200.000,00 €	110.500,00 €
3	200.000,00 €	7.000,00 €	100.000,00 €	100.000,00 €	107.000,00 €

Jahr	Kreditbetrag Jahresanfang	Zinsen	Tilgung	Kreditbetrag Jahresende	Kapitaldienst (Zins + Tilgung)
4	100.000,00 €	3.500,00 €	100.000,00 €	– €	103.500,00 €

Die Belastung der GuV (und damit auch des Eigenkapitals) durch Fremdkapitalzinsen nimmt beim Ratendarlehen ab, da sich die zu verzinsende Kreditsumme von Jahr zu Jahr um die Tilgung vermindert. Dem steht eine jährliche Aktiv-Passiv-Minderung durch die Tilgung gegenüber (Buchungssatz Verbindlichkeiten ggü. Kreditinstituten an Bank 100.000 €). Es ist zu beachten, dass die Tilgung keine erfolgswirksame Größe ist, sondern nur auf Bestandskonten verbucht wird. Der geringer werdenden Zinsbelastung steht ein kontinuierlicher Geldbedarf für die jährlichen Tilgungen gegenüber. Die Summe aus Zins und Tilgung sinkt bei der gewählten Form des Ratendarlehens.

1 Annuitätendarlehen
Ein Annuitätendarlehen ist durch gleichbleibende (jährliche) Zahlungen aus Zins und Tilgung gekennzeichnet. Die Annuität errechnen wir mit der Annuitätenformel.

$$400.000€ \cdot 1,03^4 \cdot 0,03 / \left(1,03^4 - 1\right) = 107.610,82€$$

Dies ist unsere jährlich gleichbleibende Zahlung. Von dieser ziehen wir den Zinsanteil ab, um Tilgungsanteil zu errechnen, welcher wiederum den Kreditbetrag und damit die Grundlage für die Zinsberechnung im neuen Jahr mindert.

Jahr	Kreditbetrag Jahresanfang	Annuität	Zinsen	Tilgung	Kreditbetrag Jahresende
1	400.000,00 €	107.610,82 €	12.000,00 €	95.610,82 €	304.389,18 €
2	304.389,18 €	107.610,82 €	9.131,68 €	98.479,14 €	205.910,04 €
3	205.910,04 €	107.610,82 €	6.177,30 €	101.433,52 €	104.476,52 €
4	104.476,52 €	107.610,82 €	3.134,30 €	101.476,52 €	– €

Die Belastung der GuV (und damit auch des Eigenkapitals) durch Fremdkapitalzinsen nimmt beim Annuitätendarlehen – wie beim Ratendarlehen – ab, da sich die zu verzinsende Kreditsumme von Jahr zu Jahr um die beim Annuitätendarlehen sogar steigende Tilgung vermindert. Dem steht eine jährliche Aktiv-Passiv-Minderung durch die Tilgung gegenüber. Es ist zu beachten, dass die Tilgung keine erfolgswirksame Größe ist, sondern nur auf Bestandskonten verbucht wird. Der geringer werdenden Zinsbelastung steht ein kontinuierlich steigender Geldbedarf für die jährlich steigenden Tilgungen gegenüber. Die Summe aus Zins und Tilgung bleibt bei der gewählten Form des Annuitätendarlehens gleich (Annuität = gleichbleibende Zahlung).

XI. Anlagenspiegel

Das Unternehmen Klack & Muff hat eine Produktionsmaschine für 400.000 € angeschafft, die laut AfA-Tabellen des Bundesfinanzministeriums bei linearer Abschreibung auf 8 Jahre abzuschreiben ist. Klack & Muff entscheidet sich auch für die lineare Abschreibung, da die leistungsbezogene Abschreibung zu aufwändig erscheint. Im dritten Nutzungsjahr entscheidet die zuständige Gewerbeaufsicht, Klack & Muff die Betriebserlaubnis für diese Maschine zu entziehen, da die Lärm- und Luftbelastung durch die Maschine sich als untragbar erwiesen hat. Da eine Nachrüstung aus technischen Gründen nicht möglich ist und ein Verkauf unter diesen Bedingungen unmöglich erscheint, erfolgt eine Sonderabschreibung auf Null. Auch eine Verschrottung wird auf Grund der schlechten Angebote von der Geschäftsführung nicht vorgenommen.

Das Glück scheint der Klack & Muff zwei Jahre später gewogen, denn ein Mitarbeiter kam auf eine geniale Idee, die Lärm- und Luftbelastung durch den Betrieb der Maschine um 80 % zu reduzieren und Umrüstkosten von 80.000 € verursachen. Auf dieser Grundlage erteilt die Gewerbeaufsicht der Klack & Muff wieder eine Betriebsgenehmigung für die Maschine. Im siebten Geschäftsjahr stellt sich heraus, dass die Nachrüstung die Laufzeit der Maschine erheblich verkürzt: Die Maschine erleidet einen irreparablen Schaden und wird von einem Schrotthändler ohne weitere Kosten abgeholt.

Stellen Sie die Bewertung der Maschine in einem Anlagenspiegel dar.

Musterlösung

Geschäfts-jahr	AK/HK	Zugänge zu AK/HK	Abgänge zu AK/HK	(...) Zu-schreibungen	Kumulierte Ab-schreibungen	Buchwert am Ende des Be-richtsjahres	Buchwert am Ende des vorigen Be-richtsjahres	Abschreibungen des Berichtsjahres
t_1	400.000,00 €	400.000,00 €			50.000,00 €	350.000,00 €		50.000,00 €
t_2	400.000,00 €				100.000,00 €	300.000,00 €	350.000,00 €	50.000,00 €
t_3	400.000,00 €				400.000,00 €	0,00 €	300.000,00 €	300.000,00 €
t_4	400.000,00 €				400.000,00 €	0,00 €	0,00 €	0,00 €
t_5	480.000,00 €	80.000,00 €		200.000,00 €	270.000,00 €	210.000,00 €	0,00 €	70.000,00 €
t_6	480.000,00 €				340.000,00 €	140.000,00 €	210.000,00 €	70.000,00 €
t_7	480.000,00 €				480.000,00 €	0,00 €	140.000,00 €	140.000,00 €
			480.000,00 €	–	480.000,00 €			

XII. Leistungsabschreibung

Erläutern Sie kurz die Vor- und Nachteile der Leistungsabschreibung gegenüber der linearen Abschreibung.

Musterlösung

Die Leistungsabschreibung soll grundsätzlich den tatsächlichen Werteverzehr eines Vermögensgegenstandes durch dessen Gebrauch genauer erfassen als das bei der linearen Abschreibung der Fall ist. Letztere nimmt beispielsweise keine Rücksicht darauf, ob eine Maschine nur in einem einschichtigen Normalbetrieb oder in einem Drei-Schichten-betrieb läuft. Die Leistungsabschreibung kann das – zumindest theoretisch – abbilden. Allerdings setzt eine sinnvolle Leistungsabschreibung eine Prognose über die insgesamt mögliche Nutzungsdauer eines Vermögensgegenstandes voraus. Solche Prognosen sind immer mit Unsicherheit behaftet und können dem Unternehmen zum Nachteil gereichen, wenn es sich zu seinen Ungunsten verschätzt. Verschätzt sich ein Unternehmen hingegen zu seinen Gunsten, droht ihm Ungemach mit dem Finanzamt, da dieses solche Abweichungen vermutlich noch als einmaligen Fehler toleriert, aber keinesfalls dauerhaft für das Unternehmen zu günstige Prognosen akzeptiert. Die lineare Abschreibung gibt dem Unternehmen hier deutlich mehr Planungssicherheit, denn wenn sich ein Unternehmen bei der Festlegung der Nutzungsdauer für die Berechnung der planmäßigen Abschreibung auf die AfA-Tabellen des Bundesfinanzministerium stützt, hat das Finanzamt keinen Grund, Änderungen einzufordern.

▶ **Achtung!** Man könnte der Leistungsabschreibung auch noch als Manko zuschreiben, dass sie besondere Zeitwertverluste, beispielsweise durch das Auftauchen neuer Technologien, nicht berücksichtigt. Dieses Manko trifft aber die lineare Abschreibung gleichermaßen, so dass es nicht als Vor- oder Nachteil gegenüber der linearen Abschreibung gelten kann.

XIII. Geldwerter Vorteil

Der angestellte Geschäftsführer Gordon G. des Investmenthauses Locust & Co. hat ein Festgehalt von 16.000 € pro Monat. Ihm wird eine Mercedes S-Klasse als Firmenwagen zur freien privaten Nutzung zur Verfügung gestellt. Der Bruttolistenpreis beträgt 120.000 €. Derzeit wohnt Gordon G. 30 km von seiner Arbeitsstätte entfernt. Die Versteuerung erfolgt nach dem pauschalen Verfahren, die Umsatzsteuer übernimmt der Arbeitgeber.

Nun bekommt Gordon G. das Angebot, eine Wohnung im Nebengebäude seines Arbeitgebers beziehen zu können. Die monatliche Miete ist allerdings 300 € teurer als die seiner bisherigen Wohnung.

Unterstützen Sie Gordon Gs Überlegungen, indem Sie die Auswirkungen des Umzugs auf seinen geldwerten Vorteil ermitteln.

Musterlösung

Nach der Pauschalregelung ist der monatliche geldwerte Vorteil aus 1 % des Bruttolistenpreises zuzüglich 0,03 % des Bruttolistenpreises je Entfernungskilometer zwischen Wohn- und Arbeitsstätte zu ermitteln.

Bei seiner bisherigen Wohnung bedeutet das:

$$\text{Geldwerter Vorteil} = 0,01 \cdot 120.000€ + 0,0003 \cdot 30 \cdot 120.000€ = 2.280€$$

Bei einem Umzug in die neue Wohnung entfiele der geldwerte Vorteil aus der Entfernung zwischen Wohn- und Arbeitsstätte:

$$\text{Geldwerter Vorteil} = 0,01 \cdot 120.000€ = 1.200€$$

Sein zu versteuernder geldwerter Vorteil sänke damit um 1080 €.

▶ **Achtung!** Bitte seien Sie sich immer darüber im Klaren: Ein geldwerter Vorteil sind keine tatsächlich bezahlten Beträge, wohl aber steuerpflichtiges Einkommen. Ein sinkender geldwerter Vorteil bedeutet damit in dem Beispiel (da Gordon G. ja das Auto weiterhin zur freien privaten Nutzung zur Verfügung hat) lediglich, dass der Angestellte weniger Einkommensteuer zahlen muss.

Da das Gehalt von Gordon G. deutlich über jeglicher Beitragsbemessungsgrenze der Sozialversicherungen liegen, brauchen Sie diese bei Ihren Überlegungen nicht zu berücksichtigen. Bei einem Einkommen von 120.000 € p. a. liegt sein Grenzsteuersatz bei 42 %, falls er noch deutliche andere Einkünfte hat maximal bei 45 %. Damit würde er durch einen Umzug monatlich zwischen 1.080 € · 0,42 = 453,60 € und 1.080 € · 0,45 = 486 € Einkommensteuer pro Monat sparen. Damit würde sich der Umzug trotz der um 300 € teureren Miete rechnen. Sicherlich kämen kurzfristig noch Umzugskosten dazu, aber langfristig würde sich der Umzug lohnen.

XIV. Personalbuchungen
Erläutern Sie die Unterschiede zwischen dem, was ein Mitarbeiter als Lohn oder Gehalt am Ende des Monats auf dem Konto hat und dem, was dieser Mitarbeiter das Unternehmen kostet.

Musterlösung
Am Ende eines Monats landet der Nettolohn auf dem Konto des Mitarbeiters. Dieser berechnet sich aus seinem Bruttolohn abzüglich den Arbeitnehmeranteilen zur Sozialversicherung (Renten-, Kranken-, Pflege- und Arbeitslosenversicherung) und der Lohnsteuer

(von Sonderfällen wie Vorschüssen, vermögenswirksamen Leistungen o. a. wird hier abstrahiert).

Das Unternehmen hat damit als Ausgangsbasis den Bruttolohn für den Mitarbeiter, zu dem noch die Arbeitgeberanteile zur Sozialversicherung (Renten-, Kranken-, Pflege-, Arbeitslosen- und Unfallversicherung) sowie weitere Umlagen oder Kosten der Beschäftigung (Arbeitsplatz und Ausstattung) hinzukommen.

XV. Verkaufspreiskalkulation

Das Unternehmen Hochdruck AG produziert Hochdruckreiniger, die in der Herstellung Selbstkosten von 92,11 € verursachen. Das Unternehmen kalkuliert mit einer Gewinnmarge von 30 %. Beim Vertrieb an den Großhandel gewährt das Unternehmen ein Skonto von 2 % und muss eine Vertriebsprovision von 8 % vom Zielverkaufspreis für seine Handelsvertreter berücksichtigen. Rabatte auf den Listenverkaufspreis gewährt das Unternehmen nicht.

a Ermitteln Sie den Bruttolistenpreis der Hochdruckreiniger.
b Hochdruck überlegt, seine Geräte auch im Werksverkauf direkt ab Lager anzubieten, wodurch Skonto und Vertreterprovision entfallen würden. Ermitteln Sie, welchen Lagerverkaufsrabatt Hochdruck ohne Einbußen bei seiner Gewinnmarge gewähren könnte.

Musterlösung

a Bruttolistenpreis

	Selbstkosten	87,26 €
+	Gewinn	26,18 €
=	Barverkauspreis	113,44 €
+	Skonto	2,52 €
+	Provision	10,08 €
=	Zielverkaufspreis	126,04 €
+	Umsatzsteuer	23,95 €
=	Bruttolistenverkaufspreis	149,99 €

▶ **Achtung!** Die Provision und das Skonto werden jeweils auf den Zielverkaufspreis bezogen. Also lässt sich der Zielverkaufspreis auch direkt aus dem Barverkaufspreis ermitteln:

$$\text{Zielverkaufspreis} = \text{Barverkaufspreis}/(1 - 0,02 - 0,08) = \text{Barverkaufspreis}/0,9$$

1 Lagerverkaufsrabatt
Wenn Skonto und Provision entfallen, entspricht – bei gleich bleibender Gewinnmarge
– der Zielverkaufspreis dem Barverkaufspreis (113,44 €). Daraus errechnet sich ein
Bruttolagerverkaufspreis von 113,44 € · 1,19 = 134,99 €.

Das bedeutet, Hochdruck kann einen Rabatt in Höhe von 149,99 € − 134,99 € =
15,00 € gewähren, was bezogen auf den Bruttolistenverkaufspreis einem Rabatt in Höhe
von 10 % entspricht, ohne seine Gewinnmarge beim Verkauf zu gefährden.

XVI. Bezugspreiskalkulation
Das Handelsunternehmen Tour de World, das sich auf Fahrräder aller Art und Zubehör
spezialisiert hat, erhält ein Angebot eines Mountainbike-Herstellers für eine Sonderserie
eines Mountainbikes, das einen Nettolistenpreis von 999 € hat. Bei Abnahme von mehr
als 50 Stück gewährt der Hersteller einen Mengenrabatt von 5 %, bei mehr als 100 einen
Mengenrabatt von 10 % auf den Nettolistenpreis. Bei Zahlung binnen 14 Tagen räumt
der Hersteller ein Skonto von 3 % ein, Lieferung bietet er zu einer Pauschale von 200 €
je 50 Bikes an. Ermitteln Sie die Bezugskosten für Tour de World bei einer Bestellmenge
von 50, 100 und 200 Rädern.

Musterlösung

Bestellmenge	50	100	175
Nettolistenpreis	999,00 €	999,00 €	999,00 €
- Rabatt	- €	49,95 €	99,90 €
= Zieleinkaufspreis	999,00 €	949,05 €	899,10 €
- Skonto	29,97 €	28,47 €	26,97 €
= Bareinkaufspreis	969,03 €	920,58 €	872,13 €
+ Bezugskosten	4,00 €	4,00 €	4,57 €
= Bezugspreis	973,03 €	924,58 €	876,70 €

▶   **Achtung!** Beachten Sie in der Aufgabenstellung, dass die Formulierung lautet „mehr als 50" bzw. „mehr als 100". Bis zu 50 wird folglich kein Rabatt gewährt und die erste Rabattstaffel gilt bis einschließlich 100 Rädern. Beachten Sie zudem, dass die Stückbezugskosten bei den Bestellmengen 50 (200 €/50 = 4 €) und 100 (400 €/100 = 4 €) gleich bleiben. Bei der Bestellmenge 175 fällt die Bezugskostenpauschale viermal in voller Höhe an und verteilt sich nur auf die Bestellmenge von 175 : 4200 €/175 = 4,57 €.

Weiterführende Literatur

Abgabenordnung. https://dejure.org/gesetze/AO. Zugegriffen: 13. Sept 2024

Coenenberg AG, Haller A, Mattner G, Schultze W (2024a) Einführung in das Rechnungswesen, 9. Aufl. Schäffer-Poeschel, Stuttgart

Coenenberg AG, Haller A, Schultze W (2024b) Jahresabschluss und Jahresabschlussanalyse, 27. Aufl. Schäffer-Poeschel, Stuttgart

Döring U, Buchholz R (2021) Buchhaltung und Jahresabschluss, 16. Aufl. ESV, Berlin

Handelsgesetzbuch. https://dejure.org/gesetze/HGB. Zugegriffen: 13. Sept 2024

Horvath & Partners Management Consultants (Hrsg) (2015) Finance-Prozessmodell. Haufe, Freiburg

Littkemann J, Holtrup M, Schulte K (2016) Buchführung, 8. Aufl. BoD

Matthes S, Nicolini HJ (2016) Prüfungstraining Wirtschaftsfachwirt: Rechnungswesen. Schäffer-Poeschel, Stuttgart

Mindermann T, Brösel G (2020) Buchführung und Jahresabschlusserstellung nach HGB, 7. Aufl. ESV, Berlin

Quick R, Wurl H-J (2023) Doppelte Buchführung, 5. Aufl. Springer, Wiesbaden

Reichhardt M (2021) Grundlagen der doppelten Buchführung, 4. Aufl. Springer, Wiesbaden

Schmolke S, Deitermann M, Rückwart W (2024) Industrielles Rechnungswesen IKR, 53. Aufl. Winklers, Braunschweig

Thomsen I, Zöllner N (2023) Schwierige Geschäftsvorfälle richtig buchen, 16. Aufl. Haufe, Freiburg

Umsatzsteuergesetz. https://dejure.org/gesetze/UStG. Zugegriffen: 13. Sept 2024

Wöhe G, Kußmaul H (2022) Grundzüge der Buchführung und Bilanztechnik, 11. Aufl. Vahlen, München

Die Gewinn- und Verlustrechnung (GuV) 8

- Sie können eine Gewinn- und Verlustrechnungaufstellen und dabei zwischen erfolgswirksamen und nicht erfolgswirksamen Geschäftsvorfällen unterscheiden.
- Sie kennen die zulässigen Methoden zur Gewinnermittlung und können die Vor- und Nachteile der Methoden benennen sowie erläutern, warum beide Methoden zum gleichen Ergebnis führen und der Gesetzgeber dem Buchführenden in der Methodik freie Wahl lässt.
- Sie können Bestandsveränderungenbei fertigen und unfertigen Erzeugnissen erklären und können damit buchhalterisch umgehen.

8.1 Gestaltungsformen

Die Gewinn- und Verlustrechnung(GuV) ist neben dem Privatkonto ein weiteres Unterkonto des Eigenkapitals, auf das die Erfolgskonten (Aufwand und Ertrag) abgeschlossen werden, und in dem der handels- und steuerrechtliche Gewinn ermittelt wird, wenn eine Buchführungspflichtbesteht.

In der Gestaltung der GuV bestehen zahlreiche Möglichkeiten, die aber nicht alle gesetzlich erlaubt sind. So kann die GuV in einer **Kontoform** oder in einer **Staffelform** erstellt werden. Die Kontoform nutzt dabei die übliche T-Konten-Darstellung. In ihr werden die Aufwendungen auf der Soll-Seite und die Erträge auf der Haben-Seite des GuV-Konto verbucht. Sind die Aufwendungen geringer als die Erträge, so weist das GuV-Konto einen Soll-Saldo aus, der nach dem bekannten Muster „Soll an Haben" als Ge-

© Der/die Herausgeber bzw. der/die Autor(en), exklusiv lizenziert an Springer Fachmedien Wiesbaden GmbH, ein Teil von Springer Nature 2025
A. Burger und S. Burger-Stieber, *Grundlagen der Buchführung*,
https://doi.org/10.1007/978-3-658-46366-3_8

winn eigenkapitalerhöhend in das Bestandskonto Eigenkapital abgeschlossen wird. Sind die Aufwendungen höher als die Erträge, so weist das GuV-Konto einen Haben-Saldo aus, der nach dem bekannten Muster „Soll an Haben" als Verluste eigenkapitalmindernd in das Bestandskonto Eigenkapital abgeschlossen wird.

Beispiel

Abschluss des GuV-Kontos ins EK bei einem Gewinn und bei einem Verlust
Buchungssatz im Gewinnfall

GuV	42.000,00 €	an	EK	42.000,00 €

Buchungssatz im Verlustfall

EK	22.000,00 €	an	GuV	22.000,00 €

Die Alternative zur Kontoform ist die Staffelform, bei der einfach die Erträge und Aufwendungen untereinander dargestellt werden. Diese Form der Darstellung ist nach dem Handelsrecht verpflichtend:

Die Gewinn- und Verlustrechnung ist in Staffelform nach dem Gesamtkostenverfahren oder dem Umsatzkostenverfahren aufzustellen (§ 275 (1) Satz 1 HGB).

Beispiel

Verwenden wir die Daten unseres obigen Beispiels, so schreibt sich die GuVin Staffelformwie folgt:

	Gewinnfall	Verlustfall
Erträge	317.000,00 €	276.000,00 €
Aufwendungen	275.000,00 €	298.000,00 €
Ergebnis	42.000,00 €	−22.000,00 €

Das Handelsrecht schreibt dabei eine konkrete Gliederung der Staffelform vor, auf die wir bei der Unterscheidung zwischen den Gesamt- und dem Umsatzkostenverfahren genauer eingehen werden.

Eine weitere Unterscheidung in der Darstellung der GuV ist die nach der **Brutto-rechnung** und der **Nettorechnung**. Das Handelsrecht schreibt grundsätzlich eine Bruttorechnung vor, bei der alle Aufwands- und Ertragsarten einzeln aufgeführt werden müssen. Verrechnungen einzelner Positionen nach dem Nettoprinzip sind nur für Kleinst-kapitalgesellschaften zulässig.

Das Handelsrecht wie auch die internationalen Rechnungslegungsvorschriften IFRS lassen die Darstellung der GuV nach dem **Gesamtkostenverfahren** und nach dem **Um-satzkostenverfahren** zu. Das Gesamtkostenverfahren stellt ergänzt die Umsatzerlöse um Bestandsveränderungen, andere aktivierte Eigenleistungen und sonstige betriebliche Erträge. Die so korrigieren Umsatzerlöse werden als **Gesamtleistung** bezeichnet (vgl. Abb. 8.1).

Die einzelnen Punkte der Gesamtleistung bedürfen einer kurzen Erläuterung:

Die Umsatzerlöse sind die üblichen betrieblichen Erträge, die das betrachtete Unter-nehmen mit dem Verkauf seiner Produkte und Dienstleistungen erwirtschaftet.

Bestandsveränderungen sind dann von Belang, wenn es Unterschiede zwischen der produzierten und der verkauften Menge gibt. Wird mehr produziert als verkauft, legt ein Unternehmen die erstellten Güter ins Lager. Sie werden buchhalterisch zu Herstellkosten aktiviert, wobei es Spielräume bei der Wahl der Herstellkosten gibt (vgl. Abschn. 6.2). Wird weniger produziert als verkauft, so sind offensichtlich verkaufte Erzeugnisse ab Lager verkauft worden, die bereits in früheren Perioden produziert wurden und zu dama-ligen Herstellkosten aktiviert wurden. Daher sind Bestandserhöhungen (sowohl an fer-tigen als auch an unfertigen Erzeugnissen) als leistungserhöhend in der GuV nach dem Gesamtkostenverfahren zu berücksichtigen, d. h. die Gesamtleistung steigt. Bestands-minderungen (sowohl an fertigen als auch an unfertigen Erzeugnissen) sind hingegen leistungsmindernd in der GuV nach dem Gesamtkostenverfahren zu berücksichtigen, d. h. die Gesamtleistung sinkt.

Beispiel

Ein Unternehmen, das Tretroller herstellt und diese als fertige Produkte für 60 € ver-kauft, hat im abgelaufenen Geschäftsjahr 3750 Tretroller verkauft. 125 davon wurden dem Lager entnommen; sie wurden im Vorjahr zu 32 € je Stück produziert und in der Bilanz als Lagerbestand aktiviert. Darüber hinaus wurden 88 vormontierte Roller, die

Umsatzerlöse
± Bestandsveränderungen an fertigen und unfertigen Erzeugnissen
+ andere aktivierte Eigenleistungen
+ sonstige betriebliche Erträge
_____
= Gesamtleistung

Abb. 8.1 Gesamtleistungim Gesamtkostenverfahren

bislang Herstellkosten von 23 € aufweisen, zum aktuellen Bilanzstichtag als Lagerbestand an unfertigen Erzeugnissen erfasst. Der letztjährige Inventurbestand für die vormontierten Roller lag bei 52 Stück. Weitere aktivierte Eigenleistungen oder sonstige betriebliche Erträge liegen nicht vor.

Stückzahl	Preis			Umsatzerlöse
3750	60,00 €			225.000,00 €
Fertige Erzeugnisse				
Absolute Veränderung	HK			Wert Bestandsveränderung
−125	32,00 €			−4.000,00 €
Unfertige Erzeugnisse				
Anfangsbestand	Endbestand	Differenz	HK	Wert Bestandsveränderung
52	88	36	23,00 €	828,00 €
Gesamtleistung				**221.828,00 €**

Sonstige aktivierte Eigenleistungen sind Leistungen eines Unternehmens, die nicht oder zumindest nicht in der betrachteten Abrechnungsperiode nicht für den Verkauf bestimmt sind. Beispiele hierfür sind selbst erstellte Maschinen für die Nutzung im eigenen Betrieb oder auch die Erstellung von Bürogebäuden oder einer Werkshalle für die eigene Nutzung. Diese Aktiva werden mit Herstellkosten bewertet und erhöhen die Gesamtleistung im Gesamtkostenverfahren.

> **Beispiel**
>
> Ein Unternehmen erstellt ein neues Verwaltungsgebäude in Fertigbauweise, wodurch die komplette Bauzeit innerhalb eines Geschäftsjahres abgewickelt werden kann. Für das Gebäude fallen Herstellkosten von 420.000 € an. Die Gesamtleistung des Jahres steigt damit um 420.000 €. Eine Verbuchung erfolgt über das entsprechende Bestandskonto für die aktivierte Eigenleistung (Grundstücke & Bauten) und das entsprechende Erfolgskonto (andere aktivierte Eigenleistungen).
> Buchungssatz:

Grundstücke & Bauten	420.000,00 €	an	Andere aktivierte Eigenleistungen	420.000,00 €
And. akt. Eigenleistungen	420.000,00 €	an	GuV	420.000,00 €

Sonstige betriebliche Erträge fassen Erträge zusammen, die nicht aus dem klassischen Verkauf von Waren und Dienstleistungen eines Unternehmens resultieren. Das können beispielsweise Provisionen sein, wenn die Erzielung von Provisionen nicht das Hauptgeschäft eines Unternehmens darstellt. Ist das der Fall, wie beispielsweise bei einem Versicherungsmakler, sind auch Provisionen als Umsatzerlös zu buchen. Erträge aus der privaten Nutzung von Betriebsvermögen durch den Firmeninhaber sind ebenfalls sonstige betriebliche Erträge, und auch die private Nutzung von Betriebsvermögen durch Mitarbeiter (Sachbezüge) sind als sonstiger betrieblicher Ertrag zu buchen.

▶ **Achtung!** Achten Sie bei der Verbuchung von Privatentnahmen und geldwerten Vorteilen für Mitarbeiter darauf, dass diese (außer bei reinen Geldentnahmen) USt.-pflichtig sind. Die USt. wird aber auf den angesprochenen Konten verbucht und taucht nicht in den Bestands- oder Erfolgskonten auf. Die USt. ist für das Unternehmen nur ein durchlaufender Posten.

Schließlich zählen auch Erträge aus dem Verkauf von Gegenständen des Anlage- und des Umlaufvermögens zu den sonstigen betrieblichen Erträgen. Beim Verkauf von Gegenständen des Anlagevermögens ist das leicht einsichtig, denn diese Aktiva wurden ja eigentlich zur langfristigen Nutzung im Unternehmen angeschafft. Daher gehört ihr Verkauf nicht zum normalen Geschäft eines Unternehmens. Wird ein solcher Sachanlagegegenstand zum Buchwert verkauft, ändert sich dadurch in der GuV nichts, es findet lediglich ein Aktivtausch statt. Wird der Gegenstand hingegen zu einem Preis verkauft, der über dem Buchwert liegt, realisiert das Unternehmen damit einen sonstigen betrieblichen Ertrag.

▶ **Achtung!** Verkaufen Sie einen Gegenstand des Sachanlagevermögens im Inland, so ist dieser Verkauf USt.-pflichtig. Achten Sie darauf, dass sie dann für die Ermittlung des Sachverhaltes, ob ein sonstiger betrieblicher Ertrag vorliegt, den Buchwert aus dem Bestandskonto mit dem Nettoverkaufspreis vergleichen und nicht mit dem Bruttoverkaufspreis.

Von der so ermittelten Gesamtleistung sind dann im Gesamtkostenverfahren – der Nomenklatur entsprechend – die gesamten Kosten der Abrechnungsperiode abzusetzen. Das HGB gibt hierzu klare Vorgaben.

Im Umsatzkostenverfahren (UKV) hingegen werden den Umsatzerlösen lediglich die umsatzbezogenen Kosten gegenübergestellt. Werden fertige oder unfertige Erzeugnisse produziert, die nicht verkauft werden, so gehen die Kosten für deren Erstellung auch nicht in der betrachteten Geschäftsperiode in die Erfolgsrechnung, also die GuV, ein. Auch für die Verwendung des UKV gibt der Gesetzgeber klare Vorgaben.

Für das Ergebnis selbst ist es unerheblich, welches Verfahren zur Anwendung kommt, denn beide Verfahren führen zum gleichen Ergebnis. Das ist auch der Grund, warum der Gesetzgeber hier ein Wahlrecht gestattet. Würde eines der beiden Verfahren grundsätzlich zu einem niedrigeren Gewinnausweis führen als das andere, würden dem Staat durch die entsprechende Wahl der Ergebnisermittlung Steuerzahlungen verloren gehen.

Allerdings können durch die Ausübung von Wahlrechten bei der Kalkulation der Herstellkosten bilanzpolitische Spielräume genutzt werden, die dann allerdings wiederum in beiden Darstellungsformen der GuV in gleichem Maße zum Tragen kommen (vgl. Abb. 8.2, 8.3 und 8.4).

Beispiel

Ein Unternehmen produziert Füllfederhalter, die zum Preis von 9,95 € verkauft werden. Produktion des letzten Jahres lag bei 200.000 Stück, verkauft wurden davon 182.500. Die Kosten des Unternehmens liefert die Kostenrechnung mit folgenden Daten auf:

    Gesamtleistung
- Materialaufwand:
  - a) Aufwendungen für Roh-, Hilfs- und Betriebsstoffe und für bezogene Waren
  - b) Aufwendungen für bezogene Leistungen
- Personalaufwand:
  - a) Löhne und Gehälter
  - b) soziale Abgaben und Aufwendungen für Altersversorgung und für Unterstützung,
    - davon für Altersversorgung
- Abschreibungen:
  - a) auf immaterielle Vermögensgegenstände des Anlagevermögens und Sachanlagen
  - b) auf Vermögensgegenstände des Umlaufvermögens, soweit diese die in der Kapitalgesellschaft üblichen Abschreibungen überschreiten
- sonstige betriebliche Aufwendungen
+ Erträge aus Beteiligungen,
    - davon aus verbundenen Unternehmen
+ Erträge aus anderen Wertpapieren und Ausleihungen des Finanzanlagevermögens,
    - davon aus verbundenen Unternehmen
+ sonstige Zinsen und ähnliche Erträge,
    - davon aus verbundenen Unternehmen
- Abschreibungen auf Finanzanlagen und auf Wertpapiere des Umlaufvermögens
- Zinsen und ähnliche Aufwendungen,
    - davon an verbundene Unternehmen
- Steuern vom Einkommen und vom Ertrag
- Ergebnis nach Steuern
- sonstige Steuern

= Jahresüberschuss/Jahresfehlbetrag.

Abb. 8.2 Ergebnisermittlung nach Gesamtkostenverfahren(§ 275 (2) HGB)

Umsatzerlöse

\- Herstellungskosten der zur Erzielung der Umsatzerlöse erbrachten Leistungen

= Bruttoergebnis vom Umsatz

\- Vertriebskosten

\- allgemeine Verwaltungskosten

+ sonstige betriebliche Erträge

\- sonstige betriebliche Aufwendungen

+ Erträge aus Beteiligungen,

     davon aus verbundenen Unternehmen

+ Erträge aus anderen Wertpapieren und Ausleihungen des Finanzanlagevermögens

     davon aus verbundenen Unternehmen

+ sonstige Zinsen und ähnliche Erträge

     davon aus verbundenen Unternehmen

\- Abschreibungen auf Finanzanlagen und auf Wertpapiere des Umlaufvermögens

\- Zinsen und ähnliche Aufwendungen

     davon an verbundene Unternehmen

\- Steuern vom Einkommen und vom Ertrag

= Ergebnis nach Steuern

\- sonstige Steuern

= Jahresüberschuss/Jahresfehlbetrag

Abb. 8.3 Ergebnisermittlung nach Umsatzkostenverfahren(§ 275 (3) HGB)

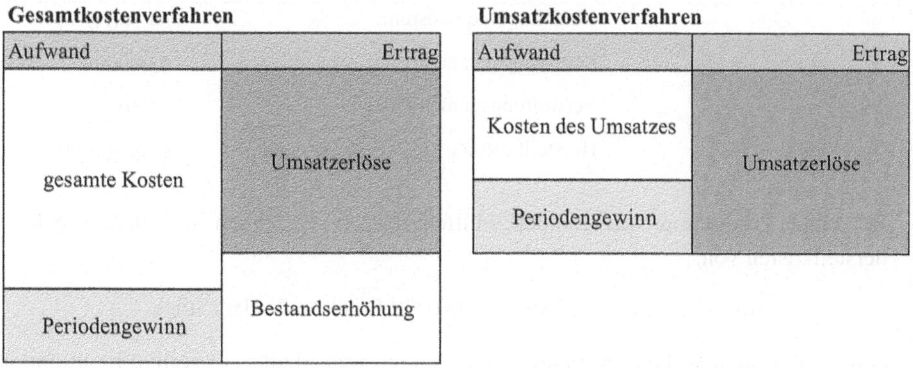

Abb. 8.4 GKV versus UKV. Kosten des Umsatzes = gesamte Kosten − Kosten der Bestandserhöhung (zu Herstellkosten)

Materialeinzelkosten	430.000 €
Fertigungseinzelkosten	370.000 €
Materialgemeinkosten	64.500 €
Fertigungsgemeinkosten	555.000 €
Verwaltungsgemeinkosten	62.500 €
Vertriebsgemeinkosten	262.000 €

Damit errechnet sich eine Untergrenze für die Herstellkosten (vgl. Abschn. 6.2) wie folgt:

	Materialeinzelkosten	430.000 €
+	Fertigungseinzelkosten	370.000 €
+	Materialgemeinkosten	64.500 €
+	Fertigungsgemeinkosten	555.000 €
=	Herstellkosten$_{Untergrenze}$	1.419.500 €

Bei einer Produktion von 200.000 Füllfederhaltern errechnen sich daraus Stück-herstellkosten von:

$$HK_{Untergrenze} = 1.419.500€/200.000 \text{ Stück} = 7,0975€/\text{Stück}$$

Die Obergrenze rechnet Verwaltungsgemeinkosten (soweit ein Herstellungsbezug gegeben ist) mit ein:

	Materialeinzelkosten	430.000 €
+	Fertigungseinzelkosten	370.000 €
+	Materialgemeinkosten	64.500 €
+	Fertigungsgemeinkosten	555.000 €
+	Verwaltungsgemeinkosten	62.500 €
=	Herstellkosten$_{Obergrenze}$	1.482.000 €

Bei einer Produktion von 200.000 Füllfederhaltern errechnen sich daraus Stück-herstellkosten von:

$$HK_{Obergrenze} = 1.482.000€/200.000 \text{ Stück} = 7,41€/\text{Stück}$$

Die 17.500 nicht verkauften Füllfederhalter, die zwangsläufig als fertige Erzeugnisse im Lager des Unternehmens landen, können damit entweder zu

Bewertung nach	Bilanzeffekt	Ergebniseffekt
Untergrenze	tendenzielle Bilanzverkürzung	Verwaltungsaufwand wird nicht aktiviert, sondern als Aufwand verbucht, damit tendenziell Ergebnisbelastung, aber auch Steuerentlastung
Obergrenze	tendenzielle Bilanzverlängerung	Verwaltungsaufwand wird aktiviert und entlastet tendenziell das Ergebnis, aber auch höhere Steuerbelastung

Abb. 8.5 Bilanz- und Ergebniswirkungen von Herstellkostenwahlrechten

$$\text{Lagerbestand}_{\text{Untergrenze}} = 7,0975\text{€}/\text{Stück} \cdot 17.500 \text{ Stück} = 124.206,25\text{€}$$

oder

$$\text{Lagerbestand}_{\text{Obergrenze}} = 7,41\text{€}/\text{Stück} \cdot 17.500 \text{ Stück} = 129.675,00\text{€}$$

in der Bilanz aktiviert werden. ◄

Die Wahl zwischen der Ober- und der Untergrenze der Bewertung ist mit zwei Effekten verbunden (vgl. Abb. 8.5).

Diese Gestaltungsmöglichkeiten fallen unter den Oberbegriff der bilanzpolitischen Spielräume, die wir beim Jahresabschluss im Rahmen der gesetzlichen Rahmenbedingungen und der Grundsätze ordnungsgemäßer Buchführung (GoB) nutzen können.

8.2 Übungsaufgaben

I. Darstellungsformen

Erläutern Sie die beiden Gestaltungsformen der GuV, die Ihnen nach Handelsrecht zur Wahl stehen. Warum führen diese zum gleichen Ergebnis?

Musterlösung

Das Handelsrecht gestattet die Wahl zwischen dem sogenannten Umsatzkostenverfahren, bei dem den betrieblichen Umsätzen die Kosten des Umsatzes des Betrachtungszeitraums gegenüber gestellt werden und das Gesamtkostenverfahren, bei dem der Gesamtleistung die Gesamtkosten des Betrachtungszeitraums gegenüber gestellt werden.

Im Gesamtkostenverfahren lassen sich die Aufwendungen gedanklich in die Kosten des Umsatzes und die Kosten der Bestandveränderungen aufteilen. Ebenso lässt sich die auf der Ertragsseite eine gedankliche Unterteilung zwischen den Umsätzen und den Bestandsveränderungen vornehmen. Damit unterscheiden sich die Gesamtkosten von den Kosten des Umsatzes durch die Kosten für die Bestandsveränderungen. Da diese zu

Herstellkosten berechnet werden, sind die Kosten und Leistungen der Bestandveränderungen vom Betrag her gleich.

Damit ergibt sich folgende Überlegung:

$$\text{Umsatz} + \text{Bestandsveränderungen}_{\text{Leistungen}} - \text{Kosten des Umsatzes}$$

$$- \text{Bestandsveränderungen}_{\text{Kosten}} = \text{Umsatz}$$

$$- \text{Kosten des Umsatzes} = \text{Periodenüberschuss}$$

Das heißt das Gesamtkostenverfahrenund das Umsatzkostenverfahrenführen zum gleichen Ergebnis.

Weiterführende Literatur

Abgabenordnung (o. J.) https://dejure.org/gesetze/AO. Zugegriffen: 13. Sept 2024

Coenenberg AG, Haller A, Mattner G, Schultze W (2024a) Einführung in das Rechnungswesen, 9.
Aufl. Schäffer-Poeschel, Stuttgart

Coenenberg AG, Haller A, Schultze W (2024b) Jahresabschluss und Jahresabschlussanalyse, 27.
Aufl. Schäffer-Poeschel, Stuttgart

Döring U, Buchholz R (2021) Buchhaltung und Jahresabschluss, 16. Aufl. ESV, Berlin

Handelsgesetzbuch (o. J.) https://dejure.org/gesetze/HGB. Zugegriffen: 13. Sept 2024

Horvath & Partners Management Consultants (Hrsg) (2015) Finance-Prozessmodell. Haufe, Freiburg

Littkemann J, Holtrup M, Schulte K (2016) Buchführung, 8. Aufl. BoD

Matthes S, Nicolini HJ (2016) Prüfungstraining Wirtschaftsfachwirt: Rechnungswesen. Schäffer-
Poeschel, Stuttgart

Mindermann T, Brösel G (2020) Buchführung und Jahresabschlusserstellung nach HGB, 7. Aufl.
ESV, Berlin

Quick R, Wurl H-J (2023) Doppelte Buchführung, 5. Aufl. Springer, Wiesbaden

Reichhardt M (2021) Grundlagen der doppelten Buchführung, 4. Aufl. Springer, Wiesbaden

Schmolke S, Deitermann M, Rückwart W (2024) Industrielles Rechnungswesen IKR, 53. Aufl.
Winklers, Braunschweig

Thomsen I, Zöllner N (2023) Schwierige Geschäftsvorfälle richtig buchen, 16. Aufl. Haufe, Freiburg

Wöhe G, Kußmaul H (2022) Grundzüge der Buchführung und Bilanztechnik, 11. Aufl. Vahlen,
München

Rechnungsabgrenzungsposten und latente Steuern

9

Lernziele

- Sie können Rechnungsabgrenzungspostenin ihren verschiedenen Formen den richtigen Bilanzpositionen zuordnen und sie verbuchen.
- Sie können erklären, warum Rechnungsabgrenzungspostenvor dem Hintergrund der Anforderungen an eine Buchhaltung überhaupt notwendig sind.
- Sie kennen das bilanzielle Instrument der latenten Steuern, sowie die verschiedenen Hintergründe zur ihrer Ermittlung.

9.1 Rechnungsabgrenzungsposten

Rechnungsabgrenzungsposten (RAP) dienen der periodengerechten Abgrenzung von Aufwendungen und Erträgen im Sinne der Grundsätze ordnungsgemäßer Buchführung (GoB) und den gesetzlichen Vorschriften (§ 252 (1) Satz 7 HGB). Tatsächliche Zahlungen sind dabei nicht entscheidend, denn Aufwendungen und Erträge sind der Periode zuzuordnen, in der sie verursacht wurden. Diese RAP werden als transitorische RAPbezeichnet.

Das HGB unterscheidet dabei aktive und passive RAP. Aktive Rechnungsabgrenzungsposten (aRAP) dienen dazu, Ausgaben abzugrenzen, die vor dem Bilanzstichtag getätigt wurden, die aber erst nach dem Bilanzstichtag Aufwendungen darstellen.

Beispiel

Sie haben mit dem Vermieter Ihrer Büroräume, in denen Sie eine Unternehmensberatung betreiben, vereinbart, dass die Miete von 1200 € monatlich im Juli jeden

Auszahlung im abgelaufenen Geschäftsjahr

\-   Anteil davon, der im abgelaufenen Geschäftsjahr tatsächlich Aufwand wurde

\=   Wertansatz des aRAP in der Bilanz

Abb. 9.1 Bilanzansatz aRAP

Kalenderjahres für ein Jahr im Voraus zu zahlen ist. Das Geschäftsjahr Ihrer Unternehmensberatung endet im November jeden Kalenderjahres.

Damit leisten Sie im Juli eine Zahlung, die nur für fünf Monate Ihres laufenden Geschäftsjahres (nämlich für Juli bis November) tatsächlich Aufwand darstellen. Für sieben Monate Ihres folgenden Geschäftsjahres haben Sie durch die Vorauszahlung quasi einen Anspruch auf eine Sachleistung in Form der Überlassung der Büroräume, der bilanziell eine Form der Forderung darstellt und durch die Besonderheit des Geschäftsvorfalls als aRAP erfasst wird. ◄

Der bilanzielle Ansatz zum Bilanzstichtag lässt sich nach dem Schema in Abb. 9.1 ermitteln.

Beispiel

In dem gewählten Beispiel bedeutet das:

$$12 \cdot 1.200 \, € = 14.400 \, €$$
$$-\quad 5 \cdot 1.200 \, € = \quad 6.000 \, €$$
$$=\qquad\qquad\qquad 8.400 \, €$$

Buchungssatz
01.07.:

| Mietaufwand | 6.000,00 € | an | Bank | 14.400,00 € |
| aRAP | 8.400,00 € | | | |

30.11.:

| Schlussbilanzkonto | 8.400,00 € | an | aRAP | 8.400,00 € |

Am 30.06. ist der aRAP dann aufzulösen und im Beispiel als Mietaufwand zu erfassen.

| Mietaufwand | 8.400,00 € | an | aRAP | 8.400,00 € |

◄

Neben dieser direkten Form der Verbuchung eines aRAP existiert auch die indirekte Form der Verbuchung. Dabei wird die Auszahlung zunächst in voller Höhe als Aufwand verbucht und erst am Geschäftsjahresende wird ein RAP zur korrekten Abgrenzung gebildet. Diese Methode hat jedoch den organisatorischen Nachteil, dass zum Bilanzstichtag sämtliche Aufwandskonten auf die Richtigkeit der Abgrenzung zu prüfen sind. Außerdem geht mit ihr der dokumentarische Nachteil einher, dass bis zum Bilanzstichtag nicht der richtige Aufwand in der Buchhaltung aufgeführt wird. Aus diesen Gründen ist die dargestellte direkte Form der Verbuchung zu bevorzugen.

Exkurs: Umsatzsteuer und Vermietung
Nach § 4 Nr. 12a UStG sind Einkünfte aus der Vermietung von Immobilien von der USt. befreit. Nach § 9 UStG kann der Vermieter aber freiwillig auf diese Befreiung von der Umsatzsteuer verzichten. Er muss allerdings diese Option im Mietvertrag festhalten. Dann kann der Vermieter in seiner Rechnung die Umsatzsteuer ausweisen.
Für den Mieter hat der Ausweis der USt. den Vorteil, dass er die von ihm zu zahlende Umsatzsteuer als Vorsteuer verrechnen kann, vorausgesetzt, er verfügt selbst über USt.-pflichtige Einnahmen.

Passive Rechnungsabgrenzungsposten (pRAP) dienen dazu, Einnahmen abzugrenzen, die vor dem Bilanzstichtag zugingen, die aber erst nach dem Bilanzstichtag Erträge darstellen.

Beispiel

Sie betreiben eine Marketing-Agentur für Außenwerbung und haben mit einem Kunden einen Vertrag über Werbeeinblendungen auf einem Großbilddisplay in exponierter Lage in der Fußgängerzone Ihrer Stadt. Ihr Geschäftsjahr läuft von Anfang April bis Ende März. Die vertragliche Vereinbarung mit Ihrem Kunden sieht einen Monatspreis von 980 € netto vor. Bei Zahlung von zwölf Monaten im Voraus im Januar kann der Kunde einen Rabatt von 5 % geltend machen, was er gerne in Anspruch nimmt.

Damit erhalten Sie im Januar eine Zahlung, die zu Ihrem Bilanzstichtag Ende März nur für drei Monate einen Ertrag bedeutet. Für neun Monate im folgenden Geschäftsjahr haben Sie durch die Vorauszahlung eine Verpflichtung auf Erbringung einer Sachleistung, nämlich die Werbeeinblendungen des Kunden auf Ihrem Großbilddisplay. Bilanziell stellt das eine Verbindlichkeit dar, die durch die Besonderheit des Geschäftsvorfalls als pRAP erfasst wird. ◄

Der bilanzielle Ansatz zum Bilanzstichtag lässt sich nach dem Schema in Abb. 9.2 ermitteln.

Einzahlung im laufenden Geschäftsjahr

– Anteil davon, der im laufenden Geschäftsjahr tatsächlich Ertrag wurde

= Wertansatz des pRAP in der Bilanz

Abb. 9.2 Bilanzansatz pRAP

Beispiel

Im gewählten Beispiel bedeutet das:

$$12 \cdot 980 \, € \; = \; 11.760 \, €$$
$$- \quad 3 \cdot 980 \, € \; = \quad 2.940 \, €$$
$$= \qquad\qquad \underline{8.820 \, €}$$

Die jeweiligen Werte sind dann noch um den Rabatt zu korrigieren.

Buchungssatz
01,01.:

Forderungen aus LuL	13.994,40 €	an	Umsatzerlöse	2.940,00 €
			pRAP	8.820,00 €
			USt.	2.234,40 €

07,01.

Bank	13.294,68 €	an	Forderungen aus LuL	13.994,40 €
Gewährte Rabatte	147,00 €			
pRAP	441,00 €			
USt.	111,72 €			

30,03.

pRAP	8.379,00 €	an	Schlussbilanzkonto	8.379,00 €

Am 31.12. ist der pRAP aufzulösen und als Umsatzerlöse zu erfassen.

pRAP	8.379,00 €	an	Umsatzerlöse	8.379,00 €

▶ **Achtung!** Die USt. wird bei Zahlung fällig und ist sofort zu verbuchen. Eine Korrektur zum Bilanzstichtag oder bei der Auflösung des pRAP erfolgt nicht. Die im Beispiel vorgenommene Korrektur der USt. ist lediglich in der Rabattgewährung begründet.

Die gewählten Beispiele können wir auch einfach „umdrehen" und haben dann einmal eine nachträgliche Mietzahlung unsererseits (Aufwand im laufenden Geschäftsjahr, der erst im Folgejahr zu einer Auszahlung führt) bzw. eine nachträgliche Zahlung unseres Kunden (Ertrag im laufenden Geschäftsjahr, der erst im Folgejahr zu einer Einzahlung führt). Diese Konstellation nennt sich antizipative RAP. Sie werden im Fall einer noch zu leistenden Zahlung des Kunden als sonstige Forderung und im Fall einer noch zu leistenden Zahlung des bilanzierenden Unternehmens als sonstige Verbindlichkeit verbucht (vgl. Abb. 9.3).

RAP		aRAP		pRAP
transitorisch	Beschreibung	Ausgabe vor, Aufwand nach dem Bilanzstichtag	Beschreibung	Einnahme vor, Ertrag nach dem Bilanzstichtag
	Beispiel	Im Voraus bezahlte Versicherungsprämien	Beispiel	Im Voraus erhaltene Mietzahlungen
	Erfolgswirkung	Gewinn der laufenden Periode steigt (Aktivierung des Teils der Auszahlung, der noch nicht Aufwand ist)	Erfolgswirkung	Gewinn der laufenden Periode sinkt (Passivierung des Teils der Einzahlung, der noch nicht Ertrag ist)
	Bilanzposition	aRAP	Bilanzposition	pRAP
antizipativ	Beschreibung	Ertrag vor, Einnahme nach dem Bilanzstichtag	Beschreibung	Aufwand vor, Ausgabe nach dem Bilanzstichtag
	Beispiel	Im Nachhinein erhaltene Mietzahlungen	Beispiel	Im Nachhinein zu leistende Leasingzahlungen
	Erfolgswirkung	Gewinn der laufenden Periode steigt (Aktivierung des Teils der Einzahlung, der noch nicht Ertrag ist)	Erfolgswirkung	Gewinn der laufenden Periode sinkt (Passivierung des Teils Auszahlung, der noch nicht Aufwand ist)
	Bilanzposition	sonstige Forderungen	Bilanzposition	sonstige Verbindlichkeiten

Abb. 9.3 RAP-Formen

▶   **Achtung!** Diese „umgedrehten" Fälle sind zwar buchhalterische RAPs, allerdings sind sie handelsrechtlich nicht als RAP auszuweisen, sondern als sonstige Forderung und sonstige Verbindlichkeit.

9.2   Latente Steuern

Das deutsche Recht kennt die Handels- und die Steuerbilanz. Aus Vereinfachungs-
gründen stellen viele Kaufleute nur eine, beiden Ansprüchen genügende Bilanz auf.
Größere Unternehmen nutzen tendenziell öfter die Möglichkeiten, die sich aus einer
Trennung von Handels- und Steuerbilanzen ergeben, um die unterschiedlichen Adressaten gezielter zu informieren. Dafür kennen das Handels- und das Steuerrecht auch unterschiedliche Bewertungsvorschriften, auf die wir zum Teil schon eingegangen sind (vgl.
Kap. 7). Aus diesen Unterschieden resultieren nicht nur Differenzen in der Bilanz, sondern auch in der GuV und damit auch in der Steuerbelastung. Diese Differenzen werden
mit latenten Steuern, die nur ein Thema für die Handelsbilanz sind, aufgefangen. Wir
wollen das anhand von Beispielen verdeutlichen.

Beispiel

Ein Unternehmen hat im Geschäftsjahr t_1 einen Umsatz von 500.000 €, dem Kosten
für Produktion, Vertrieb und Verwaltung in Höhe von 400.000 € gegenüberstehen. Der
Steuersatz des Unternehmens betrage 40 %. In t_1 bildet das Unternehmen eine Rückstellung für drohende Verluste aus schwebenden Geschäften in Höhe von 40.000 €,
was handelsrechtlich möglich ist, aber steuerrechtlich nicht anerkannt wird. Der Verlust, für den das Unternehmen die Rückstellung gebildet hat, fällt in t_2 tatsächlich an.
Damit wird er in t_2 in der Handelsbilanznicht mehr erfasst, da ja in t_1 mit der Rückstellung bereits Vorsorge getroffen wurde, in der Steuerbilanz i st der Verlust nun allerdings zu berücksichtigen. Dadurch ergibt sich – ohne latente Steuern – folgendes
Bild der handels- und steuerrechtlichen Erfolgsermittlung:

	Geschäftsjahr t_1		Geschäftsjahr t_2	
	Handelsrecht	Steuerrecht	Handelsrecht	
Umsatzerlöse	500.000 €	500.000 €	500.000 €	500.000 €
Aufwendungen	400.000 €	400.000 €	400.000 €	440.000 €
Rückstellung für drohende Verluste aus schwebenden Geschäften	40.000 €			
Ergebnis vor Steuern	60.000 €	100.000 €	100.000 €	60.000 €
Steuern	40.000 €	40.000 €	24.000 €	24.000 €

	Geschäftsjahr t₁		Geschäftsjahr t₂	
	Handelsrecht	Steuerrecht	Handelsrecht	
Ergebnis nach Steuern	20.000 €	60.000 €	76.000 €	36.000 €
Steuerquote	66,7 %	40,0 %	24,0 %	40,0 %

◀

Die unterschiedliche Erfassung des Verlustes aus dem schwebenden Geschäft – in Kombination mit der Tatsache, dass die Steuerbilanzmaßgeblich für die Steuerzahlungen des Unternehmens ist – führen zu einer stark schwankenden handelsrechtlichen Steuerquote, die zudem deutlich von der Quote in der Steuerbilanz abweicht.

Beispiel

Diese Abweichungen lassen sich seit dem BilMoG mit latenten Steuern korrigieren. In unserem Beispiel bedeutet das: Das Unternehmen kann aus den gebildeten handelsrechtlichen Rückstellungen i n t₁ einen latenten Steuerertrag ableiten, also eine künftige Steuerminderung, wenn der Verlust tatsächlich anfällt und in der Steuerbilanz dann auch anerkannt wird. Diese latenten Steuern sind dann bei Anfall des Verlustes in t₂ aufzulösen. Daraus ergibt sich dann – mit latenten Steuern – folgendes Bild der handels- und steuerrechtlichen Gewinnermittlung:

	Geschäftsjahr t₁		Geschäftsjahr t₂	
	Handelsrecht	Steuerrecht	Handelsrecht	
Umsatzerlöse	500.000 €	500.000 €	500.000 €	500.000 €
Aufwendungen	400.000 €	400.000 €	400.000 €	440.000 €
Rückstellung für drohende Verluste aus schwebenden Geschäften	40.000 €			
Ergebnis vor Steuern	60.000 €	100.000 €	100.000 €	60.000 €
Laufende Steuern	40.000 €	40.000 €	24.000 €	24.000 €
Latente Steuern	16.000 €		–16.000 €	
Gesamte Steuern	24.000 €		40.000 €	
Ergebnis nach Steuern	36.000 €	60.000 €	76.000 €	36.000 €
Steuerquote	40,0 %	40,0 %	40,0 %	40,0 %

◀

Damit ergibt sich zwar in absoluten Zahlen in der Handels- und in der Steuerbilanz ein unterschiedliches Ergebnis, allerdings wird durch die Verwendung der latenten Steuern ein einheitlicher Steuersatz erreicht.

Beispiel

Ein Produktionsunternehmen hat Herstellkosten von 220 € je Produkte nach der handelsrechtlichen Untergrenze und 250 € je Stück nach der steuerrechtlichen Ermittlungsvorschrift. Der Verkaufspreis des Produktes liegt bei 800 €. Die Vertriebskosten liegen bei 200 Mio. €. Am Bilanzstichtag sind 25 % der Produktion von 500.000 Stück nicht verkauft und sind als Lagerbestand zu verbuchen. Im Folgejahr wird die komplette neue Produktion von 250.000 Stück (bei gleichen Herstell- und Vertriebskosten) und der Lagerbestand verkauft. Der Steuersatz des Unternehmens liege bei 35 %. Damit ergibt sich – ohne latente Steuern – folgendes Bild der handels- und steuerrechtlichen Gewinnermittlung.

	Geschäftsjahr t_1		Geschäftsjahr t_2	
	Handelsrecht	Steuerrecht	Handelsrecht	
Umsatzerlöse	300.000.000 €	300.000.000 €	300.000.000 €	300.000.000 €
Herstellkosten des Umsatzes	82.500.000 €	93.750.000 €	82.500.000 €	93.750.000 €
Verwaltungskosten	15.000.000 €		7.500.000 €	
Vertriebskosten	200.000.000 €	200.000.000 €	200.000.000 €	200.000.000 €
Ergebnis vor Steuern	2.500.000 €	6.250.000 €	10.000.000 €	6.250.000 €
Steuer	2.187.500 €	2.187.500 €	2.187.500 €	2.187.500 €
Ergebnis nach Steuern	312.500 €	4.062.500 €	7.812.500 €	4.062.500 €
Steuerquote	87,5 %	35,0 %	21,9 %	35,0 %

Berücksichtigen wir jedoch latente Steuern, als einen potenziellen Steuerertrag auf die Differenz zwischen dem handels- und steuerrechtlichen Ergebnis, so stellt sich die Gewinnermittlung wie folgt dar:

	Geschäftsjahr t_1		Geschäftsjahr t_2	
	Handelsrecht	Steuerrecht	Handelsrecht	
Umsatzerlöse	300.000.000 €	300.000.000 €	300.000.000 €	300.000.000 €
Herstellkosten des Umsatzes	82.500.000 €	93.750.000 €	82.500.000 €	93.750.000 €
Verwaltungskosten	15.000.000 €		7.500.000 €	
Vertriebskosten	200.000.000 €	200.000.000 €	200.000.000 €	200.000.000 €
Ergebnis vor Steuern	2.500.000 €	6.250.000 €	10.000.000 €	6.250.000 €
Laufende Steuern	2.187.500 €	2.187.500 €	2.187.500 €	2.187.500 €
Latente Steuern	1.312.500 €		−1.312.500 €	

	Geschäftsjahr t_1		Geschäftsjahr t_2	
	Handelsrecht	Steuerrecht	Handelsrecht	
Gesamte Steuern	875.000 €		3.500.000 €	
Ergebnis nach Steuern	1.625.000 €	4.062.500 €	7.812.500 €	4.062.500 €
Steuerquote	35,0 %	35,0 %	35,0 %	35,0 %

◄

Beide Beispiele zeigen einen potenziellen Steuerertrag, der in den latenten Steuern als **aktive latente Steuern** erfasst wird. Sind die Bewertungsunterschiede dergestalt, dass sich ein potenzieller Steueraufwand ergibt, so sind passive latente Steuern zu berücksichtigen. In der Literatur wird bei den latenten Steuern auf das so genannte Timing- und das Temporary-Konzept verwiesen. Ersteres greift bei der Ergebnisdifferenz auf die zeitliche Verteilung von Aufwand und Ertrag zurück, letzteres auf Unterschiede in der Bewertung von Bilanzpositionen in der Handels- und der Steuerbilanz (vgl. Abb. 9.4).

Mit dem BilMoG hat sich eine deutliche Hinwendung zum Temporary-Konzept, weg vom Timing-Konzept vollzogen. In unseren obigen Beispielen bedeutete das jeweils eine geringere Bewertung des Vermögens in der Handelsbilanz als in der Steuerbilanz.

Timing-Konzept	Temporary-Konzept
Aktive Steuerlatenz	
Das Ergebnis im handelsrechtlichen Abschluss ist kleiner als im steuerrechtlichen Abschluss, weil	
Aufwand wird in der Handels- früher als in der Steuerbilanz gebucht	das Vermögen in der Handelsbilanz geringer bewertet wird als in der Steuerbilanz
Ertrag wird in der Handels- später als in der Steuerbilanz gebucht	sie Schulden in der Handelsbilanz höher bewertet werden als in der Steuerbilanz
Daraus resultiert eine steuerlich noch abzugsfähige Differenz	

Timing-Konzept	Temporary-Konzept
Passive Steuerlatenz	
Das Ergebnis im handelsrechtlichen Abschluss ist größer als im steuerrechtlichen Abschluss, weil	
Aufwand wird in der Handels- später als in der Steuerbilanz gebucht	das Vermögen in der Handelsbilanz höher bewertet wird als in der Steuerbilanz
Ertrag wird in der Handels- früher als in der Steuerbilanz gebucht	sie Schulden in der Handelsbilanz geringer bewertet werden als in der Steuerbilanz
Daraus resultiert eine noch zu versteuernde Differenz	

Abb. 9.4 Timing-Konzept versus Temporary-Konzept

9.3   Übungsaufgaben

I. Latente Steuern

Ein Produktionsunternehmen hat Herstellkosten von 20 € je Produkte nach der handelsrechtlichen Untergrenze und 22 € je Stück nach der steuerrechtlichen Ermittlungsvorschrift. Der Verkaufspreis des Produktes liegt bei 30 €. Die Vertriebskosten liegen bei 1 Mio. €. Am Bilanzstichtag sind 15 % der Produktion von 500.000 Stück nicht verkauft und sind als Lagerbestand zu verbuchen. Im Folgejahr wird die komplette neue Produktion von 250.000 Stück (bei gleichen Herstell- und Vertriebskosten) und der Lagerbestand verkauft. In t_1 bildet das Unternehmen eine Rückstellung für drohende Verluste aus schwebenden Geschäften in Höhe von 15.000 €, was handelsrechtlich möglich ist, aber steuerrechtlich nicht anerkannt wird. Der Verlust, für den das Unternehmen die Rückstellung gebildet hat, fällt in t_2 tatsächlich an. Stellen Sie die handels- und steuerrechtlichen Gewinn- und Verlustrechnungen für die beiden Geschäftsjahre t_1 und t_2 einmal ohne und einmal mit Berücksichtigung latenter Steuern dar, wenn der Steuersatz des Unternehmens bei 25 % liegt.

Musterlösung

	Geschäftsjahr t_1		Geschäftsjahr t_2	
	Handelsrecht	Steuerrecht	Handelsrecht	
Umsatzerlöse	11.250.000,00 €	11.250.000,00 €	11.250.000,00 €	11.250.000,00 €
Herstellkosten des Umsatzes	7.500.000,00 €	8.250.000,00 €	7.500.000,00 €	8.250.000,00 €
Verwaltungskosten	1.000.000,00 €	– €	500.000,00 €	– €
Vertriebskosten	1.000.000,00 €	1.000.000,00 €	1.000.000,00 €	1.000.000,00 €
Rückstellung für drohende Verluste aus schwebenden Geschäften	15.000,00 €			15.000,00 €

	Geschäftsjahr t_1		Geschäftsjahr t_2	
	Handelsrecht	Steuerrecht	Handelsrecht	
Ergebnis vor Steuern	1.735.000,00 €	2.000.000,00 €	2.250.000,00 €	1.985.000,00 €
Laufende Steuern	500.000,00 €	500.000,00 €	496.250,00 €	496.250,00 €
Latente Steuern	66.250,00 €		−66.250,00 €	
Gesamte Steuern	433.750,00 €		562.500,00 €	
Ergebnis nach Steuern	1.301.250,00 €		1.687.500,00 €	
Steuerquote	25,0 %	25,0 %	25,0 %	25,0 %

Erläuterung:

- In t_1 werden im Handelsrecht die Verwaltungsaufwendungen (22 − 20 €) für die gesamte Produktion von 500.000 Stück als Aufwand verbucht.
- In t_2 betragen die handelsrechtlichen Verwaltungsaufwendungen $2 € \cdot 250.000 = 500.000$ €.
- In t_1 und in t_2 sind im Steuerrecht die Verwaltungsaufwendungen in den Herstellkosten berücksichtigt und gehen in t_1 entsprechend dem Umsatz in den Aufwand ein, entsprechend der Einlagerung der Produkte in den Lagerbestand.
- Die latenten Steuern in der Handelsbilanz beziehen sich jeweils auf die Differenz zwischen dem steuerrechtlichen und dem handelsrechtlichen Ergebnis vor Steuern.

II. Rechnungsabgrenzungsposten
Erläutern Sie die verschiedenen Formen der Rechnungsabgrenzungsposten und geben Sie dazu jeweils ein Beispiel.

Musterlösung
Transitorische Rechnungsabgrenzungsposten erfassen Einnahmen bzw. Ausgaben, die erst nach dem Bilanzstichtag zu Erträgen zw. Aufwendungen werden.

Einnahmen, die erst nach dem Bilanzstichtag zu Erträgen werden, werden als passive Rechnungsabgrenzungsposten erfasst.

Beispiel

Unternehmen Cargo GmbH (Geschäftsjahr = Kalenderjahr) hat einen Teil seiner Lagerflächen vermietet. Der Mieter zahlt die Miete jeweils zum 31.10. und zum 30.04. eines Jahres für sechs Monate im Voraus. Cargo hat damit am Stichtag 31.12. für die Monate Januar bis April des Folgejahres bereits eine Einnahme erhalten, die erst im neuen Geschäftsjahr tatsächlich Ertrag werden. Cargo hat durch die erhaltene Vorauszahlung quasi eine Sachleistungsverbindlichkeit, die als pRAP bilanziert wird. ◄

Ausgaben, die erst nach dem Bilanzstichtag zu Aufwendungen werden, werden als aktive Rechnungsabgrenzungsposten erfasst.

Beispiel

Unternehmen Cargo (wie oben) bezahlt jeweils zum 30.06. seinen Beitrag zur Gesetzlichen Unfallversicherung für zwölf Monate im Voraus. Cargo hat damit zum Bilanzstichtag eine Ausgabe für die Monate Januar bis Juni des Folgejahres getätigt, die erst im neuen Geschäftsjahr zu Aufwand werden. Cargo hat durch die geleistete Vorauszahlung quasi eine Sachleistungsforderung, die als aRAP bilanziert wird. ◄

Erträge, die erst nach dem Bilanzstichtag zu Einnahmen werden, werden als sonstige Forderungen erfasst.

Beispiel

Unternehmen Cargo (wie oben) hat mit einem anderen Mieter einen Vertrag über die Überlassung von Büroräumen, in dem vereinbart ist, dass der Mieter die Miete jeweils vierteljährlich (zum 27.02., 31.05., 31.08. und zum 30.11.) im Nachhinein bezahlt. Cargo hat damit am Bilanzstichtag eine vertraglich fixierte Forderung für den Zeitraum Januar und Februar des folgenden Geschäftsjahres, also eine Geldforderung, die als sonstige Forderung bilanziert wird. ◄

Aufwendungen, die erst nach dem Bilanzstichtag zu Ausgaben führen, werden als sonstige Verbindlichkeit erfasst.

Beispiel

Unternehmen Cargo (wie oben) hat bei seinem geschäftsführenden Gesellschafter ein Gesellschafterdarlehen mit fünf Jahren Laufzeit zu günstigen Konditionen aufgenommen. Die Zinszahlung ist jeweils für den 30.09. des Kalenderjahres für zwölf Monate im Nachhinein vereinbart. Cargo hat damit am Bilanzstichtag eine vertraglich feststehende Verbindlichkeit für die anteiligen Zinsen des neuen Geschäftsjahres (Anteil = 9 Monate/12 Monate = 0,75), also eine Geldverbindlichkeit, die als sonstige Verbindlichkeit bilanziert wird. ◄

Weiterführende Literatur

Coenenberg AG, Haller A, Mattner G, Schultze W (2024a) Einführung in das Rechnungswesen, 9. Aufl. Schäffer-Poeschel, Stuttgart
Coenenberg AG, Haller A, Schultze W (2024b) Jahresabschluss und Jahresabschlussanalyse, 27. Aufl. Schäffer-Poeschel, Stuttgart
Döring U, Buchholz R (2021) Buchhaltung und Jahresabschluss, 16. Aufl. ESV, Berlin
Handelsgesetzbuch. https://dejure.org/gesetze/HGB. Zugegriffen: 13. Sept 2024
Horvath & Partners Management Consultants (Hrsg) (2015) Finance-Prozessmodell. Haufe, Freiburg
Littkemann J, Holtrup M, Schulte K (2016) Buchführung, 8. Aufl. BoD
Matthes S, Nicolini HJ (2016) Prüfungstraining Wirtschaftsfachwirt: Rechnungswesen. Schäffer-Poeschel, Stuttgart
Mindermann T, Brösel G (2020) Buchführung und Jahresabschlusserstellung nach HGB, 7. Aufl. ESV, Berlin
Quick R, Wurl H-J (2023) Doppelte Buchführung, 5. Aufl. Springer, Wiesbaden
Reichhardt M (2021) Grundlagen der doppelten Buchführung, 4. Aufl. Springer, Wiesbaden
Schmolke S, Deitermann M, Rückwart W (2024) Industrielles Rechnungswesen IKR, 53. Aufl. Winklers, Braunschweig
Thomsen I, Zöllner N (2023) Schwierige Geschäftsvorfälle richtig buchen, 16. Aufl. Haufe, Freiburg
Wöhe G, Kußmaul H (2022) Grundzüge der Buchführung und Bilanztechnik, 11. Aufl. Vahlen, München

Kapitalflussrechnung, Anhang und Lagebericht

10

Lernziele

- Sie können zwischen auszahlungswirksamen sowie auszahlungsunwirksamen Aufwendungen und Erträgen unterscheiden und kennen deren Effekt auf die Liquiditätssituation eines Unternehmens.
- Sie können den Kapitalfluss bzw. Cashflow eines Unternehmens nach der direkten und der indirekten Methode errechnen und kennen die Vor- und Nachteile der beiden Methoden.
- Sie kennen weitere Cashflow-Kennzahlen wie den Free Cashflow der Eigenkapitalgeber oder der Fremdkapitalgeber und können diese Kennzahlen berechnen und interpretieren.
- Sie können aus dem Vergleich von buchhalterischen Ergebnissen wie der GuV und Finanzrechnungsergebnissen wie dem Cashflow unternehmerische Schlussfolgerungen ziehen und entsprechende Empfehlungen geben.
- Sie kennen die Voraussetzungen dafür, dass ein Anhang erstellt werden muss, und können verpflichtende sowie optionale Bestandteile eines Anhangs benennen und gegebenenfalls auch für ein Unternehmen erstellen oder diese Bestandteile eines vorgegebenen Anhangs als Teil eines Jahresabschlusses interpretieren.

10.1 Kapitalflussrechnung

Die Kapitalflussrechnung ist ein nicht für alle Unternehmen vorgeschriebener Bestandteil des Jahresabschlusses. Entsprechende rechtliche Vorgaben dazu sind im HGB zu finden.

© Der/die Herausgeber bzw. der/die Autor(en), exklusiv lizenziert an Springer Fachmedien Wiesbaden GmbH, ein Teil von Springer Nature 2025
A. Burger und S. Burger-Stieber, *Grundlagen der Buchführung*,
https://doi.org/10.1007/978-3-658-46366-3_10

221

So ist diese im Konzernabschluss nach § 297 (1) Satz 1 HGB verpflichtender Bestandteil des Jahresabschlusses. Da wir uns in einer Einführung in die Buchführung
noch nicht gleich auf einen Konzernabschluss stürzen wollen, bleibt uns das als Basis-
information für spätere, vertiefende Studien des Jahresabschlusses. Dennoch kommen
wir um die Thematik der Kapitalflussrechnung auch in einer Einführung nicht herum,
denn:

> Die gesetzlichen Vertreter einer kapitalmarktorientierten Kapitalgesellschaft, die nicht zur
> Aufstellung eines Konzernabschlusses verpflichtet ist, haben den Jahresabschluss um eine
> Kapitalflussrechnungund einen Eigenkapitalspiegel zu erweitern, die mit der Bilanz, Ge-
> winn- und Verlustrechnung und dem Anhang eine Einheit bilden; sie können den Jahres-
> abschluss um eine Segmentberichterstattung erweitern (§ 264 (1) Satz 2 HGB).

Daher müssen wir zunächst klären, worin sich die Kapitalflussrechnung, in der Praxis
meist auch unter dem Anglizismus der Cashflow -Rechnung bekannt, von der Ergebnisrechnung unterscheidet. Während sich die Buchführung in der Ergebnisrechnung mit
Aufwendungen und Erträgen befasst, wird der Inhalt der Cashflow-Rechnung durch
tatsächliche Ein- und Auszahlungen bestimmt. Daher finden Sie die Thematik in manchen Lehrbüchern auch unter der Überschrift der Finanzrechnung. Hierzu ein einfaches
Beispiel.

Beispiel

Sie kaufen bei einem Ihrer Lieferanten Büromaterialien, deren Wert (300 € netto) so
gering ist, dass Sie keine Abschreibung über eine wie auch immer geartete Nutzungsdauer vornehmen müssen, sondern dass Sie den Betrag sofort als geringwertiges Wirtschaftsgut (GWG) erfassen und eine sofortige Abschreibung auf GWG verbuchen
können. Der Lieferant bietet aktuell im Rahmen einer Promotion-Aktion ein zins-
freies Zahlungsziel von sechs Monaten an. Skonto hat der Lieferant bisher nie angeboten und auch diesmal gibt es diese Möglichkeit nicht.
    Buchungssatz

GWG	300,00 €	an	Verbindlichkeiten aus LuL	357,00 €
VSt.	57,00 €			
Abschreibungen auf GWG	300,00 €	an	GWG	300,00 €

Sie erfassen also einen erfolgswirksamen Aufwand von 300 € in Ihrer GuV und mindern damit das Ergebnis.
    Dem steht nun aber die Tatsache gegenüber, dass Sie diese Rechnung sechs Mo-
nate lang gar nicht bezahlen müssen, weil Sie erst zum Zahlungsziel fällig wird. Während dieser sechs Monate verbleiben die 300 € für die Büromaterialien damit in Ihrem
Unternehmen und können in dieser Zeit noch für andere Zwecke genutzt werden. ◄

Der Betrag mag Ihnen auf den ersten Blick etwas gering erscheinen, um für die finanzielle Situation des Unternehmens wirklich entscheidend zu sein, und damit könnten Sie in vielen Fällen sogar Recht haben. Aber einerseits können gerade in der Gründungsphase eines Unternehmens 300 € durchaus ein entscheidender Betrag sein, und andererseits können Sie diesen Betrag bei großen Konzernen um mehrere Zehnerpotenzen erweitern, und dann sind das durchaus Beträge, die einen ansehnlichen Beitrag zur Eigenfinanzierung eines Unternehmens leisten können.

Diese Betrachtungsweise kann aber auch von der anderen Seite betrachtet werden. Auch hierzu ein kleines Beispiel.

Beispiel

Sie führen ein Bauunternehmen, das sich auf ein Großprojekt mit einer etablierten Wohnungsbaugesellschaft eingelassen hat. Dabei soll eine Wohnanlage mit 8 Wohneinheiten errichtet werden, wofür Sie einen Preis von 960.000 € (netto) kalkuliert und mit der Wohnungsbaugesellschaft vereinbart haben. Die vertragliche Vereinbarung sieht vor, dass bei der Abnahme der Kaufpreis abzüglich einer Sicherheitsleistung in Höhe von 10 % des Nettopreises fällig wird. Die Sicherheitsleistung dient der Abdeckung eventueller Mängelrügen und wird frühestens nach zwei Jahren – sofern keine Mängel aufgetreten sind – bezahlt.

Buchungssatz

Bank	1.046.400,00 €	an	Erlöse aus Dienstleistungen	960.000,00 €
Forderungen aus LuL	96.000,00 €		USt.	182.400,00 €

Beachten Sie, dass die USt. sofort fällig wird und gezahlt werden muss. Dem Finanzamt sind dabei die vertraglichen Sondervereinbarungen zwischen Ihnen und Ihrem Kunden egal. Sie verbuchen also einen erfolgswirksamen Ertrag von 960.000 €, es gehen Ihnen aber nur 864.000 € an Barmitteln zu (die 182.400 € USt. müssen Sie ja über das Umsatzsteuerkonto verrechnen und die Differenz zur gezahlten Vorsteuer ans Finanzamt abführen). Damit stehen Ihnen die von Ihrem Kunden zurückgehaltenen 96.000 € nicht zur Verfügung. ◄

Ein weiteres Beispiel für nicht zahlungswirksame Aufwendungen kennen Sie bereits: die Abschreibung. Gleichgültig, ob es sich um eine planmäßige Abschreibung (AfA) auf Sachanlagen oder eine außerordentliche AfA auf Sachanlagen oder Umlaufvermögen handelt: Diesen Aufwendungen stehen keine Zahlungen gegenüber. Sie belasten zwar das buchhalterische Ergebnis, aber nicht die Liquidität des Unternehmens.

Damit sollte die grundlegende Unterscheidung zwischen den Rechengrößen der GuV und der Kapitalflussrechnung deutlich sein (vgl. Abb. 10.1).

Rechengrößen	**GuV**		**Cashflow**
	Erträge	≠*	Einzahlungen
	Aufwendungen		Auszahlungen

Abb. 10.1 Rechengrößen in der GuV und in der Cashflow-Rechnung. (* Die Ungleichheit ist in der Regel in der Praxis durch Zahlungsziele etc. gegeben. In Ausnahmefällen kann es durchaus vorkommen, dass Erträge gleich Einzahlungen und Aufwendungen gleich Auszahlungen sind)

Der Cashflow eines Unternehmens umfasst Geldmittel, die dem Unternehmen zur Selbstfinanzierung zur Verfügung stehen. Diese Mittel sind dann für folgende Verwendungen nutzbar:

- Investitionen in das so genannte Working Capital,
- Investitionen in das Anlagevermögen,
- Rückzahlungen an Fremdkapitalgeber und
- Zahlungen an die Eigenkapitalgeber.

Bevor wir nun anfangen zu rechnen, sollten wir die Begrifflichkeiten genau klären. Insbesondere das Working Capital ist Ihnen ja bisher in diesem Buch noch nicht begegnet. Es ist allerdings eine in akademischen Lehrbüchern wie auch in – besonders englischsprachigen – Unternehmen gängige Bilanzgröße, die Sie kennen sollten. Das Working Capital bzw. das Net Working Capitalist der Teil des unternehmerischen Vermögens (Aktiva), das kurzfristig zu Geldzuflüssen führt, abzüglich der Schulden, die kurzfristig zu begleichen sind. Die Unterscheidung zwischen dem Working Capital und dem Net Working Capital, welches Sie in manchen Quellen auch als „Netto-Umlaufvermögen" bezeichnet finden, ist die Berücksichtigung der liquiden Mittel des Unternehmens. In einer detaillierten Übersicht lässt sich das wie in Abb. 10.2 darstellen.

Wenn wir für ein beliebiges Unternehmen nach diesem Schema ein Working Capital oder auch Net Working Capital berechnen, so tätigen wir damit nur eine Momentaufnahme, in gleicher Weise wie eine Bilanz nur eine Momentaufnahme der wirtschaftlichen Situation eines Unternehmens am Bilanzstichtag ist. So wie die GuV die zur Bilanz gehörenden Stromgrößen, also erfolgswirksamen Veränderungen während eines Geschäftsjahres beschreibt, können wir die Cashflow -wirksamen Veränderungen während eines Jahres errechnen, dass wir die Bilanzpositionen aus Abb. 10.2 zu zwei verschiedenen Zeitpunkten miteinander vergleichen. Üblich wären dabei die Bilanzen zweier aufeinander folgender Jahre. Damit erhalten wir die Veränderungen des Net Working Capital und des Working Capital (vgl. Abb. 10.3).

Investitionen in das Anlagevermögen schenkt Ihnen in aller Regel als Unternehmer niemand. Sie müssen die Investition bezahlen, sei es bar, per Überweisung oder über eine Finanzierung, sei es durch einen Lieferanten- oder einen Bankkredit. Bei einer direkten Bezahlung einer Investition in das Anlagevermögen findet ein Aktivtausch statt.

Abb. 10.2 Working Capital
und Net Working Capital

Forderungen aus Lieferung und Leistung

\+ Vorräte

\+ Geleistete Anzahlungen

\+ Sonstige Forderungen

\+ Aktive Rechnungsabgrenzungsposten

\- Verbindlichkeiten aus Lieferung und Leistung

\- Rückstellungen

\- Erhaltene Anzahlungen

\- Sonstige Verbindlichkeiten

\- Passive Rechnungsabgrenzungsposten

\= **Net Working Capital**

\+ liquide Mittel (Kasse, Bank)

\= **Working Capital**

Abb. 10.3 Veränderungen des
Working Capital und des Net
Working Capital

Δ Forderungen aus Lieferung und Leistung

\+ Δ Vorräte

\+ Δ Geleistete Anzahlungen

\+ Δ Sonstige Forderungen

\+ Δ Aktive Rechnungsabgrenzungsposten

\- Δ Verbindlichkeiten aus Lieferung und Leistung

\- Δ Rückstellungen

\- Δ Erhaltene Anzahlungen

\- Δ Sonstige Verbindlichkeiten

\- Δ Passive Rechnungsabgrenzungsposten

\= Δ **Net Working Capital**

\+ Δ liquide Mittel (Kasse, Bank)

\= Δ **Working Capital**

Dieser Vorgang ist nicht erfolgswirksam, so dass er das laufende operative Geschäft nicht – zumindest nicht direkt – berührt. Wird die Investition über einen Lieferanten- oder Bankkredit finanziert, so findet eine – ebenfalls nicht erfolgswirksame – Bilanzverlängerung statt. Die liquiden Mittel für die Investitionen oder für die spätere Bedienung des Lieferanten- oder Bankkredites müssen aber aus dem operativen Geschäft erwirtschaftet werden.

Damit hat sich auch der Punkt Rückzahlungen an Fremdkapitalgeber fast schon von selbst erklärt, denn wir haben ja bei Fremdkapital zwischen dem erfolgswirksamen Zinsaufwand und der nicht erfolgswirksamen Tilgung, i. e. Rückzahlung des Kredites unterschieden. Letzteres stellt lediglich eine Bilanzverkürzung   da, die Mittel dafür müssen aber aus dem operativen Geschäft erwirtschaftet werden.

Wenn nach der Finanzierung des „Netto-Umlaufvermögens", Investitionen ins Anlagevermögen und der Rückzahlung von Fremdkapital noch Liquidität im Unternehmen
vorhanden ist, kann dieses an die Eigentümer bzw. Eigenkapitalgeber ausgeschüttet werden. Das sind beispielsweise bei einer GmbH die Gesellschafter, in einer Einzelunter-
nehmung der Eigentümer oder in einer Aktiengesellschaft die Aktionäre. Seien Sie sich
bewusst: Wenn Sie Aktien eines Unternehmens kaufen – ganz gleichgültig ob dieses
Unternehmen börsennotiert ist oder nicht – sind Sie nicht nur ein (Eigen-)Kapitalgeber,
sondern Sie werden zum Miteigentümer dieses Unternehmens, wenn auch nur in dem
Anteil, den ihre Zahl der Aktien am gesamten Aktienkapital hat. Je nach Unternehmens-
form haben die Zahlungen an die Eigentümer unterschiedliche Nomenklaturen, inhaltlich bedeuten sie aber das Gleiche: Anteilseigner an einer Kapitalgesellschaft (nicht AG)
erhalten gegebenenfalls eine „Ausschüttung", ebenso wie der Einzelunternehmer eine
„Ausschüttung" erhalten kann. Ein Aktionär hingegen bekommt die Ausschüttung in
Form einer „Dividende".

Vor diesem Hintergrund ist die oben getroffene Unterscheidung zwischen Erträgen
und Einzahlungen einerseits und Aufwendungen und Auszahlungen andererseits wichtig. Geld, das wir noch nicht ausgegeben haben, steht uns für andere Verwendungen zur
Verfügung, Geld, das wir noch nicht erhalten haben, müssen wir uns gegebenenfalls auf
andere Weise beschaffen, wenn wir die entsprechende Liquidität brauchen.

10.1.1 Operativer Cashflow

Wenn wir vom unternehmerischen Cashflow, wie wir ihn oben ermittelt haben, die für
das Net Working Capitalnotwendigen Mittel abziehen, verbleibt uns der so genannte
operative Cashflow(CF_{op}), der dann noch zur Finanzierung von Investitionen ins Anlagevermögen, zur Rückzahlung von Fremdkapital und für Ausschüttungen an Eigenkapitalgeber zur Verfügung steht. Der CF_{op} lässt sich auf zwei verschiedene Arten ermitteln:
nach der direkten und nach der indirekten Methode.

Die direkte Methode stellt die tatsächlichen Einzahlungen den tatsächlichen Auszahlungen gegenüber. Das entsprechende Ergebnis ist ein Liquiditätsüberschuss oder gegebenenfalls ein Liquiditätsbedarf, der aus dem operativen, also dem „normalen" oder
„üblichen" laufenden Geschäft des Unternehmens resultiert.

Die indirekte Methode geht vom buchhalterischen Ergebnis (nach Steuern) aus und
korrigiert dieses Ergebnis um die nicht auszahlungswirksamen Aufwendungen und die
nicht einzahlungswirksamen Erträge. Dazu können neben den „üblichen" Veränderungen
im Net Working Capital auch „unübliche" Liquiditätsströme wie Erträge oder Verluste
aus dem Abgang von Vermögensgegenständen zählen, sodass wir ein generell gültiges
Kalkulationsschema für den CF_{op}, wie in Abb. 10.4 dargestellt, erhalten.

Wir wollen uns diese theoretische Definition an einem praktischen Beispiel ansehen.

Abb. 10.4 Basisschema
operativer Cashflow nach der
indirekten Methode

Ergebnis nach Steuern

\+ Abschreibungen

\− Zuschreibungen

\− Erhöhungen des Net Working Capital

\+ Verminderungen des Net Working Capital

\− Erträge aus dem Abgang von Vermögensgegenständen

\+ Verluste aus dem Abgang von Vermögensgegenständen

\= **operativer Cashflow nach der indirekten Methode**

Beispiel

Eine Kneipe schließt ihr Geschäftsjahr mit folgenden Daten ab:

Umsatz	870.000 €
Davon noch nicht bezahlt	87.000 €
Personalkosten	530.000 €
Davon noch nicht ausbezahlt	42.000 €
Getränke	170.000 €
Davon noch nicht bezahlt	50.000 €
Mietaufwand	90.000 €
Davon noch nicht bezahlt	15.000 €
Steuerquote	40 %
Investitionen in eine neue Zapfanlage	17.000 €
Kreditrückzahlung	80.000 €

Daraus errechnen wir zunächst ein Jahresergebnis, bei dem die Investition in eine neue Zapfanlage unberücksichtigt bleibt, da sie – je nach Zahlungsmodalität – entweder nur einen nicht erfolgswirksamen Aktivtausch (bei Barzahlung oder bei Banküberweisung) oder eine ebenfalls nicht erfolgswirksame Bilanzverlängerung (bei einer Finanzierung über einen Lieferanten- oder einen Bankkredit) darstellt. Ebenso ist die Kreditrückzahlung kein erfolgswirksamer Vorgang, sondern lediglich eine Bilanzverkürzung (vgl. Abschn. 5.2.2).

Damit ergibt sich folgende Ergebnisrechnung (GuV):

	Umsatz	870.000,00 €
–	Personalkosten	530.000,00 €
–	Getränke	170.000,00 €
–	Miete	90.000,00 €
=	Ergebnis vor Steuern	80.000,00 €
–	Steuern	32.000,00 €
=	Ergebnis nach Steuern	48.000,00 €

Wenn wir den CF_{op} nach der direkten Methode berechnen wollen, stellen wir den tatsächlichen Einzahlungen die tatsächlichen Auszahlungen gegenüber. So haben wir beispielsweise 87.000 € von unserem Umsatz noch gar nicht bezahlt bekommen, d. h. unser tatsächlich bezahlter Umsatz beträgt 870.000 € – 87.000 € = 783.000 €. Diese Korrekturen nehmen wir nun an allen relevanten Positionen vor und achten darauf, dass sich in diesem Beispiel an den Steuern dadurch nichts ändert, denn das Finanzamt interessiert sich nur für die GuV, nicht für unsere Liquiditätssituation.

	tatsächlich bezahlter Umsatz	783.000,00 €
–	tatsächlich bezahlte Personalkosten	488.000,00 €
–	tatsächlich bezahlte Getränke	120.000,00 €
–	tatsächlich bezahlte Miete	75.000,00 €
–	tatsächlich bezahlte Steuern	32.000,00 €
=	operativer Cashflow	68.000,00 €

Bei der Berechnung des CF_{op} nach der indirekten Methode ist der Startpunkt das Ergebnis nach Steuern. Dieses muss um die nicht zahlungswirksamen Aufwendungen, also Geld, das dem Unternehmen zur Verfügung steht, und die nicht zahlungswirksamen Erträge, also Geld, welches das Unternehmen noch nicht erhalten hat, korrigiert werden. So hat der Kneipier zwar für 170.000 € Getränke eingekauft und als „Handelsware" in seinem Etablissement weiterverkauft, allerdings hat er 50.000 € von der Getränkerechnung noch gar nicht bezahlt. Das Geld ist also noch nicht aus seinem Unternehmen herausgeflossen, sodass wir solche nicht auszahlungswirksamen Aufwendungen zum Ergebnis nach Steuern hinzurechnen müssen. Für nicht zahlungswirksame Erträge gilt die umgekehrte Logik: Von den 870.000 € Umsatz hat der Kneipenwirt 10 % noch nicht eingenommen, wahrscheinlich hat er zu viele „Deckel" angeschrieben. Dieses Geld fehlt ihm also de facto, sodass wir es vom Ergebnis nach Steuern abziehen müssen.

	Ergebnis nach Steuern	48.000,00 €
–	noch nicht bezahlter Umsatz	87.000,00 €
+	noch nicht bezahlte Personalkosten	42.000,00 €
+	noch nicht bezahlte Getränke	50.000,00 €
+	noch nicht bezahlte Miete	15.000,00 €
=	operativer Cashflow	68.000,00 €

◄

Für Sie sind die beiden Möglichkeiten der Berechnung des Cashflows immer eine Möglichkeit der Selbstkontrolle, denn beide Methoden führen zum gleichen Ergebnis. Das lässt sich am einfachsten mit einer Kiste Bier erklären. Die Kiste Bier enthält, wenn sie voll ist (das entspricht unserem Ergebnis nach Steuern) 20 Flaschen. Wenn wir wissen wollen, wie viel Bier wir noch übrig haben (das wäre unser operativer Cashflow) können wir entweder nachzählen, wie viele Flaschen noch in der Bierkiste sind (das wäre die direkte Methode zur Ermittlung des Cashflow) oder aber wir zählen nach, was fehlt und ziehen die fehlenden Flaschen von der Menge in der vollen Kiste ab (das wäre die indirekte Methode). Beide Methoden müssen zum gleichen Ergebnis führen.

Übrigens haben wir uns in Abschn. 7.7 bereits mit dem Standardbeispiel schlechthin für nicht zahlungswirksame Aufwendungen befasst, welches Sie auch in Abb. 10.4 finden: die Abschreibungen. Bitte erinnern Sie sich an dieser Stelle noch einmal an die Thematik: Abschreibungen (AfA), gleichgültig ob planmäßig oder außerordentlich, sind nicht mit Auszahlungen verbunden, werden aber als Aufwand in der GuV verbucht. Dementsprechend taucht die AfA bei der direkten Methode zur Ermittlung des CF_{op} nicht in der Rechnung auf und ist bei der indirekten Methode zur Ermittlung des CF_{op} als nicht auszahlungswirksamer Tatbestand zum Ergebnis nach Steuern hinzuzurechnen.

10.1.2 Free Cashflow der Eigenkapitalgeber

Wir haben bereits darauf hingewiesen, dass der CF_{op} zur Finanzierung von Investitionen ins Anlagevermögen, Rückzahlungen an Fremdkapitalgeber sowie Zahlungen an Eigenkapitalgeber zur Verfügung steht. Ziehen wir vom CF_{op} die Investitionen in Anlagevermögen und Rückzahlungen an Fremdkapitalgeber ab und addieren gegebenenfalls neue Kreditaufnahmen, so verbleibt die Summe, die den Eigentümern ausgeschüttet werden kann, der so genannte Free Cashflow der Eigenkapitalgeber (vgl. Abb. 10.5).

Wenn wir diese allgemeine Definition auf unser obiges Beispiel anwenden, stellt sich die Berechnung wie folgt dar:

	operativer Cashflow	68.000,00 €
−	Investitionen Zapfanlage	17.000,00 €
−	Kreditrückzahlung	80.000,00 €
=	Free Cashflow der Eigenkapitalgeber	−29.000,00 €

Abb. 10.5 Free Cashflow der Eigenkapitalgeber

	operativer Cashflow
−	Investitionen ins Anlagevermögen
+	Freisetzung von Anlagevermögen
−	Rückzahlungen an Fremdkapitalgeber
+	Aufnahme von Fremdkapital
=	**Free Cashflow der Eigenkapitalgeber**

Für die Eigenkapitalgeber der Kneipe ist das natürlich ein höchst unbefriedigendes Ergebnis. Der Geschäftsführer oder die Geschäftsführerin der Kneipe müssten sich Fragen nach Verbesserungsmöglichkeiten stellen, die in diesem Fall sogar mannigfaltig sind:

- Da der operative Cashflow in einer durchaus akzeptablen Höhe liegt, aber der Free Cashflow der Eigenkapitalgeber negativ ist, bietet es sich an, vorrangig einen Blick auf die Faktoren zu werfen, die das in erster Linie verursachen.

So wäre die Investition in die neue Zapfanlage zu prüfen. Ist sie notwendig, weil die alte defekt ist, lässt sich bestenfalls noch mit dem Hersteller oder Lieferanten über die Zahlungsmodalitäten verhandeln, welche möglicherweise zu einem zeitlich gestreckten Mittelabfluss führen könnten, wenn dieser sich auf Ratenzahlungen einlässt.

Ist der Kredit, den der Kneipier im gewählten Beispiel zurückzahlt, prolongierbar, also verlängerbar, kann der entsprechende Mittelabfluss verhindert werden. Kann der Kredit nicht verlängert werden, wäre zu prüfen, ob eine Neukreditaufnahme den Free Cashflow der Eigenkapitalgeber verbessern kann.

Ist bei diesen Punkten keine Verbesserung möglich, ist zu prüfen, ob bereits auf der Ebene des operativen Cashflows oder schon auf der Ebene des Geschäftsergebnisses Verbesserungen erreicht werden können:

- Die Umsätze sind zu 10 % nicht eingetrieben, daher sollte darauf geachtet werden, dass die „Deckel bezahlt" werden und weniger angeschrieben wird. In einer etwas allgemeingültigeren Formulierung würde man das unter das Stichwort „Forderungsmanagement" packen. Dazu gehören dann das Angebot von Skonti, Zahlungserinnerungen – bzw. Aufforderungen, ein Mahnwesen oder auch die Nutzung von externen Dienstleistern wie Inkasso-Unternehmen oder Forderungsankäufern, so genannte Factoring-Unternehmen.
- An der Bezahlung seiner Servicekräfte kann der Kneipier vermutlich nicht mehr viel machen, und die noch nicht bezahlten Personalkosten dürften sich auch kaum mehr ausweiten lassen, um damit den Cashflow zu verbessern. Denken wir aber in einem allgemeineren Rahmen, so können Tarifverhandlungen oder auch direkte Gehaltsverhandlungen durchaus Potenzial für Einsparungen im Personalbereich bieten.
- Für die Getränke unseres Kneipiers könnte es sich anbieten, einen neuen, eventuell billigeren Lieferanten zu suchen. Dabei ist aber – wie immer wenn es um günstigeres Material geht – zu beachten, dass die Qualität darunter nicht leiden sollte. Gerade in einer Kneipe kann der Wechsel zu einer anderen Biermarke selbst Stammgäste vergraulen. Und was mangelhafte Produktqualität für ein Großunternehmen bedeuten kann, hat das Beispiel der explodierenden Akkus beim neuen potenziellen Flaggschiff-Handy von Samsung im Herbst 2016 deutlich gezeigt.
- Nach den vorliegenden Wirtschaftsdaten ist unser Kneipier mit den Mietzahlungen ohnehin schon mit zwei Monaten in Rückstand. Es ist kaum zu erwarten, dass er hier noch weitere Mietzahlungen zurückhalten kann, ohne dass sein Vermieter reagiert.

Allerdings könnte er mit seinem Vermieter über die Höhe der Miete grundsätzliche Verhandlungen führen oder sich nach einem anderen, mietgünstigeren Standort umsehen, was aber wieder Kosten des Umzugs mit sich bringt.

10.1.3 Free Cashflow der Gesamtkapitalgeber

Eine in der Praxis eher selten verwendete, aber in der akademischen Literatur durchaus bekannte Cashflow-Größe ist die des Free Cashflow der Gesamtkapitalgeber. Dieser steht einerseits wie der Free Cashflow der Eigenkapitalgeber zur Finanzierung von Investitionen und Fremdkapitalrückzahlungen zur Verfügung, aber auch für die laufenden Zahlungen an die Fremdkapitalgeber, also die Zinsen. Folglich müssen wir diese dem operativen Cashflow wieder hinzurechnen, da wir sie ja bei der Ergebnisrechnung als Aufwand subtrahiert haben (vgl. Abb. 10.6).

Da wir in unserem Kneipenbeispiel keine expliziten Fremdkapitalzinsen in der Berechnung des Geschäftsergebnisses berücksichtigt haben, unterscheidet sich der Free Cashflow der Gesamtkapitalgeber vom Free Cashflow der Eigenkapitalgeber nur durch die aus ersterem noch zu leistende Rückzahlung des Kredites:

	operativer Cashflow	68.000,00 €
−	Investitionen Zapfanlage	17.000,00 €
=	Free Cashflow der Gesamtkapitalgeber	51.000,00 €

10.2 Anhang und Lagebericht

Der Anhangund der Lagebericht sind beides Instrumente, die zur Erläuterungen gedacht sind und das Verständnis der wirtschaftlichen Lage und des Zahlenmaterials des Unternehmens erleichtern sollen.

Allerdings sollten Sie die beiden Instrumente nicht durcheinanderbringen, denn sie erläutern zwei komplett unterschiedliche Sachverhalte bzw. Tatbestände.

Der Anhang erläutert die Bilanz. Erläuterungen sind hierbei beispielsweise im Anlagenspiegel oder im Eigenkapitalspiegel zu sehen, aber auch bei der Verwendung und insbesondere der Änderung von Bewertungsverfahren und Wertansätzen in der Bilanz,

Abb. 10.6 Free Cashflow der Gesamtkapitalgeber

	operativer Cashflow
+	Fremdkapitalzinsen
−	Investitionen ins Anlagevermögen
+	Freisetzung von Anlagevermögen
=	**Free Cashflow der Gesamtkapitalgeber**

die von denen vorangehender Geschäftsjahre abweichen und damit eigentlich ein Verstoß gegen den Grundsatz ordnungsgemäßer Buchführung der Stetigkeit darstellen. Für den Anhang kennt das HGB entsprechende Verpflichtungen und Vorschriften ($264 HGB).

Der Lagebericht hingegen dient der Erläuterung der aktuellen wirtschaftlichen Situation eines Unternehmens und der voraussichtlichen künftigen Entwicklungen für das Unternehmen und seine Märkte.

Kleine Kapitalgesellschaften sind nach § 264 Abs. 1 HGB von der Pflicht zur Aufstellung eines Lageberichts befreit. Nach § 267 HGB sind große und mittelgroße Kapitalgesellschaften und GmbH & Co KGs verpflichtet, einen Lagebericht nach den Vorschriften des § 289 HGB aufzustellen. Inhaltlich setzt sich der Lagebericht aus den folgenden Teilen zusammen:

- Wirtschaftsbericht
  Darstellung des Geschäftsverlaufs, der Lage des Unternehmens sowie die Beurteilung der voraussichtlichen künftigen Entwicklung mit den entsprechenden Chancen und Risiken. Hierbei sind die wesentlichen Einflussfaktoren herauszustellen, die während des Jahres für die wirtschaftliche Lage bestimmend waren, was einen breiten Spielraum bei der Darstellung der geforderten Informationen lässt. Hintergrund dafür ist der Interessenkonflikt, dem sich ein Unternehmen einerseits bei der öffentlichen Darstellung seiner wirtschaftlichen Lage und andererseits bei der Offenlegung der entsprechenden Daten auch für Wettbewerber ausgesetzt sieht.
- Prognosebericht
  Voraussichtliche Entwicklung der Gesellschaft in den nächsten beiden Geschäftsjahren unter Berücksichtigung von gesamtwirtschaftlichen und branchenspezifischen Rahmenbedingungen, Personal und Soziales, Investitionen und Finanzierungen.
- Risikobericht
  Konkretisierung und Beurteilung der im Prognosebericht erfassten Risiken. Hierzu zählen:
  - Wechselkurs- und Zinsrisiken,
  - branchenbezogene Risiken wie Marktveränderungen, Wettbewerbsbedingungen,
  - Engpässe oder Abhängigkeiten bei Produktion, Absatz, Personal oder Investitionen und Finanzierung sowie
  - strategische Risiken.
- Zweigniederlassungsbericht
  Überblick über bestehende Zweigniederlassungen im In- und Ausland, ggfs. wesentliche Veränderungen, wie Sitzverlegung, Neugründungen oder Schließungen.
- Nachtragsbericht
  Information über Vorgänge von besonderer Bedeutung nach dem Abschlussstichtag. Diese sind selbstverständlich nur dann aufzuführen, wenn solche Vorgänge tatsächlich vorliegen.

- Forschungs- und Entwicklungsbericht
  Dieser ist nur bei Unternehmen von Belang, die in der Forschung und der Entwicklung tätig sind. Berichtspflichtig sind Angaben zur Gesamthöhe der Forschungs- und Entwicklungsaufwendungen sowie die daraus resultierenden geschäftlichen Entwicklungsmöglichkeiten wie auch Angaben über die Anzahl der beschäftigten Personen in diesem Bereich, Angaben über Forschungs- und Entwicklungsinvestitionen, bestehende Forschungs- und Entwicklungseinrichtungen. Aus Gründen des Datenschutzes werden Angaben über konkrete Forschungs- und Entwicklungsprojekte in aller Regel unterbleiben.

10.3 Übungsaufgaben

I. Cashflow

Das Produktionsunternehmen Macher AG hat im vergangenen Jahr einen Umsatz von exakt 40 Mio. € erwirtschaftet. Die Zahlungsmoral der Kunden lässt aber zu wünschen übrig, so dass 25 % der Umsätze am Bilanzstichtag noch als Forderungen aus LuL in der Bilanz stehen. Das Unternehmen kaufte im letzten Jahr für insgesamt 34 Mio. € Roh-, Hilfs- und Betriebsstoffe ein, wovon zwar alles bezahlt ist, aber RHB im Einkaufswert von 6 Mio. € im Lager gelandet ist. Verwaltung und Vertrieb schlugen mit 3.800.000 € zu Buche, wovon 200.000 € als erfolgsabhängige Vergütung zum Bilanzstichtag noch nicht ausbezahlt sind. Die zu zahlenden Gewinnsteuern lagen bei 500.000 €. Die planmäßigen Abschreibungen der Macher AG liegen bei 1.000.000 € p. a., für Investitionen ins Anlagevermögen wurden lediglich 400.000 € aufgewendet. Das Unternehmen hat aber die günstige Zinssituation genutzt und einen Kredit in Höhe 6 Mio. € bei seiner Hausbank aufgenommen.

- Ermitteln Sie den Jahresergebnis der Machtnix AG.
- Ermitteln Sie den operativen Cashflow nach der indirekten Methode.
- Ermitteln Sie den operativen Cashflow nach der direkten Methode.
- Ermitteln Sie den Free Cashflow der Eigenkapitalgeber.

- Welche Maßnahmen würden Sie als externer Berater der Machtnix AG dem Vorstand auf Basis der Ergebnisse aus den Teilaufgaben a., b. und c. empfehlen und warum bzw. welche Risiken bergen die von Ihnen empfohlenen Maßnahmen?

Musterlösung

- Jahresergebnis

	Umsatz	40.000.000,00 €
−	RHB-Einsatz	28.000.000,00 €
−	Verwaltung und Vertrieb	3.800.000,00 €
−	Abschreibungen	1.000.000,00 €
=	Ergebnis vor Steuern	7.200.000,00 €
−	Steuern	500.000,00 €
=	Ergebnis nach Steuern	6.700.000,00 €

▶ **Achtung!** Es gehen zwar vom Umsatz und von Verwaltung und Vertrieb die vollen Beträge ein, da wir diese als Erträge und Aufwendungen unabhängig vom Zeitpunkt der Zahlung berücksichtigen müssen. Bei den RHB ist zu beachten, dass nur 28 Mio. € tatsächlich verbraucht wurden. RHB für 6 Mio. € sind am Lager gelandet, was bei einer sofortigen Barzahlung oder Überweisung einen nicht erfolgswirksamen Aktivtausch und bei einer Finanzierung über einen Lieferantenkredit eine Aktiv-Passiv-Mehrung in dieser Höhe bedeutet.

- Operativer Cashflow nach der indirekten Methode

Bei der indirekten Methode wird das Ergebnis nach Steuern um die zahlungsunwirksamen Aufwendungen (addieren) und die zahlungsunwirksamen Erträge (subtrahieren) korrigiert.

	Ergebnis nach Steuern	6.700.000,00 €
+	Abschreibungen	1.000.000,00 €
+	Verwaltung & Vertrieb	200.000,00 €
−	RHB-Einsatz	6.000.000,00 €
−	offene Posten	10.000.000,00 €
=	operativer Cashflow	−8.100.000,00 €

▶ **Achtung!** Hier müssen Sie nun den Mittelabfluss durch den Kauf der Rohstoffe berücksichtigen. Wären die Rohstoffe am Lager noch nicht voll bezahlt, sondern über einen Lieferantenkredit finanziert, würde die Cashflow-Belastung entsprechend geringer ausfallen.

- Operativer Cashflow nach der direkten Methode

Bei der direkten Methode werden nur die zahlungswirksamen Erträge berücksichtigt und um die zahlungswirksamen Aufwendungen korrigiert.

	bezahlter Umsatz	30.000.000,00 €
−	bezahlte RHB	34.000.000,00 €
−	bezahlte Verwaltung & Vertrieb	3.600.000,00 €
−	bezahlte Steuern	500.000,00 €
=	operativer Cashflow	−8.100.000,00 €

▶   **Achtung!** Vergessen Sie bitte bei der direkten Methode nicht die Steuern. Sie haben in den vorhergehenden Aufgaben den Überschuss nach Steuern als Ausgangspunkt für die indirekte Methode errechnet, so dass die Steuern natürlich auch als zahlungswirksamer Aufwand zu berücksichtigen sind. Eine Ausnahme davon kann es geben, wenn beispielsweise über einen Teil der vom Finanzamt festgelegten Steuern Streitigkeiten bestehen, diese deswegen noch nicht bezahlt wurden, aber im Sinne des Vorsichtsprinzips eine Steuerrückstellung gebildet wurde.

Für Sie sind die beiden Möglichkeiten zur Ermittlung des Cashflow immer eine Kontrollmöglichkeit, denn beide Methoden müssen zum gleichen Ergebnis führen.

- Free Cashflow der Eigenkapitalgeber

Ausgangspunkt für den Free Cashflow der Eigenkapitalgeber ist der operative Cashflow, der um Ausgaben für Investitionen (subtrahieren) oder Einnahmen aus Desinvestitionen (addieren) sowie um Kreditaufnahmen (addieren) oder Kredittilgungen (subtrahieren) zu korrigieren sind.

operativer Cashflow	−8.100.000,00 €
− Investitionen	400.000,00 €
+ Kreditaufnahme	6.000.000,00 €
= Free Cashflow der Eigenkapitalgeber	−2.500.000,00 €

- Maßnahmen

Die oben ermittelten Ergebnisse zeigen, dass das handels- oder steuerrechtliche Ergebnis des Unternehmens eigentlich kaum Potenzial zur Verbesserung aufweist. Die wesentlichen Probleme des Unternehmens liegen im Cashflow -Management. Hier bieten sich verschiedene Maßnahmen zur Verbesserung an:

- Forderungsmanagement
  25 % des Umsatzes als ausstehende Forderungen bedeuten 10 Mio. €, welche dem Unternehmen im Cashflow   fehlen. Hier bietet es sich an, die Rechnungen mit

kürzeren Zahlungszielen oder mit dem Angebot eines Skontos zu versehen. Kürzere Zahlungsziele werden die Kunden nicht unbedingt freuen, insbesondere wenn vielleicht Konkurrenten bei längeren Zahlungszielen bleiben. Das Angebot eines Skontos bedeutet zwar für die Macher AG geringere, aber sehr wahrscheinlich deutlich frühere Zahlungseingänge, was die Kapitalflusssituation wesentlich entspannen würde. Es wäre zudem zu prüfen, ob die Macher AG ein funktionierendes Mahnwesen betreibt, oder ob die Forderungen nur deswegen noch ausstehen, weil die Kunden wissen, dass sie bei verspäteter Zahlung keine Mahnungen mit entsprechenden Gebühren oder Säumniszuschlägen befürchten müssen. Unter Umständen könnte die Macher AG auch Factoring in Betracht ziehen, also den Verkauf von Forderungen. Das mindert zwar auch den Zahlungseingang ggü. dem Rechnungsbetrag, da Factoring-Unternehmen sich aus Gebühren für die Forderungsübernahme finanzieren, aber zumindest würde es für die Macher AG einen deutlich besseren Cashflow bedeuten. Da der Forderungsverkauf an Dritte aber bei Kunden mitunter negativ bewertet wird („Wieso muss ich mein Geld jetzt an jemand anderes überweisen als meinen Lieferanten?") sollte die Überlegung des Factoring nicht unbedingt an erster Stelle stehen.

- Lagermanagement
  Der Lagerbestand von 6 Mio. € scheint auf den ersten Blick etwas hoch. Hier wäre zu prüfen, ob es eventuell saisonale Gründe für den hohen Lagerbestand am Bilanzstichtag gibt, oder ob es beispielsweise nur eine außergewöhnliche Lagerbestandserhöhung handelt, weil der Lieferant gerade besonders gute Konditionen angeboten hat. Wenn das nicht der Fall ist, wäre zu prüfen, ob das Unternehmen auf Dauer nicht mit einem geringeren Lagerbestand arbeiten, im Extremfall vielleicht sogar weitgehend auf Lagerhaltung verzichten kann und mit dem Lieferanten eine bedarfsgesteuerte „just-in-time"-Lieferung vereinbaren kann. Solche Vereinbarungen sind allerdings mit logistischen Risiken verbunden, und bei einer Konzentration auf einen einzigen Lieferanten würde sich die Macher AG weitgehend von diesem abhängig machen. Was das für Auswirkungen haben kann, musste selbst ein internationales Unternehmen wie Volkswagen 2016 bemerken, als Streitigkeiten mit zwei Zulieferern kurzfristig zu Produktionsstillständen führten.

- Stärkere Erfolgsabhängigkeit der Mitarbeitervergütungen
  Die noch nicht ausbezahlten erfolgsabhängigen Vergütungen zum Bilanzstichtag sind nicht außergewöhnlich, denn diese werden oftmals zu anderen Terminen als dem Bilanzstichtag ausbezahlt. Hier könnte es eine Überlegung sein, den erfolgsabhängigen Bestandteil der Mitarbeiterentlohnung zu vergrößern. Das kann verständlicherweise nur dort geschehen, wo Mitarbeiter auch wirklich direkten Einfluss auf das Ergebnis haben, also beispielsweise im Vertrieb oder im Einkauf. Allerdings dürften sich diese Mitarbeiter nur dann auf einen größeren erfolgsabhängigen Anteil ihrer Entlohnung einlassen, wenn für sie dann auch die erkennbare Chance besteht, in Summe mehr zu verdienen als vorher. Ist das nicht der Fall oder bieten Konkurrenten bessere Konditionen, könnte diese Stellschraube für die Macher AG sogar den Verlust von wichtigen Mitarbeitern bedeuten.

- Prüfung von Investitionsausgaben
  Sicherlich sind Investitionsausgaben immer auf ihre Rentabilität zu prüfen. Da die Macher AG aber ein massives Cashflow -Problem hat, sollten die Investitionsausgaben zumindest noch mal auf ihre betriebliche Notwendigkeit hin geprüft werden. Ein komplettes Streichen der Investitionsausgaben wäre nicht anzuraten, da die Ausgaben auch Ersatzinvestitionen erhalten, welche den laufenden Geschäftsbetrieb aufrecht erhalten oder Neuinvestitionen, die ein Zurückfallen hinter mögliche Wettbewerber verhindern sollen.
- Prüfung von Kredittilgungen und -neuaufnahmen
  Da Kredittilgungen und -neuaufnahmen nur in den Free Cashflow der Eigenkapitalgeber eingehen, nicht aber in den operativen Cashflow, können Überlegungen hierzu auch nur den Free Cashflow der Eigenkapitalgeber betreffen. Insbesondere in Phasen niedrigerer Zinsen ist aber eine Prüfung des Fremdkapitalportfolios immer ratsam, vielleicht können ja durch Umschuldungen laufende Zinszahlungen eingespart werden.
- Umsatzerhöhung
  Eine Umsatzerhöhung könnte die Cashflow -Situation der Macher AG dann verbessern, wenn der zusätzliche Umsatz auch wirklich zu Einzahlungen führt. Die zusätzliche Lieferung von Produkten an Kunden auf Ziel bringt der Macher AG keinen Vorteil. Gegebenenfalls könnte auch die Preispolitik des Unternehmens überdacht werden.
- Kosteneinsparungen
  Kosteneinsparungen auf Mitarbeiterebene gehen oft auf Kosten der Motivation und sind nur bedingt zielführend. Kosteneinsparungen beim Material durch größere Bestellungen und so nutzbare Mengenrabatte würde den Anstrengungen zum effizienteren Lagermanagement widersprechen. Kosteneinsparungen beim Material, die auf Kosten der Qualität gehen, können recht schnell negativ auf das Image der Produkte und des Unternehmens wirken, was verheerende Folgen für den Umsatz und damit das Ergebnis der Macher AG haben könnte.

II. Segmentberichterstattung

Erläutern Sie Kriterien, anhand derer ein Unternehmen eine Segmentberichterstattung vornehmen kann und geben Sie jeweils ein Beispiel an. Weshalb finden Sie in der Regel selbst bei Unternehmen, die in der gleichen Branche tätig sind, fast nie exakt gleiche Abgrenzungen der Segmente in der Berichterstattung?

Musterlösung

Denkbare Kriterien für eine Segmentberichterstattung können sein:

- Produkte bzw. Produktgruppen eines Unternehmens (Bsp.: Samsung mit Unterhaltungselektronik, „weiße Ware" (Kühlschränke, Waschmaschinen etc.), Mobilfunk und andere).
- Kundengruppen eines Unternehmens, differenziert nach Alter oder nach Abnehmertypen (Bsp.: Metro als Handelskonzern könnte seinen Umsatz nach Großhandel („B2B-Geschäft") und Einzelhandel („B2C-Geschäft") unterteilen).
- Regionen, in denen ein Unternehmen tätig ist (Bsp.: Fresenius Medical Care unterscheidet in seiner Segmentberichterstattung nach den Regionen Nordamerika, EMEA (Europe, Middle East, Africa), Asien-Pazifik und Lateinamerika).

Die Segmentberichterstattung ermöglicht dem Leser des Abschlusses ein genaueres Bild der Herkunft der Umsätze bzw. der Ergebnisse eines Unternehmens. Jedes Unternehmen muss aber auch damit rechnen, dass auch Konkurrenten den Abschluss lesen, denn er wird ja veröffentlicht. Daher werden Unternehmen, die in der gleichen Branche tätig sind, oft unterschiedliche Segmentierungen vornehmen, selbst wenn sie die gleichen Segmentierungskriterien zu Grunde legen.

Beispiel: Adidas berichtet seine Umsätze nach den Regionen Westeuropa, Nordamerika, China, Russland/GUS, Lateinamerika, Japan, MEAA (Middle East, Asia & Africa) und andere Geschäftsbereiche, während Nike eine Aufteilung nach North America, EMEA, Asia Pacific und Other Emerging Markets vornimmt.

Die Segmentberichterstattung von Unternehmen aus der gleichen Branche kann sich aber auch deshalb unterscheiden, weil die Unternehmen nicht die gleichen Produkte bzw. Produkttypen anbieten.

Beispiel: BMW gliedert seine Segmentberichterstattung in Automobile, Motorräder und Finanzdienstleistungen, während Daimler Cars, Trucks, Vans, Buses und Financial Services unterscheidet. Die Unterscheidung ist leicht zu erklären: Daimler baut nun mal keine Motorräder und BMW baut keine Lkw oder Busse.

III. Free Cashflow der Gesamtkapitalgeber

Erläutern Sie, weshalb Sie bei der Berechnung des Free Cashflow der Gesamtkapitalgeber die Fremdkapitalzinsen addieren müssen und warum Kreditveränderungen dabei nicht berücksichtigt werden.

Musterlösung

Der Free Cashflow der Eigenkapitalgeber steht den Eigenkapitalgebern zur Verfügung. Das heißt Zinsen sind bei der Berechnung schon als Aufwand berücksichtigt (im Ergebnis nach Steuern), Kreditaufnahmen erhöhen die Mittel, die an Eigenkapitalgeber (theoretisch) ausgeschüttet werden können, Kredittilgungen vermindern die finanziellen Mittel, die an Eigenkapitalgeber gehen können.

Der Free Cashflow der Gesamtkapitalgeber hingegen steht allen Kapitalgebern, also Eigen- und Fremdkapitalgebern zu. Kredite haben daher in dieser Kalkulation keinen Platz, denn ein Kredit, den ein Unternehmen aufnimmt (und der seine Mittel erhöht) steht ja in voller Kreditsumme den Fremdkapitalgebern zu (was die Mittel des Unternehmens senkt), so dass das ein Nullsummenspiel wäre. Die Fremdkapitalzinsen, die wir in der Ergebnisberechnung richtigerweise als handels- und steuerrechtlichen Aufwand in Abzug gebracht haben, gehen an die Fremdkapitalgeber, daher müssen wir sie für die Berechnung des Free Cashflow der Gesamtkapitalgeber wieder dazu addieren.

Weiterführende Literatur

Abgabenordnung (o. J.) https://dejure.org/gesetze/AO. Zugegriffen: 13. Sept 2024

Coenenberg AG, Haller A, Mattner G, Schultze W (2024a) Einführung in das Rechnungswesen, 9. Aufl. Schäffer-Poeschel, Stuttgart

Coenenberg AG, Haller A, Schultze W (2024b) Jahresabschluss und Jahresabschlussanalyse, 27. Aufl. Schäffer-Poeschel, Stuttgart

Döring U, Buchholz R (2021) Buchhaltung und Jahresabschluss, 16. Aufl. ESV, Berlin

Handelsgesetzbuch (o. J.) https://dejure.org/gesetze/HGB. Zugegriffen: 13. Sept 2024

Horvath & Partners Management Consultants (Hrsg) (2015) Finance-Prozessmodell. Haufe, Freiburg

Littkemann J, Holtrup M, Schulte K (2016) Buchführung, 8. Aufl. BoD

Matthes S, Nicolini HJ (2016) Prüfungstraining Wirtschaftsfachwirt: Rechnungswesen. Schäffer-Poeschel, Stuttgart

Mindermann T, Brösel G (2020) Buchführung und Jahresabschlusserstellung nach HGB, 7. Aufl. ESV, Berlin

Quick R, Wurl H-J (2023) Doppelte Buchführung, 5. Aufl. Springer, Wiesbaden

Reichhardt M (2021) Grundlagen der doppelten Buchführung, 4. Aufl. Springer, Wiesbaden

Schmolke S, Deitermann M, Rückwart W (2024) Industrielles Rechnungswesen IKR, 53. Aufl. Winklers, Braunschweig

Thomsen I, Zöllner N (2023) Schwierige Geschäftsvorfälle richtig buchen, 16. Aufl. Haufe, Freiburg

Wöhe G, Kußmaul H (2022) Grundzüge der Buchführung und Bilanztechnik, 11. Aufl. Vahlen, München

Stichwortverzeichnis

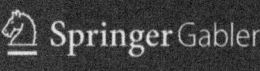

The manufacturer's authorised representative in the EU is Springer
Nature Customer Service Centre GmbH, Europaplatz 3, 69115 Heidelberg,
Germany. If you have any concerns regarding our products, please
contact ProductSafety@springernature.com

Printed and bound by CPI Group (UK) Ltd, Croydon, CR0 4YY

28/04/2026

02098510-0005